思想录

[法国] 布莱兹·帕斯卡尔 著

钱培鑫 译

译林出版社

图书在版编目（CIP）数据

思想录 /（法）布莱兹 · 帕斯卡尔著；钱培鑫译. —南京：译林出版社，2023.9（2024.10 重印）
ISBN 978-7-5447-9693-4

I. ①思…　II. ①布…　②钱…　III. ①帕斯卡（Pascal, Blaise 1623–1662）–哲学思想　IV. ① B565.23

中国国家版本馆 CIP 数据核字（2023）第 071679 号

思想录 ［法国］布莱兹 · 帕斯卡尔 / 著　钱培鑫 / 译

责任编辑　张海波
装帧设计　胡　苨
责任印制　董　虎

出版发行　译林出版社
地　　址　南京市湖南路 1 号 A 楼
邮　　箱　yilin@yilin.com
网　　址　www.yilin.com
市场热线　025-86633278
排　　版　南京展望文化发展有限公司
印　　刷　江苏凤凰扬州鑫华印刷有限公司
开　　本　880 毫米 × 1240 毫米　1/32
印　　张　10
版　　次　2023 年 9 月第 1 版
印　　次　2024 年 10 月第 2 次印刷
书　　号　ISBN 978-7-5447-9693-4
定　　价　69.00 元

目　录

《思想录》与思想的消遣

尚 杰

帕斯卡尔的《思想录》几乎影响了十八世纪每个法国思想家,他们中的每个人都根据自己的需要截取发挥《思想录》的片段,要确定知道这些影响到底是什么,几乎是不可能的。在这个意义上,《思想录》是整个十八世纪法国启蒙思想的重要来源。

一 强力、见解、判断的选择

帕斯卡尔区分了人生的三大方面:肉体对应于世俗;精神对应于理智和科学;神圣对应于在"纯粹善良意志"的指引下,上帝与人和人与上帝接触的领域,其理解力要大于人的理性。

帕斯卡尔关于政治和伦理学的观念,大都可以从他以理性精神的语言,对世俗世界的论述中找到答案。最能体现帕斯卡尔卓越精神天赋的,是他对神圣性的论述。以上三方面的划分,对于准确理解帕斯卡尔的思想非常重要。在他看来,政治是低卑的事物,因为政治是世俗的,人只能在神圣性中得到拯救。帕斯卡尔像奥古斯丁一样,开启了人的大赋。

帕斯卡尔为以上三个领域分别制定了社会角色、荣誉、生活方式。世俗世界的荣誉给予了君主、掌握权力和财富的人,人们羡慕他们的职位,但是并不尊重他们人本身;精神的领域则是一个赢得尊重的领域，这里存在着的一切，都具有科学性质，这里也并不执行君主的命令；至于神圣性，则是精神的最高境界。帕斯卡尔认为要清晰地分离这三种人生境界：一个在世俗世界里自私的人在精神世界里能做出成就来，就在于他在这个世界里不可能自私，而神圣的领域又处于精神所达不到的高度。人是由肉体与精神共同组成的，处于三个领域中间的位置，既堕落又高尚、既悲惨又陶醉。

鉴于以上的判断，帕斯卡尔认为，君主所获得的荣耀应该远远低于我们对精神领域里天才的尊重，更低于对神圣性的尊重。帕斯卡尔从来没有像历代中国人那样，认为君主是神圣的天子。相反，在他眼里，君主或世俗的权力在人生应该有的成就中，处于最低级的序列，我们可以对它们怀疑、恐惧、服从，但是它们绝对不配我们尊重。

根据帕斯卡尔的哲学：往往一个人越是拥有强力，他就越不需要除了想象中的权力统治之外的其他想象力，不需要用其他想象力去冒险。国王使用军队并不想赢得人民的尊重，而是让人民恐惧，因为全部问题恰恰在于，来自权力的判断，就被当成来自真理的判断。

换句话说，人有各种各样的“权力尊严”，一个士兵直接服从长官的强力。但是，帕斯卡尔认为“判断的尊严”应该服从于“沉思的强力”，它根植于最基本的人性需要、人心的动机。人身上还有一种天生的“想说了算”或“压迫别人”的权力欲，但是结果总是分成“欺负人的”和“被欺负的”。关于这个问题，帕斯卡尔以他杰出数学家的眼光，认为所有判断（力）都是建立在“赌”或“概率”基础上的。换句话说，严肃的判断来自不严肃的游戏态度。权力是总合为零的游戏：你或者命令别人，或者是被命令。

与内心漂浮不定的状态相比，决定或判断都发生在瞬间——在这个游戏或博奕过程中，人“正确”的选择能力几乎是零。换句话说，没有任何一种瞬间的选择能挺直腰板被说成是优于其他的瞬间选择，人们只是在碰运气。最终决定我们的心思向哪个方向走的，是来自外部或心中的强势或强力，它在某个瞬间迅速解决了我们的犹豫不决，也就是那个下命令的人。必须有权力，以解决没有休止的争吵。

二 政治选择权与“严肃的消遣”

长期支配人类政治生活的“政治的决定”通常是荒谬的、不讲道理的，显示出人类选择能力的低下，帕斯卡尔列举的例子，是世袭的君主政体，它是人类事务中最大的不合理——这种不合理的选择形式长期以来被认为是政权移交的合理的方式。这种不讲道理的道理不啻一种疯狂，当疯狂被认为正常，“合理的正常”（政治革命）就是大逆不道的。

这是一种最野蛮（最简单）的做事方式，也最原始——它们是和“不争论”联系在一起的。也就是说，没有其他的选择权。长子继承王位天经地义——在关系人民命运最大的选择上竟然如此轻率，在“小”些的事情上人们却不是这样的，比如一个船长就不是这样推举出来的，要比任命一个国王慎重得多。人是多么愚蠢的动物啊！这是可笑的、不公正的，但这只是因为人生来就是可笑的和不公正的，而且永远如此。

统一标准总比多标准好。人们批评政治世袭制，但是，除了选举长子当国王之外，我们是否还有别的更好的选择呢？如果我们选择最有德行的人，那几乎立刻就会陷入痛苦而无休止的争吵，每个人都会宣称自己是最有德行的。换句话说，独断的决定可以避免争论、提高效率——国王的长子就这一个,这是很清楚的,没有什么好争论的！不可能有比这更好的理性了,因为内战是所有邪恶中最邪恶的事情。

换句话说,只能有一个标准,因为“见解”比不上强权,所以这个“真理性”的“见解标准”最好由强权来领衔,因为它能在最大限度上避免由于无休止的争吵而导致的不稳定危机。在这个意义上,由于权力说的一切永远是对的,因此,有了权力就有了一切,丧失权力就丧失了一切。我们为什么要跟随多数人的决定呢？是因为他们是正确的吗？否！只是因为它们更有权势。

同样让我们失望的是,帕斯卡尔在强权面前和蒙田的态度一样:一个理智的人(一个“识时务的人”)应该顺从习惯、屈从权威,以便保证有自己私人的时间和空间从事自己喜欢的个人爱好。但是这样的话只是貌似服从,是口服心不服,因为他们早就有言在先:权力和掌握权力的事情其实是非常卑微的、不值得尊重的、不重要的。最重要的也不是所谓“大事业”,而是以适合个人天赋的形式去消遣。甚至按照“严肃的政治原则”行事,也不过是一种消遣,因为在帕斯卡尔看来,这些所谓的“政治科学”就是柏拉图和亚里士多德这样的哲学家在消遣的心态下,为那些穿着国王的衣服的“疯子们”写出来的。也就是说,游戏的生命态度比“严肃”更重要、也“更正经”。

在看透了政治本身的“肮脏”之后,帕斯卡尔和蒙田一样,不准备用这些道理启发人民(告诉人们政府存在的基础是多么的荒谬和野蛮)以内战的方式造反,因为这会导致无政府状态(甚至最坏的政府也比无政府要好,暗含着帕斯卡尔和蒙田对人类在政治问题上的智慧没有信心)。也就是说,不要去推翻既有的政治秩序,即使或正因为这些法律和习惯是荒谬的,才应该去服从它们。

为什么呢？因为“推翻”旧政权所建立起来的，只不过是一个略微不同的“新”的“旧政权”。这个政治见解，几乎与莱布尼茨如出一辙：现有的政治秩序已经是一切可能秩序中最好的了。这当然是一种深刻的、建立在人类已经有的历史经验基础之上的怀疑主义，是对“普遍的正义”的深刻怀疑——因为永远不会有“共同的意见”。“共同的意见”越是“共同”，就越抽象，越没有使用价值。

在帕斯卡尔看来，毫无疑问，自然法是有的，但是这种美丽而腐败的理性已经腐败了一切。正义和真理是如此细微的两个点，以至于我们迟钝的工具决不会精确地碰到它们。一旦我们试图接触它们，它们马上就变得模糊不清，使我们碰到的总是谬误而非真理。这是理性的丑闻！不是因为理性无能，而是由于人的本性就是腐败的。“公正”不过是一个旗号或象征，它服从在它背后的某些非理性、不公正的因素，这对人类的智慧是多么大的讽刺啊！于是，最聪明的立法者这样说服追随他们的人：我所建立的规则是真正永恒的真理。其实，在帕斯卡尔看来，在任何情况下，正义都是由背后的强力决定的（做出解释的）。

三 公正、强力、人的本性

人的支配他人的本性，或者说是“某样东西是属于我的”的本性是如此强大，以至于我们绝对于不要指望通过祈祷公正来改变这种本性。帕斯卡尔指出，从小孩子哭闹着喊“那只猫是我的”，我们就能“开始窥见到篡夺整个地球的影子”。财富的每次分配都只能具有抽象的公正性，人们会自然而然地顺从强势的一方，即强势者获得的总是多些。所以帕斯卡尔认为，不可能把公正强势化，我们只是要把强势公正化，以便最终达到强势与公正的和谐、和平共处，这样的主权，就是善的主权。

这是对人类本性比蒙田更为悲观的看法，人生来就渐渐学会了把自己的真实面孔掩盖起来。换句话说，一切社会的规则都具有“虚假性”。一方面，这种“虚伪”是必须的。为了避免与他人同归于尽，人必须对自己“恶”的本性加以掩饰与遏制。另一方面，必须的“虚伪”总是无法战胜“自私”的本性。

但是，在我看来，说人的本性是“自私的”，仍旧是一个只看表面现象的说法，更准确的说法，应该是人的本性琢磨不透，是任性的。社会的规则或理性终究不能战胜人的任性，以至于人类历史总要在纠正由于人的任性带来的灾难过程中循环往复。这并不是说我们已经彻底掌握了人性，事实上我们不可能认识我们自己，这甚至是人活着的最大趣味之一。比如，人的力量能力、感受力与思考力、给予事物秩序的能力、寻找刺激与快乐的能力，等等。

帕斯卡尔强调人的根本动机是获得幸福，这种目的论的模式，也是古典哲学的典型模式。也就是说，似乎人的目标始终如一。人不可能离开这个目标一小步，人活动的动机是为了获取幸福，甚至那些上吊的人都是如此。

目的论的解释，也是一种“第一原因”的解释，问题是我们能否对动机的性质下如此确定的判断，能否确定人真是“为了什么而活”这样一个模式。不清楚自己为什么而活就不是一个清楚的人？不能实现自己理想目标的生活就是悲惨的一生？如果事实上所有人都是这样想的，那么是否相当长的历史中支撑人类活下去的方向有问题？问题不在于应不应该寻找幸福，也不在于对什么是被寻找的幸福的理解五花八门，而在于目的论性质的思维也许并不合理，因为如果这样，就有太多的痛苦被没有实现的大小人生目标暗示出来。但我认为这只是社会强加给我们的心理习惯,而没有了这样的心理习惯,人生将变得更加芬芳动人,更加充满情趣。也许还有一个更深刻的问题,即也许无动机的动机、精神与举止活动的散漫状态、不刻苦努力或只沉醉于"无动机的动机"或游戏状态,是幸福的更美好状态。

同样的道理,关于人的本性是爱自己或爱快乐的说法也是目的论的或单调的。反面的提问是,如果没有以性欲为代表的人类欲望推动,人活着的乐趣何在呢?但是,我认为问题在于,也许欲望可以被分解为以非欲望的形式存在,或者说,"欲望"并非准确地击中了人内心的实际状态,人并不真地清楚自己想要什么。在多数情况下,所谓"人生目标"是文化传统和社会习惯从外部强加给人的。实现了这些习惯赋予的"人生目标",我们会获得一种得到幸福的心理暗示——但是这些暗示得到的与我们本来感受到的真实之间,并没有划等号——我们会很快厌烦自己得到的东西,或者这些东西给我们的"幸福感"并非像事先想象的那样强烈。换句话说,我们的一生过得极不真实,不仅自己欺骗自己,而且人之间相互欺骗——这也是人的本性吗?

四 "消遣"中孕育的"异化"思想

在以上基础上,帕斯卡尔接触到非常深刻地影响到近现代西方思想的"异化"概念。他认为:我们不满足于自己已有的生活,我们希望过一种在别人头脑里想象的生活,我们迫使自己显得不是本真的自己,以满足他人对我们的想象。我们不停地劳作,为了保持和装饰想象中的自己,完全忘记了真实的自己。如果我们安详、慷慨、忠诚,就会极力使别人知道我们有这些美德,以便于把这些美德嫁接在别的东西上。为了强化这些美德,我们会很高兴使这些美德离开我们。假如我们有勇敢的美名,就应该幸福地做个胆小鬼。应该绝妙地认定我们自己其实什么都不是,没有别人参与我们决不会心满意足,得为了“彼”而强化“此”。

以上帕斯卡尔所强调的,是一些不真实的或者远离我们的存在,我们正是从这些存在中获得“我们自己”的“幸福”。“自私”或“自爱的”本性却是“不自私”或“不自爱”的。

换句话说,那些“不真实的或者远离我们的存在”,就是我们的消遣。这使得“消遣”成为一个真正具有哲学意义的概念,它意味着疏远、增补、转移。这个思想的灵感,还是与蒙田有关,蒙田曾经认为:再没有什么比无所事事更令人难以忍受的了,人不能没有热情,不能无事情可做,不可以没有消遣、没有目的。如果那样的话,人就会感到完全空虚,被世界抛弃、不满足、无所依赖、没有能力、倍感无聊。一旦心灵卷入其中,人就会厌烦、忧郁、悲伤、自贱,甚至绝望。

蒙田的意思,用黑格尔的话说,就是你的真理在你的“对立面”那里。我认为这揭示了寻找或从差异中获得乐趣,是人的又一天性。

选择差异并非是择优弃劣的过程,只是变化“怎么”和“如何”的问题。用帕斯卡尔的话说,人类的一个基本倾向是回避自己的真实情况,把注意力转移到别的地方(这有点像被追赶的鸵鸟最后一头扎进沙堆;又像是一种走神的天性)。换句话说,人的天性就是不严肃的。所有的严肃都是为了避免过分的不严肃造成的恶果。一旦这样的警报解除,人的记忆力马上重新变坏,又不严肃起来。

为什么人的记性不改呢?因为只要人一考虑自己,就会变得十分忧郁。在这个意义上,由于人与他人在一起才快乐或者与别人分享才有快乐,人的自私本性也在无形中远离自己,变成了别的什么。究竟变成了什么呢？任何事情！我们的本性就是动，完全的休息就意味死亡。这里的“动”当然可以分成身体与思想的运动，它们之间的关系并非是对称的。

无论身体还是思想的运动，都是克服死亡的良药，速度越快，就越能延缓死亡的到来。死是一件非常容易的事情，死盯着死亡却是一件让人无法容忍的事情。死亡并非像人们想象的那样，是一个多么了不起的“危急时刻”，死只是人一生要遇见的无数事情中的一件事情，既不渺小也不伟大。换句话说，倘若我们能以习惯上面对死亡的心情，面对生命中每天遇见的事情，那我们的生活将到处充满创造性的心理享受。

消遣不仅是排除孤独，还是弥补我们自己独处时所缺乏的东西。在帕斯卡尔看来，唯一能安慰我们免受凄惨之苦的事情，就是分心。然而，这本身却是我们最大的不幸，因为正由于此，我们就不能严肃地思考我们自己，在不能认识自己的情况下迷失自己。可是，倘若不分心，我们就会沉溺于烦恼，这又加重了我们回避烦恼的决心。正是分心使我们快活，使我们无意识地忘记了死亡。

在这个意义上，同样诡异的是，由于对痛苦的记忆是导致不快活的重要源泉，回避或“丧失”记忆反而成了幸福的一个前提，尽管美好的记忆是使人快乐的一个重要原因。“消遣”的另一个含义，在于所从事的事情并不是真的需要，只是为了打发时间。但是，这种“不是真的需要”会成为人每天离不开的事情，即变成了“真的需要”。这时候，某一层次上的“异化”就完成了。一切生活中的意义，都是人想象或创造出来的，而且要花样翻新，要刺激出新的意思。顾名思义，要想让一个人绝望，就是使他再没有“念想”。

五 消遣与道德

兴趣、欲望、消遣，这些都是近义词，它们的害处是麻痹我们，使我们忘记关于人本身的“真理”。但是，如果这个“真理”就是消遣呢？我们人类为自己感到骄傲的道德，原来就建立在这些消遣性的欲望基础之上（把道德也看做了一种消遣）。帕斯卡尔又认为，人类从欲望本身中设计出一种私生的道德，这是对仁慈的秩序的一种颠倒的解释。帕斯卡尔惊叹人类从自己的贪欲中设计出一种令人赞叹的制度。这制度是对仁慈本身的模仿，足见人之伟大。

这种虚假的道德使我们的行为看上去似乎是仁慈的，我们做出很虔诚的样子，好像是很关心别人的需要。但是其中的动机却是完全相反的，因为人只是为了满足自己的私欲。可是，根据卢梭和德里达的理论，人的动机与事情的效果之间的不一致，是普遍现象而非例外。也就是说，人类甚至要感谢和鼓励各种不一样的“自私的兴趣与选择”。取之有道或者自己获得的同时不损害他人，时至今日仍旧是一个理想而已，这样的公正也就以不公正的方式显示出来。“以别人的幸福作为自己的幸福”的现象并不是没有，而且曾经在人类二十世纪历史中上演过波澜壮阔的伟大事业，但是它却成就了一种浪漫主义的悲剧化的政治运动。

公民社会与专制社会比较的最大好处，就是人之间关系中的尊重别人与被别人尊重之间权利与义务的对等关系。要争取被尊重的权利。社会中的人之所以有能力相互服务，来自每个人都是他自己，有差异。保持自爱、有独立见解、不盲目羡慕别人的情形将使整个社会充满活力。人是以希望获得别人赞扬（得到名声或支配他人的地位）的方式离不开别人的，自爱与竞争是孪生的。

美德是自爱的装饰，各种事物中无不浸泡着人类的贪欲。但是，帕斯卡尔观察到，可以利用个人的贪欲服务于公共的善，从那里建立起社会公正的规则。他说，我们的美德全是由恶行组成的，我们不可以借用自己的力量在美德问题上自我辩护，而只能借助于两种相互反对的恶行。我们矗立在两股相反的风向之间，如果一种邪恶被铲除了，我们就陷入了另一种邪恶。

政治机构不过是一个能最大限度地满足更多人欲望的分配委员会罢了，一个人有了这种分配的权力，就显得有力量。丧失了这样的权力，他就什么都不是。所以对于人来说，靠外在的东西是支撑不住的。因此，帕斯卡尔对权力者的告诫是：一方面，在臣民面前要尽量保持权威的形象；另一方面，要清楚地知道自己并不是什么王，而是和所有人一样，是在上帝面前同样悲惨的人。人是"精神分裂型"的，集美德与邪恶于一身，既伟大又渺小。

帕斯卡尔认为，"相信上帝"的精神状态比"无神论"状态更积极，因为后者心灵空空。这就是他著名的"打赌的逻辑"：有两种可能性，上帝存在或者不存在。相信上帝存在，得到的回报是永恒而无限的快乐；认为上帝不存在，尘世的生活就丧失了神圣的满足感，因为到头来一切都是身外之物，等于什么都没有得到，或者得到的是无限的痛苦。

我们已经上了道，也就是说，不能选择"不选择"，因为"不选择"不仅意味着是一种选择，而且意味着选择了眼前的世界。怀疑的结果是给人希望，即无论上帝存在的可能性多么微小，微光总比没有光要好。在这个意义上，从不相信到相信是一种解脱，精神的解放。即使上帝不存在，相信者也并没有真的损失什么；而上帝万一真地存在，相信者就赢得了一切。相应地，无神论者则丧失了一切。在帕斯卡尔看来,这是一种区别于“几何学精神”的“微妙精神”。也就是说,“非理智的”态度或者“神圣的逻辑”要高于哲学与形式逻辑。

但是,帕斯卡尔的这种“二分法”并不是“辩证法”,它更像是精神的魔术,从一样东西变出意料不到的东西。如果不借助于类比等“精神魔术”,无数原始个别的愿望如何能过渡到普遍的共同的愿望呢?不可以把帕斯卡尔的“二分法”理解为非此即彼,因为他像克尔凯郭尔一样徘徊于二者之间。精神的魔术活跃于两者之间。上帝是以非神学的方式得到信仰的。帕斯卡尔相信,幸福只能来自相信点什么:有些人在权威那里寻找幸福,有的人从好奇心、从科学、从肉欲中寻找幸福。更接近幸福的人意识到,必须要有所有人都希望的普遍的善……

总之,共同的善才是大善,孤独的、只属于个人的善难以自保。一个单独的个人要融入社会才有幸福可言,这样的思想从十七世纪经过十八世纪的卢梭一直流传到十九世纪的马克思那里。

最后,我们转引帕斯卡尔《思想录》中最著名的论断:人很渺小,就像一根芦苇,随时面临死亡。但是,人知道死意味着什么,人之外的其他动物却不知道。在这个意义上,人是伟大的,因为人有思想,思想就是人活着的最大尊严!

(作者系社会科学院哲学研究所研究员)

第一章　关于精神和文风的思考

1.

几何学精神与敏感性精神的差别——在几何学中，原则都是显而易见的，但却远离日常的应用；所以人们很难把脑筋转到这上面去，因为缺乏习惯的缘故；其实只要稍微转向这一边，人们就会把这些原则全看清楚；除非精神彻底地谬误了，才会把这些明显得几乎不能遗漏的原则推论错了。

但是在敏感性精神那边，原则就在日常的应用之中，而且就在每个人的眼前。人们用不着转过头来或者勉强自己；问题只在于要有好的眼光，但是眼光必须好；因为这些原则是如此精微，数量又是那么繁多，不遗漏几乎是不可能的。可是，漏掉一条原则，就会导致错误；因此，必须有极其清晰的眼光才能看清全部的原则，然后必须有正确的精神，以免对那些已知的原则进行谬误的推论。

因此，几何学家只要有好的眼光，就会是敏感的，因为他们不会对自己已知的原则做出谬误的推论；而那些敏感的精神若能把自己的视线屈就到那些不熟悉的几何学原则上去，也会成为几何学家的。

因而，某些敏感的精神之所以成不了几何学家，就在于他们完全不能转到几何学的原则上来；而某些几何学家之所以不敏感，就因为他们看不见眼前的事物，在于他们习惯于几何学简洁明了的原则，习惯于在看清楚并且掌握原则之后才进行推论，所以面对敏感性事物时就抓瞎了，因为它们的原则是不任人这样来掌握的。我们几乎看不见它们，我们感受它们其实多过看见它们；想要那些没有亲身感受过它们的人去感受，实在是难上加难。这些事物是那么细致、那么繁多，必须有一种极其细腻和清晰的感觉才能感受它们，并按照这种感受做出正确公允的判断，但往往不能像几何学那样做有条不紊的证明，因为这些原则本来就不是用这种方式获得的，如果那样尝试的话，会是一桩永无止境的事。我们必须一眼就把事物看透而不能靠推理逐步演进，至少在一定程度上是这样。因此，几何学家有敏感的头脑，敏感的人具备几何学精神就罕见了；这是由于几何学家想用几何学的方式处理这些敏感的事物，他们先从定义着手，然后从定理出发，可是这类推论根本就不能这么做，结果把自己弄得荒唐可笑了。这并不是说我们的精神不在进行推论，而是说这种推论是默默地、自然而然地、毫不造作地进行的；因为常人理解不了对它们的表述，而对它的感受也只能属于少数人。

相反的，敏感的精神既然习惯于看一眼就下判断，所以，当人们对他们提出一些他们莫名其妙的命题，而且要用到一些如此枯燥乏味、他们根本不习惯看得这么细的定义和原理才能深入这些命题的时候，他们就会那么诧异，以致对此厌烦，没了兴趣。

但是那些谬误的精神永远成不了敏感的人，也成不了几何学家。

因而，那些单是几何学家而已的几何学家有着正确的精神，但我们得用定义和原理把一切事物都向他们解说清楚；否则他们就会误解，就会让人受不了，因为只有依据解释得透彻的原理，他们才是正确无误的。

而那些单是敏感的敏感者，他们没有耐心深入到思辨性和想象性事物的基本原则里去，这些原则是他们在世上没有见过，完全脱离日常生活的。

2.

不同类型的正确感受；有些人对某一类事物有正确的感受，但在别类的事物上则并非如此，往往走入歧途。

有些人能从不多的原则中得出结论，这就是感受的正确性。

另外一些人能从含有许多原则的事物中得出结论。

譬如，有的人十分理解水的作用，而水包含的原则却并不多；可是从中得出的结论是如此精微，只有思维极为正确才能办到。

但这些人未必因此就是几何学大师；因为几何学包含着大量的原则，而精神可能有这样一种性质：它能够钻研到少数原则的深处，然而却根本深入不了那些蕴含大量原则的事物。

因此有两种精神：一种能够敏锐、深刻地洞察各种原则的结论，那就是精确性的精神；另一种能够理解众多的原则而且从不混淆，这就是几何学的精神。一种是精神的力量与严谨，另一种则是精神的广博。而两者很可能不能兼得；因为精神可以是强劲而又狭隘的，也可以是广博而又软弱的。

3.

习惯于凭感觉进行判断的人，对于推理的东西一窍不通，因为他们想一眼就看透原则，而不习惯于寻求原则。反之，那些习惯于用原则来推论的人,对感性的东西也毫不理解,因为他们在那里面寻找原则,没有能力一眼就看清。

4.

几何学,敏感性——真正的雄辩看不起雄辩,真正的道德看不起道德;这就是说,判断力的道德看不起精神的道德,前者是没有规则的。

因为感觉属于判断力,正如科学属于精神一样。敏感性是判断力的一部分,几何学是精神的一部分。

看不起哲学,那才真是哲学思辨。

5.

那些没有准则就评判一件作品的人对于别人,就如同那些没有戴表的人对于别人一样。一个人说:"有两小时了";另一个人说:"只有三刻钟"。我看了看自己的表,对前一个人说:"你觉得无聊了吧";又对后一个人说:"时光对你不显久啊,已经有一个半小时了。"有人说我觉得时间走得太慢,说我任意判断时间,我不在乎那些人,因为他们不知道我是根据我的表做出判断的。

6.

既然我们败坏自己的精神,我们也在败坏自己的感情。

我们通过交往而形成了精神和感情。我们也在交往中败坏精神和感情。因此,好的交往或者不良的交往可以形成它们,或是败坏它们。最要紧的是善于选择,以便培养它们,而丝毫不败坏它们;假如我们从来没有形成或者败坏过它们的话,我们就不能做出这种选择了。这就构成了一个循环,能摆脱这个循环的人就是幸福的人。

7.

一个人越有思想,发现有个性的人就越多。普通的人是看不到人与人之间的差别的。

8.

很多人听布道的方式,与听晚祷一模一样。

9.

当我们想要有效地纠正别人并指出他犯了错误时,我们必须要考虑他是从哪个方面来观察事物的,因为在他那一边,事情通常是真实的;我们必须向他承认他那边的真实,但是也要把事情的错误的一边告诉他。他会对此感到满意的,因为他明白自己并没有错,只不过没有看到各方面罢了;人们不会因自己没有看到一切而生气,但是不喜欢自己出错;这或许是因为人自然不能看透一切,并且自然不能在他所观察的那方面犯错误,因为感官得出的知觉总是真实的。

10.

人们一般更容易被自己发现的道理说服,而不太容易被别人脑袋中想出来的道理说服。

11.

一切盛大的娱乐对基督徒的生活都是危险的;但是在这个世界发明的所有娱乐中,没有哪一种比戏剧更可怕。它表现出来的激情是那么自然而又那么细腻,以至于在我们心里也激起并催生了同样的感情，尤其是产生爱的感情，特别是当人们把爱情表现得非常贞洁和非常真挚的时候。因为它越是对纯洁无辜的灵魂显得纯洁无辜，这些灵魂就越能够被打动；爱情的强烈迎合了我们的自爱心，于是我们的自爱心形成了一种愿望，想要产生那些我们看到表现得如此完美的同样效果；同时我们根据在戏中所看到的那些真挚的感情来塑造自己的心灵，这些感情消除了纯洁的灵魂的恐惧心，纯洁的灵魂自以为：以一种它们看来那么贞洁的爱去爱，是绝不会伤害自己的纯洁的。

因此，当我们走出剧院时，心中便充满了爱的所有美丽和甜蜜，灵魂和精神又是如此深信爱的纯洁无辜，以至于我们完全准备接受爱的最初感受，更确切地说准备找机会在别人的心中唤起爱的感受，以便获得我们在剧中所见的、得到很好描绘的、同样的欢乐和同样的牺牲。

14.

描写一种感情或作用的时候，我们会在自己的身上发现我们听到的是真理，它本来就在我们身上，只是我们不知道而已，因此，我们欣然爱上那个让我们获得这种感受的人；因为他没有给我们展示他本人的所有，而是我们的所有；正是这种善举才使得他可爱，此外我们和他的这种心灵一致也必然使得我们由衷地爱他。

15.

雄辩靠和颜悦色说服人，而不靠权威；权威是暴君，不是国王。

16.

雄辩是一种讲述事情的艺术，要做到：一、听讲的人能够轻轻松松、高高兴兴地听这些事；二、他们感到自己产生了兴趣，因而自爱心引得他们更情愿思考听到的事情。

因而，雄辩就在于我们要力图建立一种契合：一方面是在我们听众的精神与心灵之间的契合，另一方面是我们所运用的思想与表达之间的契合。这就意味着我们仔细研究过人心，了解其中的全部奥秘，然后找出我们希望与之相称的演讲的分寸。我们必须把自己放在那些听讲者的位置上，在自己身上试一下用于演讲的表达方式，看看二者是否相称，以及我们能否有把握使得听众有点不得不叹服那样。我们必须尽可能地使自己保持本真自然；是小的就不要夸大，是大的就不要缩小。一件事物光说得漂亮还不够，它还必须紧扣题目，一点不多，也一点不少。

18.

当人们不理解事物真相的时候，最好有一种共同的错误把人们的思想固定下来，例如，人们把季节变化、疾病的传播等都归因于月亮；因为人类最大的弊病就在于对自己理解不了的事物怀有不安的好奇心；与其保持那种徒劳的好奇心，还不如让他犯些错误，还不至于那么糟糕。

艾比克泰德、蒙田和图尔吉的萨罗门的写作方式是最平易近人、最顺耳、最令人回味并且最为人引述；因为它们完全由日常生活谈话而产生的思想所构成的；就像我们谈到世间存在的共同错误，说月亮是一切的起因的时候，我们就总是少不了说：图尔吉的萨罗门说过，当我们不理解一件事的真相时，能有一种共同错误或别的就好了，这就是前面的思想。

19.

我们写书时的最后发现，就是懂得什么就必须先写什么。

20.

次序——我为何宁可把我的道德教诫分成四条而不是六条？我为何宁可把美德定为四条、两条或一条？为何说成“abstine et sustine(承受所有不挠乱灵魂的痛苦，避开一切伤害精神自由的欢愉)”[①]而不是“遵循自然”，或是像柏拉图那样“处理私事时公正无私”，或者是其他的东西？你可能会说，是这样的，一切都包含在一言之中。是啊，可是如果不加以解释就是无用的；然而假如我们要加以解释时，一旦展开这句包含一切教诫的教诫，这些教诫就都跑出来，那种原始混乱状态正是你想避开的。因此，当它们都被关在一条教诫中的时候，它们就隐蔽在那儿，就是无用的，就像是装在盒子里面一样，它们永远只能以天然的混乱状态出现。自然规定了它们彼此并不能互相包容。

21.

自然将它的全部真理彼此分立；我们的艺术使它们互为包容，但这是不自然的；每一个真理都有它自己的地位。

22.

但愿没人说我没有说出什么新东西来，素材的安排就是新的；我们打网球的时候，双方都打同一个球，但总有一个人的落点打得更好些。

---

① 文中出现的西文均为拉丁语，括号中为中文释义。——编注

我倒是喜欢听人对我讲，说我使用前人的文字。正如同样的思想换一种讲法并不构成另一种论述那样，同样的文字换一种写法却形成另一种思想！

23.

文字的不同排列形成不同的意义，意义的不同排列产生不同的效果。

24.

语言——我们决不应该把精神转到别处去，除非为了适时地放松一下精神，而不是出于其他情况；因为不能适时放松的人会疲惫；但不适时感到疲惫的人却得到了放松，因为这时候他们抛开了一切。狡黠的欲念总喜欢与人们希望从我们这里获取但不给我们带来任何快乐的东西背道而驰，而获得快乐则是我们满足他人一切愿望的筹码。

25.

雄辩——它必须既令人快乐而又真实，而这种令人快乐本身又必须来自真实。

26.

雄辩是一幅思想的绘画；因而那些画完之后再添笔的人，就是在写意而不是在写真了。

27.

杂议。

语言——刻意雕琢讲求对仗的人，就像为了对称而制作假窗户的人一样:他们的准则不在于说得正确而只是辞格的准确。

28.

我们一眼就看到了对称,因为没有理由不这么看,同时也是基于人体的形象;因此我们有时候只求在宽度方面,而不求高度与深度方面的对称。

29.

当我们阅读一篇文笔自然的文章时,我们会感到惊讶与欢欣,因为我们原本期待发现一位作家,而我们现在却看到了一个人。反之,那些品位纯正的人阅读一本书时原以为能发现一个人,却意外地发现了一位作家。Plus poetice quam humane locatus es(你以诗人发言更甚于以人发言)。那些在教导说自然能讲述一切甚至能讲述神学的人,就是真正尊敬自然的人。

30.

我们仅请教耳朵,因为我们缺少心灵。

准则就在于诚恳。

省略之美,判断之美。

31.

西塞罗的那些被我们责备的虚假之美都有崇拜者,并且有大量的崇拜者。

32.

喜悦以及美都有某种楷模,是由我们或强或弱的自然天性与令我们喜悦的事物两者之间的某种关系构成的。

一切根据这种楷模所形成的东西都使我们喜悦，无论是建筑、歌曲、演讲、诗歌、散文、女性、飞鸟、河流、树木、房屋、服装以及其他。一切不根据这种楷模而构成的东西，都会使品位纯正的人感到不快。

在根据好楷模构成的歌曲和建筑之间，会有一种完美的关系，因为它们都类似于那个独一无二的楷模，尽管它们各不相同；同样的，根据坏的典型而构成的各种事物，也有一种完美的关系。并不是说坏的典型也是独一无二的，因为这些典型无穷无尽；比如说任何一首蹩脚的十四行诗，无论它是根据何种冒牌的典型写成的，都活像一个按照那种典型打扮出来的女人。

要理解一首十四行歪诗是何等之可笑，莫过于先考察一下它的性质以及模式，然后再想象按那种模式被塑造出来的女人或者建筑。

33.

诗意之美——既然我们谈诗意之美，那么也应该谈几何之美以及医学之美，然而我们并不这么做；其原因就在于我们非常清楚几何学的对象是什么，知道几何学在于证明；我们也了解医药学的对象是什么，知道医学在于治愈；但是我们却并不了解诗趣在于什么，而诗的对象就是诗趣。我们不知道应该仿效的这个自然典范究竟是什么；由于缺乏这方面的知识，我们就杜撰出一些稀奇古怪的词：诸如“黄金时代”、“当代的奇迹”、“命中注定的”，等等，并且把这类莫名其妙的词称为诗意之美。

然而，谁要是根据这种小题大做的模式来想象一位女性，他就会看到一位漂亮的姑娘，浑身挂满珠翠和首饰，他会觉得好笑的；因为我们虽然不了解诗文的魅力，却比较了解女性的魅力究竟在哪儿。然而不懂得这一点的人却会赞赏她这种打扮；而且在许多乡村会把她当成女王;所以我们把按照这种模式写成的十四行诗叫做“乡村女王”。

34.

一个人要是没有亮出诗人或数学家等等的招牌,世人就不会把他视为懂诗的行家。然而通才们根本不需要什么招牌,也不去区别职业诗人和以刺绣为业的人。

通才们不会被称为诗人、几何学家或其他的什么;但他们却是这一切人,而且是这一切人的评判者。人们猜不出他们到底是什么人。进来时别人在说什么,他们就会说什么。我们看不出他们身上哪种品质更突出一些,除了必要时拿出来运用之外;但是我们会记得他们,因为他们同样还有这个特点:与语言无关的时候,我们不会说他们善于言谈,而涉及语言的时候,我们就会说他们口才很好。

因此,进来一个人,人们就说他极其擅长做诗,这就是一种虚伪的溢美之词;而需要评判诗作的时候,人们却不去请教他,那就是一种不好的迹象了。

35.

我们不应该(说)某个人“他是数学家”,或者“他是传教士”,或者“他有口才”;而可以说“他是个正人君子”。只有这种普遍性的品质才使我高兴。看到一个人,我们就想到他的著作,那是一种不好的征兆;我倒情愿我们遇到而又有机会运用时才发现某种品质,因为我怕某一种品质特别突出,会给人贴上标签;我们千万别想他能言善辩,除非确实需要口才的时候,这时候可就别忘了这么想。

36.

人充满了众多的需要。他只喜爱能够满足他一切需要的人。“此人是一位优秀的数学家”，某人会说。可是我用不着什么数学，他会把我当成一个命题吧。“此人是一位优秀的战士”，他会把我当成一个围攻的据点吧。因此我需要一个能够普遍地适应我的一切需要的正人君子。

37.

既然我们不可能万事皆通，并把可能懂得的一切都弄明白，所以我们就应该什么都懂得一些。因为对一切都懂得一些，要比懂得某一件事物的一切好得多；这种渊博是最美的。我们若能两者兼而有之，那当然更好；但如果必须作出选择的话，那就必须选择前者；并且大家也都有同感，也是这样做的，因为世人通常是个好判官。

38.

诗人，而非正人君子。

39.

假如雷电打到低洼处，等等，诗人和那些只会对这类性质的事物作论证的人也许会缺乏证据。

40.

我们用以证明其他事物的那些例证，如果我们也想要加以证明的话，我们就得用其他的事物作为这些例证的佐证；因为既然我们总是相信困难在于我们所要证明的事例，我们就会发现例证更清楚，有助于论证。

因此，当我们想要论证一件普遍事物时，我们就必须给出一例个案的特殊规律；但是如果我们想要论证一例特殊的个案时，我们又必须从（普遍）规律入手。因为我们总是觉得有待证明的东西是模糊不清的，而我们用作证明的东西则总是清楚明白的；因为，当我们提出一件有待证明的事物时，我们首先就会想象它是模糊不清的，而用来证明它的东西则是清楚明白的，这样我们就容易理解它了。

41.

马提雅尔的箴言：人都喜欢恶作剧；但并不针对一些失明者或者是不幸的人，而是针对高傲的幸运者。如若不然，我们就会犯错误。

因为欲念乃是我们一切行动的根源，而人道，等等。

我们必须让那些具有人间温情的人感到喜悦。

43.

有些作家谈到自己的著作就说"我的书"、"我的评注"、"我的故事"，等等。他们身上有一股拥有街面房屋的小市民味，总是把"在我家里"挂在嘴边。鉴于其中别人的东西通常比他们自己的多，他们最好还是说"我们的书"、"我们的评注"、"我们的故事"等等吧。

44.

你希望别人相信你的东西吗？那你就不要提它。

45.

语言是密码,这里并不是字母转换成文字,而是词语之间的转换,因此,一种未知语言就可能被破解了。

46.

甜言蜜语的人,人品不佳。

47.

有些人说得好而写不好。那是因为特定的场合和听众燃起他们的激情,从他们的精神里引发了缺乏这种激情时所找不到的东西。

48.

当一篇文章里出现了重复的字,我们试图加以修改,却发觉它们是如此妥帖,如果删改就有可能糟踏这篇文章时,那就别动它。这就是那篇文章的标志;这也是出于盲目的忌妒,这种忌妒不了解用字重复在这种地方并非错误,因为并没有什么普遍的定律。

49.

掩盖本质并加以伪装。不再有国王、教皇、主教,只有威严的君主等;不再有巴黎,只有王国的首都。在有些地方,我们应该把巴黎称为巴黎,在别的地方,应该把它称为王国的首都。

50.

同一个意义随着表达它的言辞变化而变化。意义从言辞中获得它们的尊严,而不是赋予言辞以尊严。必须寻找这样的例子……

52.

只有笛卡尔派的人才会说“笛卡尔派”,只有学究才会说“学究”,只有外省人才会说“外省人”;我敢打赌,是出版商把“外省人”这几个字加到《致外省人信札》这个书名上去的。

53.

视其意图,一辆车或是翻倒了,或是颠覆了。

56.

猜一猜:“你的烦恼我也有份。”但红衣主教先生是不愿意让人猜透的。

“我的精神充满着不安”, 不如说“我充满不安”。

57.

我对这种客套话总感觉不舒服:“我给您添了很多麻烦”,“我怕让您觉得无聊”,“我怕打搅得太久了”。我们要么引人入胜,要么惹人恼火。

58.

你说得不妥当:“请您原谅我。”要是没有这句客气话,我也许压根不觉的什么事情出了错。“有渎尊听……”错就错在他们的客气。

59.

“扑灭叛乱的火焰”:太华丽。

“他的天才之躁动”:多了两个大胆的词。

第二章　人没有上帝是可悲的

60.

第一部:人没有上帝时的可悲。

第二部:人有了上帝时的幸福。

或:

第一部:根据天性本身,天性是腐化的。

第二部:根据圣书,存在一位救主。

61.

顺序——我原本可以按照以下顺序安排这篇论述:为了证明所有境况的虚妄,证明普通生活的虚妄,然后再证明怀疑论者、斯多噶派的哲学生活的虚妄;但这种顺序实际上并不能保持。我对它略知一二,也知道懂得它的人是何其之少。人世间没有一种科学能够保持这种顺序。圣托马斯没有保持它。数学保持了它,但数学在深度上也是无用的。

62.

第一部的序言——谈论那些论述过自我认识的人;谈论沙

伦那令人烦恼与厌倦的分目;谈论蒙田的混乱,蒙田深深感到缺乏正确的方法,便从一个题目跳到另一个题目来躲避短处,他追求风雅。

他作自我描绘的举动多么愚蠢！而此举绝非偶然或违背他的准则——人人都有犯错误的时候——而是根据他本人的准则,并且是出于一种主要的、基本的意图。因为出于偶然和自身的弱点说几句蠢话,那只是一种常见的毛病;但故意讲蠢话就让人不能容忍了,而且还说出那些诸如……

63.

蒙田:蒙田的缺陷太大。不管古尔内女士怎么说,放浪的词句,都是一文不值的。轻信:没有眼睛的人。无知:化圆为方、更大的世界。他对蓄意杀人、对死亡的看法。他令人对救赎漠不关心,既不畏惧也不悔罪。他写书的目的不是为了维护虔信,因此他就不必受此约束;然而我们却永远有责任不背离虔信。我们可以原谅他在人生某些场合有点放浪形骸的感情;但是我们却不能原谅他那种纯属异教的生死观;因为假如一个人至少不希望像基督徒那样死去,那他就必定完全抛弃虔诚之心了。然而蒙田通篇只想着胆怯懦弱地死去。

64.

不是在蒙田的身上而是在我自己身上,我发现了在他那里看到的一切。

65.

蒙田身上的优点只有经过磨难才能获得。而他身上的劣迹——我是指道德以外的——却是立刻就能纠正的;假如有人告诫他,说他太折腾而且一味谈自己。

66.

人必须认识自己:如果这一条无助于发现真实,它至少有助于规范一个人自己的生活;没有什么比这更正确的了。

67.

科学的虚妄——外界事物的知识不会在我痛苦的时候安慰我在道德方面的无知;然而有关伦理的知识却可以永远安慰我对外界科学的无知。

68.

我们不教人成为正人君子,但我们教他们别的一切;而他们夸耀自己的正直从来甚于炫耀自己的渊博。他们只以自己懂得唯一没有学过的东西而洋洋自得。

69.

两种无限,中间——我们阅读得太快或太慢,就什么也理解不了。

70.

自然不……自然把我们如此巧妙地摆在中间位置,以至于我们改变平衡的一边,也就改变了另一边:我行动。我因此相信,我们脑袋里的弹簧也是这样安排的,谁触动其中一端必然触动另一端。

72.

人的比例失调——这就是自然知识引导我们得出的结论：假如这一点不是真的，那么人身上就没有真理可言了；假如这一点是真的，那么人会在其中发现自己应该谦卑的充足理由，因为他被迫不得不以这种或那种方式低头。而且，既然人不相信自然知识就不能生存，所以我希望，他在更深一步探讨自然之前，能严肃而又从容地考虑一下自然，并且也能审视一下自己，了解自己在其中的比例……那么就让人思索整个自然界的崇高与壮丽吧，让他把自己的目光脱离四周卑微的事物吧！让他看看这道就像一座亘古不熄的炬火在照亮全宇宙的灿烂光芒；让地球在他看来比起太阳所描扫的巨大轨道来就像是一个小点；并且让他震惊于那个巨大轨道的本身比起苍穹中运转着的恒星所运行的轨道来，也只不过是一个十分微小的点罢了。然而假如我们的视线就此停止，那么就让想象力去超越吧；感到疲惫的将是它的构思能力，而不是提供材料的自然界。整个可见的世界只不过是大自然博大胸怀中一道难以觉察的痕迹。任何一种概念都接近不了它。尽管我们扩大我们的构想，使其超越可能想象的空间，但是与事物的实况相比，我们只不过在生产原子而已。那是一个无限的球体，到处都是球心，而周边却不在任何一处。终于，我们的想象力在这样的思想中迷路，这便是最能显示上帝万能的感性特征。

让缓过神来的人对比一切的存在物，看看他自身是什么吧；让他把自己看做迷失在大自然的这个偏僻的角落里，并且让他从自己蛰居的这座小小的囚笼里——我指的是宇宙——学着掂量大地、王国、城镇和他本人的真正价值吧！与无限相比，一个人到底是什么呢？

为了给他展示另一种同样惊人的奇观，就让他在自己所知的最细微的东西中做一番探讨吧。让一个寄生虫给他展示比其微小的身躯更加微小无比的各个部分吧，它那带关节的肢体，肢体里的血管，血管里的血液，血液里的体液，体液里的液滴，液滴里的气体；让他再细分这最后的一些东西，让他竭尽其能去想象，并把他所可能分割到的最后东西作为我们现在讨论的对象；他也许会想，这就是自然界中极端的微小了吧。我要让他看到这里面还有一道新的深渊。我要给他描述的不仅是可见的宇宙，而且还有我们在这粒微缩的原子的围栅之内所能想象出来的广袤自然。让他在那儿看到无数的宇宙，每一个宇宙都有自己的苍穹、自己的行星、自己的地球，它们的比例和这个可见的世界是一样的；每一个地球上也都有动物，最后也还有寄生虫，他将在寄生虫身上发现原先看到的一切；既然能在其他物体里无休无止地发现同样的东西，那么就让他沉浸于这些奇迹吧，这儿的渺小如同别处的巨大都令人惊讶；谁能不赞叹我们的躯体呢，它刚才在宇宙中还是不见踪影的，而宇宙本身在整体的怀抱里也踪迹全无，如今与我们无法企及的那种虚无相比，它竟然一下子成了一个巨人、一个世界，或者叫一个整体！

凡是这样看待自身的人，一定会害怕自己，想到自己命系大自然所赋的夹在无限与虚无这两道深渊之间的一块物质时，他会为这些奇迹的景象而颤栗；我相信随着他的好奇心转化为赞叹，他就会更倾向于默默地沉思这些奇迹，而非自以为是地去研究它们。

因为，人在自然界中到底是什么？对于无穷而言就是虚无，对于虚无而言就是整体，是无和有之间的一个中项。他距离理解这两个极端都是无穷之远，对他来说，事物的目的以及它们的原则都是无可逾越地隐藏在一个无从穿透的秘密里面；他来自虚无又被无穷吞没,而这二者他都看不到。

他处在既不认识事物的原则又不认识事物的目的的永恒绝望之中,除了隐约看到事物居中部分的(某些)外表以外,他又能做什么呢?万事万物都出自虚无而趋向无穷。谁跟得上这些令人惊讶的进程呢?这些奇迹的创造者理解它们,别人都做不到这一点。

人们没有能力理解这些无穷,便冒然地转向研究自然,就好像他们与自然存在某种比例似的。他们的目标无穷,想根据同样无穷的推测,去理解事物的原则,并想由此而达到认识一切的目的,简直令人诧异。因为如果没有假定,或者说没有一种与自然一样无穷的能力,我们就形成不了这个计划。

了解情况之后,我们就会明白,大自然把它自己的形象和它创造者的形象铭刻在万物之上,万物几乎都带有大自然的双重无穷性。因此,我们就可以看到,一切科学在其探索的范围内都是无穷尽的,因为谁会怀疑例如几何学有无穷无尽的命题需要证明呢?就其原理的繁多和缜密而言,它们也是无穷的;因为谁不知道那些被我们当做最后命题的原理,其本身是不能成立的,它们得依据另外的原理,而另外的原理绝不自认是终级原理,因为它要其他的原理来支撑呢?可是我们却把某些东西看成终极,其理由跟我们看待物质的东西是一样的。对于物质来说,凡是超出我们的感官感受范围之外的,我们就称之为不可分割点,尽管按其本性来说仍然是无限可分的。

在科学的这两个无限中,宏观的无限性是最容易感觉到的,这也是很少有人自诩无所不知的原因。德谟克利特说过:"我要论述一切。"

然而微观的无限性却不那么明显。哲学家们动辄宣称已经达到了这一点,但正是在这儿他们都栽了跟头。这就产生了像

《万物原理》、《哲学原理》这些常见的书名以及类似的名字，这些名字尽管表面收敛，实际上跟另一本刺眼的书《全知论》（*De omni scibili*）一样喜欢浮夸。

与把握事物的周径相比，我们很自然地相信自己更有能力到达事物的中心，而且世界可见的范围明显超出了我们的感官。但是，既然我们比小事物大，我们就自信更有能力把握它们。然而认识虚无所需要的能力并不比认识一切更小；二者都需要有无限的能力；在我看来，谁要是理解了万事万物的终极原理，谁就能最终认识无限。二者是互相依赖的，是相通的。这两个极端因互相远离才能互相接触和结合，在上帝那儿并且唯有在上帝那儿才能重逢。

让我们认识自身的局限吧；我们是某种东西，但不是一切东西。我们存在的事实剥夺了我们对于从虚无中诞生的第一原理的知识，而我们存在的渺小又遮挡了我们对无限的视野。

我们的智力在思想的范畴里所处的位置，与我们的身体在自然领域占有的位置相同。

我们在各方面都受到限制，因此我们的能力在各方面都表现出这种处在两个极端之间的状态。我们的感官不能感受任何极端：声音过响，震耳欲聋；光亮过强，令人目眩；距离过远或过近都有碍视线；论述过长或过短反而会语焉不详；真理过多使我们不知所措（我知道有人不明白零减四还余零的道理）；第一原理使我们感到过于确凿；欢愉过多使人觉得别扭；音乐中和声过度令人讨厌；恩惠太多令人生气，我们愿意有点条件能多付些欠下的债务：Beneficia eousque laeta sunt dum videntur exsolvi posse; ubi multum antevenere, pro gratia odium redditur（唯有我们认为能够回报的恩情才是惬意的，倘若过多地超过这个限度，我们报答的将不是感激而是怨恨了）。我们既感觉不到极度的热，也感觉不到极度的冷。过度的品质都是我们的敌人,我们无法感知;我们再也不会感觉它们,而是忍受它们。过于年轻和过于年老都妨碍精神,教育太多和太少也是如此;总之,对于我们而言,极端的东西似乎根本就不存在,我们也不在它们的眼里:不是它们回避我们,就是我们回避它们。

这便是我们的真实状态;它使得我们既不可能确凿有知,也不可能绝对无知。我们航行在辽阔无边的区域里,永远没有把握地漂流着,从一头被推到另一头。我们想抓住某一点让自己稳定下来,可是它却晃荡着离我们而去;如果我们追上去,它就会挣脱我们的掌握,从我们身边溜走,永远地逃遁了。没有任何东西为我们驻足。这就是我们的自然状态,然而又是最违反我们天性的;我们渴望找到一块踏实的地基,找到一个永久的最后据点,希望在上面建立起一座通向无限的高塔;但是我们的基础整个儿坍塌了,大地裂为深渊。

因此,我们就别去追求什么可靠性和稳定性了吧。我们的理性总是被表象的变化无常所欺骗;没有任何东西能把有限固定在两种无限之间,它们既囚禁有限,又躲避有限。

如果大家明白了这个道理,我相信每个人都会安于大自然安排给自己的那种状态的。既然我们命中注定的这种中间状态总是远离两个极端,那么人类多了解一点东西又有什么意义呢?假如他有知识,他会升高一点。但他距离终极还不总是无限遥远吗?哪怕再多活十年,我们的生命不也是同样无限地远离永恒吗?

从这些无限的观点来看,一切有限都是等值的;我看不出把自己的想象建立在这个而非那个有限之上的理由。光拿我们自身和有限作比较,就足以使我们痛苦了。

如果人首先研究自己,他就会发现自己多么难以走得更远。

局部怎么能认识整体呢？可是，也许他希望至少能认识那些与他有着比例关系的部分吧。但是世界的各个部分都是这样彼此关联和彼此联系的，所以我确信，少了这一部分或者整体，便不可能认识那一部分。

例如，人与他所认识的一切都是有关连的。他需要有一个地方可以容身，有时间活下去，有运动可以生活，有元素构成他自身，有热量和食物滋养他，有空气呼吸；他看得见光明，感觉得到物体；总之，万物都与他相关联。因而，要想认识人，就必须知道他为何需要有空气才能生存；而要认识空气，又须知道它与人的生命的这种关系是从何而来的，等等。火焰没有空气就不能存在；因此，欲认识前者就必须认识后者。

既然一切事物都互为因果，既支援又受援，既间接又直接，而且一切事物都是由一条自然的无形纽带联在一起，它把相距最遥远的东西和差异最大的东西都联系在一起；所以我认为不可能只认识部分而不认识全体，同样也不可能只认识全体而不具体地认识各个部分。

事物永恒之本身或在上帝那儿的永恒，一定也会使我们短促的生命惊讶不已。大自然之固定而持久的不变性，比起我们身上所发生的不断变化来，也一定会产生同样的效果。

最终使得我们无法认识事物的，就在于事物是单一的，而我们却是由两种相反的、种类不同的本性构成，即由灵魂与身体所构成的。因为我们身上的推理部分不可能是精神之外的什么东西；而假如我们声称我们只是肉体而已，那就越发排斥我们对事物的知识，因为再没有比说物质能够认识自身更不可思议的了；我们无法知道物质如何了解自身。

因此，如果我们单纯（是）物质性的，那我们什么都了解不了；如果我们是由精神与物质构成的，那么我们就不能够完整地认识简单构成的事物,无论那是精神的还是物质的事物。

由此可见,几乎所有的哲学家都混淆了事物的概念,他们从精神的角度谈论肉体,又从肉体的角度谈论精神。因为他们大胆地说,肉体倾向于堕落,它们追求自己的中心,躲避自己的毁灭,它们害怕空虚,并且它们也具有取向、同感与反感等只属于精神的东西。而在谈到精神的时候,他们又认为精神存在于某个地方,把从一个位置移动到另一个位置也归之于精神,而这些却都是纯属肉体的东西。

我们不但不接受这些纯粹事物的概念,反而按照我们自己的品质给它们染上颜色;并且以我们复合的自身给我们思索的所有简单事物打上烙印。

目睹我们用精神和肉体合成一切事物,谁不相信这种混合对于我们是十分容易理解的呢? 然而这恰好是我们理解得最不够的东西。在人看来,人是自然界中最神奇的对象;因为他想象不出什么是肉体,更想象不出什么是精神,而最不可思议的莫过于没有任何物体能像肉体那样与精神结合在一起。他的最大困难就在于此,但这也就是他的存在状态:Modus quo corporibus adhaerent spiri tus comprehendi ab hominibus non potest, et hoc tamen homo est(精神和肉体相结合的方式乃是人所不能理解的,然而这就是人生)。

最后,我用以下两点思考来结束对我们弱点的证明……

73.

可是,也许这个题目超出了理性的能力范围。我们就来考察一下它对自己力所能及的事物的创见吧。假如有某件事物涉及它自己的利益,能够使它对自己加以最严肃的运用的话,那就是对于至善的探讨了。因而让我们来看看这些坚强的、明察秋毫的灵魂把至善安置在什么地方,并且看看它们是不是一致吧。

有人说,至善就在于美德,另有人把它归之于享乐;有人认为在于顺应自然;另有人认为在于真理:Felix qui potuit rerum cognoscere causas(洞察事物起因的人是幸福的);又有人认为在于彻底无知;还有人认为在于懒散;也有人认为在于抵制假象;另有人认为在于不为任何事物所惊讶, nihil admirari prope res una quae possit facere et servare beatum(不为任何事物所惊讶几乎是给予和保持幸福的唯一手段),而真正的怀疑主义者则认为在于他们的不动心、怀疑与永恒的悬疑;还有一些更聪明的人认为还能找到更好一点的说法。我们已经是受益匪浅了!

假如经过如此漫长而又如此艰辛的努力,这类美妙的哲学仍然得不到任何确切可靠的东西,也许灵魂至少会对自己有所认识了吧。让我们听听世上的权威对这个题目的看法吧。他们对灵魂的实质是怎么想的呢?他们是否把它安排得更妥当呢?对于它的起源、它的持存和它的消亡,他们都有些什么发现呢?

对于他们浅薄的知识来说,灵魂这个题目是不是太深奥了呢?那就让我们把它降低到物质的层面上来吧,让我们看看它是否理解它所激活的那个身体本身是由什么构成的,是否理解它所注视和随意移动的另外一些物体吧。那些无所不知的独断论大家,他们对此又知道些什么呢?

这一点也许足够了,假如理性是合理的话。它有足够的理性承认:自己还未能发现任何确凿的东西;然而它对达到这一点还没有失去信心,恰恰相反,它和以往一样热烈地投入这个研究之中,并且以为自身具有进行这种征服所必须的力量。因此必须完成这种征服,并且在我们就其效果检查过它的力量之后,再来承认这些力量本身吧;让我们看看它是否具有掌握真理的某些能力和某些办法吧。

75.

第一部,第一章,第四节。

猜测。把它降低一个档次,使其显得荒唐可笑并不难。因为就从它本身说起吧,说没有生气的物体也有感情、畏惧和恐怖,还有什么比这种说法更加荒谬的吗?说没有感觉的、没有生命的,甚至不可能有生命的物体也有感情,这得先假设有一个至少能感觉的灵魂来感受他们,此外还说这种恐怖的对象就是空虚,难道还有什么比这样的说法更加荒谬的吗?空虚里面有什么东西能够让它们害怕呢?还能有什么比这更肤浅、更可笑的吗?不仅如此,还说它们自身就具备一种运动原则来避免空虚,难道它们有胳膊、有大腿、有肌肉、有神经吗?

76.

写文章批驳那些过分钻研科学的人。笛卡尔。

77.

我不能原谅笛卡尔;他在其整个哲学中巴不得能抛开上帝;然而他又不得不让上帝伸出手指弹一下,让世界动起来;然后,他就再也不需要上帝了。

78.

笛卡尔没有用而且不可靠。

80.

一个跛脚的人不会使我们恼火,但一个跛脚的精神却会使我们恼火,这是什么原因呢?是因为跛脚的人承认我们走路挺直，而跛脚的精神却说跛脚的是我们；不然的话，我们就会怜悯而不是愤怒了。

艾比克泰德质问道："为什么有人说我们头痛，我们不生气；而有人说我们的推论有毛病，或者我们的抉择有毛病，我们就要生气了呢？"原因在于，我们很清楚我们的头不痛，我们的脚不跛；却并不那么肯定我们是否选择了真理。以至于我们之所以有把握，只不过是因为我们以我们的全部视力看到了它；而当别人以其全部的视力看到情形相反的时候，我们就会举棋不定，就会感到惊讶，尤其当成千上万的人都在讥笑我们的抉择时，我们就更会如此；因为我们必须偏爱自己的智慧而不是许多别人的智慧，而这么做是大胆的，也是困难的。但是在针对一个跛腿者的感觉中永远不存在这种矛盾。

81.

精神自然要相信，意志自然要爱慕；因此，缺少真实的对象的时候，它们就非依附于虚假的对象不可。

82.

想象力——它是人身上最具有欺骗性的一部分，是谬误与虚假的根源；由于它并不总是如此，所以就越发阴险狡诈了；因为假如它真是谎言的可靠标尺的话，那么它也就会成为真理的可靠标尺。但是，它十有八九是虚假的，它给真的和假的都打上了同样的特征，因此没有任何能显示其本质的迹象。

我说的不是愚蠢的人，我说的是最聪明的那些人；正是在这些人中间，想象力才有很大的说服人的禀赋。理性再呼吁也无济于事，因为它确定不了事物的价值。

这股傲慢的力量，这位理性的敌人，是乐于控制理性并驾驭理性的;它为了显示自己是多么无所不能,就在人类身上奠定了第二天性。它让人幸福,让人不幸;让人健康,让人患病;让人富有,让人贫困;它使人信仰、怀疑或否认理性;它使感官迟钝,它使感觉灵敏;它有自己的蠢人和智者。而最令我们恼火的,莫过于看到它让它的宾客们充满一种远比理性充实而又完整的满足感。聪明人由于想象力而自得其乐,远远超过审慎者在理智上获得的乐趣。他们藐视众生,大胆而自信地进行辩论,而别人却左顾右盼,犹豫不决。而且这种快活的神情往往会使他们在听众的看法里占据上风,这种想象中的智者也深受同性质的评判者的喜欢。想象不能使蠢人变得聪明,然而却能使其快乐,这是只能使自己朋友不幸的理智所望尘莫及的;想象力使人得到光荣,理智则使人蒙受羞耻。

除了这种想象的能力之外,有谁能分发名誉呢?有谁能把尊敬和推崇赋于人、作品、法律和伟人呢?没有它的赞同,世上所有的财富加起来也是不足的啊!

这位以其可敬的高龄而博得全体人民尊重的官长,你能不说他是被一种纯洁而崇高的理智所支配吗?你能不说他是根据事物的性质在判断事物,而并没有拘泥于那些只会刺伤弱者想象力的虚幻境况吗?请看他走进教堂听道,他带去了极端虔敬的热诚,以他那炽热的仁慈强化他那坚定的理智。他带着堪称楷模的敬意准备听道。假如布道者出场了,假如自然给了他一副粗哑的嗓子和一副可笑的尊荣,假如理发师没有把他的胡子修整齐,再碰上脸弄得格外脏;那么无论他宣讲怎样伟大的真理,我敢打赌我们这位元老会沉不住气的。

世界上最伟大的哲学家,假如他站在一块比实际需要略宽的板子上,而板子下面就是悬崖,那么,尽管他的理智让他相信自己是安全的,他的想象力必然要占上风。绝大多数人无法这样往下想而不面色苍白、直冒冷汗的。

我不想叙述它的全部后果。

谁不知道看见猫或老鼠或者碾碎一块煤等等，人的理智就会失控呢？说话的语调能让最明智的人就范，能改变一篇文章或一首诗的力量。

爱或恨可以改变正义的面貌。一个事先拿到优厚报酬的律师，会觉得他所辩护的案子多么合乎正义啊！他那果敢的姿态在被这种假象所迷惑的法官们看起来，使他显得多么优秀啊！可笑的理性啊！你随风倒伏，而且不管任何方向！

我几乎可以叙述人们的全部行为，他们几乎只因想象力的颤动而动摇。因为理智不得不让步，最智慧者会把人类的想象力在每处匆忙引进的原则当做自己的原则。

只想遵循理性的人，会被一般的人看做愚蠢。我们必须根据世上最大多数人的意见来下判断。既然这样才会讨想象喜欢，所以我们就必须整天都为这种被认为想象出来的好处而辛劳；当睡眠消除了我们理智的疲劳之后，我们又得立刻翻身起床去紧追这类过眼烟云，去承受这位世俗女主人的影响。这就是错误的根源之一，但它还不是唯一的根源。

我们的法官们很了解这个奥秘。他们的大红袍，他们把自己裹得像个毛乎乎的猫一样的貂皮氅，他们进行审判的厅堂，那些百合花的图案，所有这些威严的仪表都是十分必要的。假如医生没有自己的衣袍和骡子，假如博士没有方帽和臃肿不堪的袍子，他们永远不可能蒙骗世人，而世人是难以抵挡这种如此真实的展示的。如果他们真正秉公执法，如果医生真能妙手回春，他们就用不着戴方帽子；这些学识自身的尊严就足以令人崇敬了。可是他们只有想象出来的学识，因此就必须采用这些打动别人想象力的虚假手段，跟想象力打交道。事实上，他们就是靠这个谋得人们的尊敬。

唯有军人不用这种方式伪装自己，因为他们的那一部分角色是最必要的，他们靠力量确立自己的地位，而别人却凭装模作样。

因此，我们的国王们没有寻求这些伪装。他们不用特别乔装以显示自己不同寻常；但他们有保镖和戟兵前呼后拥。看到那些身手非凡专门侍卫他们的武士们，那些在前面开道鼓号，以及那些簇拥着他们的大批卫兵，再坚强的人也会不寒而栗的。他们不仅有服饰，他们还拥有武力。必须有一个非常纯粹的理性，才能把那位住在精美的后宫里，有四万亲兵护卫的土耳其大公也看成是一个凡人。

我们看到一位律师身穿律师袍、头戴律师帽，就会善意地看待他的能力。

想象力支配一切；它造就了美、正义和幸福，而幸福是世上的一切。

我由衷地想读一本意大利的书，我只知道它的书名，而单是书名就足以抵过无数本书了：《论信念，世上的女王》（*Della opinione regina del mondo*）。我不了解这本书却赞同它，除了它的缺点，假如有缺点的话。

这大体上就是那种欺骗能力所起的作用了，这种能力似乎是故意赋予我们的，必然导致我们犯错误。但我们还有许多其他的错误原因。

不仅旧的印象会误导我们；新事物的魅力也有同样的能力。人们各式各样的争论便由此而来；人们互相指责对方不是遵循着自己幼年的错误印象，便是轻率地追求新奇的印象。谁能做到不偏不倚呢？就请他出来加以证明吧！

无论是多么自然的原则，哪怕是从儿时就有的原则，都能被我们看成是一种教育上的或者是感官上的错误印象。

有人说:"因为你从小就相信在你看到箱子里什么也没有的时候,箱子就是空的;所以你就相信真空是可能存在的。这是你感官的一种错觉,是被习惯所强化的一种错觉,必须由科学来纠正。"另外又有人说:"因为在学校里有人告诉你们说,根本不存在真空,他们败坏了你们的常识;而在这个错误印象之前,你们的常识原先能够非常清楚地理解真空,必须借助你们原初本性来纠正它。"到底是谁在欺骗呢?是感官还是教育?

我们还有另一种导致错误的原因,即疾病。疾病会损坏我们的判断和感觉能力;如果大病明显地造成损害,那我相信,小病也会留下相应的痕迹。

我们自身的利益也是一种可以快活地戳瞎我们眼睛的美妙工具。世界上最公正的人也不许担任涉及他自己的案件的判官;我知道有人为了不致陷于这种自爱的陷阱,结果倒行逆施而成为世界上最不公正的人:要输掉一场本来有理的官司,最可靠的办法就是通过判官的近亲把官司推荐给判官。

正义和真理是两个极为精细的尖端,我们的工具总是太粗糙而无法准确地触及它们。就算做到这一点了,它们也会撞坏尖端,压住周边的部位,更多地靠近错误而不是真理。

人是如此完美地被构造出来的,他不具备任何有关真理的正确原则,而有关谬误的优秀原则倒是不少。让我们现在来看看究竟有多少……然而造成这些谬误的最厉害的原因,就是感觉与理性之间的战争。

83.

论欺骗之力量的章节必须从这儿写起。人只是一个充满谬误的主体,假如没有神宠,这些谬误就是自然的、无法消除的。

没有任何东西让他看到真理。一切都在骗他;真理的两个来源,即理性和感官,两者除了都缺乏真诚外,还彼此互相欺骗。感官以虚假的表象愚弄理性;而感官加于理性的那种骗局,反过来感官又从理性那里接受了过来:那是理性对感官的报复。灵魂的冲动搅乱了感官,给感官造成了虚假的印象。它们都在撒谎并竞相欺骗。

然而,除了这些异质能力之间因偶然和缺乏了解而产生的错误之外……

84.

想象力以难以置信的匡算,把微小的对象一直膨胀到充满我们的灵魂;它又以一种鲁莽的放肆把宏伟的对象一直缩小到它自己的尺度之内,譬如在谈到上帝的时候。

85.

我们最为看重的事情,比如隐藏自己的那一点财物,几乎往往都是微不足道的小事。这种丁点小事却被我们的想象力放大成一座山。换一个角度看就不难发现这一点了。

88.

孩子们给自己涂鬼脸之后看了害怕,那毕竟是孩子;但是小时候如此脆弱的人,有什么办法使其长大后就变得很坚强呢?我们只不过换了个幻想而已。凡是因进步而完善的东西,也会因进步而毁灭。凡是曾经软弱过的东西,永远不可能绝对坚强。我们尽可以说:“他长大了,他已经变了”;可他还是原来那个人。

89.

习惯是我们的天性。习惯于信仰的人就相信这种信仰,不可能不再怕地狱,也不相信任何别的东西。习惯于相信国王可怕的人……我们的灵魂既然习惯于看到数目、空间、运动,它就相信这些而且只相信这些,对此谁会怀疑呢?

91.

Spongia solis(太阳的斑点)。当我们看到一种结果总是反复出现的时候,我们就推定说里面有一种自然的必然性,就像太阳明天依然升起那样,等等。然而大自然经常与我们唱反调,而且不服从它自己的规律。

92.

我们的自然法则如果不是我们习惯的原则,那又是什么呢?就孩子们而言,不就是从父亲的习惯那里所得到的原则吗?不就像动物学习猎食一样吗?

一种不同的习惯会赋予我们另一些自然法则,从经验就能看出这一点;假如有些自然法则因为习惯的关系而变得根深蒂固的话,那么也有一些习惯是与自然相对的,它们因自然或者因为第二习惯而变得根深蒂固。这取决于秉性。

93.

父母生怕对孩子们的天生爱心会消逝。可是那种会消逝的天性又是什么呢?习惯是一种摧毁第一天性的第二天性。然而什么是天性呢?为什么习惯就不是自然的呢?我很担心,这种天性本身只不过是第一习惯,正如习惯是第二天性一样。

94.

人的天性是完全自然的,omne animal(完全动物的)。没有一样东西是我们不能化为自然的;也没有任何自然的东西是我们丢不了的。

95.

记忆、欢乐都是情感;就连几何学命题也会变成情感,因为理性使情感变得自然,而自然的情感又被理性抹去。

96.

如果人们惯于用错误的推理去证明自然效果,发现了正确的推理,人们也不再想采纳。人们曾经拿血液循环作为例子,血管被结扎后为什么会肿胀,原因就在于血液循环。

97.

一生中最重要的事莫过于选择职业;而择业却是由机遇而定的。习惯使人成为石匠、兵士、瓦工。有人说:“他是出色的瓦工”,谈到兵士时说:“他们是十足的傻瓜”;有些人则相反:“没有比战争更加伟大的事了,其余的人都是滑头货”。我们是根据小时候一再听到人们称赞某些行业,贬低任何其他行业来作选择的;因为我们天生就爱真理而恨愚蠢,这些话打动了我们;我们只是在实践上犯了过失。习惯力量如此巨大,那些天性只使之成为人的人们,被我们当成了人类的全部处境;因为有的地方就尽出石匠,另外一些地方都去从军,等等。天性也许不会那么整齐划一的。因此是习惯使然,因为它束缚了天性;但天性有时候也占上风,保住了人的本能,而不理会任何好的或者坏的习惯。

98.

诱发谬误的偏见——最可悲的事情就是看到所有的人都只考虑手段而不在乎目的。每个人都梦想着怎样摆脱自己的境况;至于境况的选择,职业的选择,都是命运给我们的。

最可怜的事就是看到有那么多的土耳其人、异端者和异教徒都在步着其祖先的后尘,唯一的理由就是他们人人都听说过那是最好的。正是这一点决定了每个人的不同境况,如锁匠、兵士,等等。

正因为如此,野蛮人用不着上帝。

99.

意志的行动与其他一切行为之间存在着一种普遍的和本质的差别。

意志是构成信仰的主要部分之一;不是说它可以形成信仰,而是因为事物的真假取决于我们观察事物的哪一面。意志喜欢某一面而不喜欢另一面,它会使精神不去考虑它不喜欢看见的那些东西的性质;于是,跟意志同行的精神就会驻足观看意志所喜爱的那一面;然后根据自己看到的东西进行判断。

100

自爱——自爱与人类的自我,其本性就是只爱自己并且只考虑自己。然而,他能做些什么呢?他无法阻止他所爱的这个对象不充满错误和悲惨:他希望伟大,却看到自己渺小;他希望幸福,却看到自己可悲;他希望完美,却看到自己浑身的缺点;他希望成为别人爱戴与尊敬的对象,却发现自己的缺点只配别人的憎恶与鄙视。这种尴尬的处境在他身上引发了一种能够想象到的、最不正当而又最罪恶的激情；因为他对于谴责自己，并且证明他存在缺点的这个真理怀着一种势不两立的仇恨。他渴望扑灭真理，由于摧毁不了真理本身，他就要尽可能地摧毁自己以及别人对真理的认识；也就是说他想方设法掩盖自己的缺点，不让别人也不让自己看见。他不能忍受别人指出他的缺点，也不能忍受别人看到这些缺点。

身上缺点太多固然是一件坏事，但是满身缺点却又不愿意承认，那就更不好了；因为这等于在原来的缺点上又加了一个故意掩人耳目的缺点。我们不喜欢别人欺骗我们；他们希望我们给予的尊重超过他们应得的程度，我们认为那是不正当的；因而如果我们欺骗他们，希望他们给我们更多的，我们并不配的尊重，那也是不正当的。

因此，当他们仅仅看到我们身上确实存在的缺陷和恶习的时候，很显然，他们并没有伤害我们，因为缺陷和恶习并不是他们造成的；他们反而对我们做了一件好事，因为他们帮助我们去掉了一个缺点，也就是对这些缺陷的无知。他们知道我们的缺点，他们鄙视我们，我们不应该为此生气；他们按照我们的实际样子了解我们，如果我们是可鄙的，他们就鄙视我们，这些都是正当的。

那就是一颗充满公道与正义的心所产生的情感。当我们看到自己心里有一种与之截然相反的倾向时，我们应该如何评价自己的内心呢？我们仇恨真理，仇恨那些把真理告诉我们的人，我们希望他们受欺骗而让我们获益，喜欢得到他们的尊重，其实我们并不配他们的尊重，难道不是这样吗？

这就是一个使我恐惧的证据。天主教没有要求我们不加区别地向任何人坦白自己的罪过：它容许我们对其他所有的人保持秘密；但只有一个人是例外，它要求我们向此人袒露内心的一切秘密，显示我们真实的自我。世上只有这个人是它命令我们不得欺骗的，它要求他严守秘密，就是说，他知晓的秘密就像不在他那儿似的。我们还能想象比这更加慈爱、更加美好的事吗？然而人类是那么堕落，连这条法律还觉得太严酷；而这就是使得一大部分欧洲反叛教会的主要原因之一。

人心是何等不公正和不讲理啊！只要求他对一个人做出在某种程度上本该对所有的人都要做的事，他还不高兴。难道我们欺骗所有的人才是公正的吗？

这种对真理的反感有不同的程度；但是我们可以说人人都有某种程度上的反感，因为它和自爱是分不开的。正是这种不好的谨慎，迫使那些不得不责备别人的人把话说得如此委婉含蓄，以免激恼别人。他们必须缩小我们的缺点，似乎在原谅我们的缺点，中间还要夹杂称赞，显出友爱与尊重。尽管是这样，对自爱来说，这帖药依然还是苦口的。它尽可能地少吃药，而且总是怀着厌恶的心情，甚至往往暗中忌恨那些为他们开药方的人。

因此就出现了这种情况：如果有人出于某种目的想讨我们的喜欢，他们就会避免给我们一种他们知道会让我们不高兴的帮助；他们会按照我们愿意的方式来对待我们：我们仇恨真理，他们就向我们隐瞒真理；我们喜欢奉承，他们就奉承我们；我们喜欢被蒙蔽，他们就蒙蔽我们。

这就是每一个让我们在世上步步高升的好运都使我们越发远离真理的原因，因为人们更怕伤害那些人：他们的好感对我们更为有用，而他们的反感又更危险。一个君主也许成为全欧洲的笑柄，而只有他本人对此一无所知。这不让我感到惊讶：讲真话对于听话者本人是有利的，但是对于那些讲真话者就不利了，因为他们会遭人忌恨。然而君主身边的人顾及自身的利益超过爱他们所侍奉的那位君主的利益，因此他们根本就不想给君主谋求一种有损于他们自己的利益。

这种不幸无疑在上流社会里面更严重、更常见，但是下层人中间也不能避免，因为讨人欢心总是有某种好处的。因而人生只不过是一场永恒的幻觉；我们一味彼此蒙骗、阿谀奉承。没有人会当着我们的面说出他在我们背后所说的话。人与人之间的联系只不过是建立在这种互相欺骗的基础之上；假如每个人都知道自己的朋友在背后说了些什么，那就没有什么友谊能维持下去了，哪怕当时说话诚恳而且不带感情。

因此，人不过是掩饰、谎言和虚伪，对己对人都是如此。他不愿意别人对他说真话，他也避免对别人说真话；而所有这些如此远离公正与理性的秉性，都在他的心底里有着天生的根源。

101.

我断言，如果所有的人都知道他们彼此是怎样说对方的，全世界上就不会有四个朋友。有时候人们的流言蜚语所引起的纠纷就能看出这一点。说得更厉害些，所有的人都会……

102.

有些恶习只因别人的缘故才在我们身上纠缠；抽掉主干，它们就会像树枝一样脱落下来。

103.

亚历山大贞洁的榜样所造就的清心寡欲者，远不如他酗酒的榜样所造就的放纵者那么多。品德比不上他并不可耻，不比他更堕落看来也是可以原谅的。我们看到自己的劣迹与这些伟大人物一样时，我们就相信自己没有真正跟俗人一样品行不端；可是我们并没有注意到，在这些事情上，伟人也是俗人。我们跟他们的连接点正好是他们跟民众相连接的那一端;因为无论他们是多么高贵,他们总还是在某些地方与下里巴人有所联系的。他们并没有悬在空中,完全脱离我们的社会。不,不是的;如果说他们比我们伟大的话,那是因为他们的头抬得更高,但是他们的脚还是和我们的脚一样低的。它们都是在同一个水平上,都站在同一个地面上;就脚这一端而言,他们和我们,和最低微的人,和小孩子,和野兽同样地低。

104.

当我们的激情促使我们去做某件事的时候,我们就忘记了自己的职责;比如我们喜欢一本书,我们就会看这本书,其实这时候我们本该去做别的事情。为了提醒自己记住自己的职责,就必须安排自己做某种自己憎恶的事情;然后我们就要借口自己还有别的事情要做,并且以这种办法记住了自己的责任。

105.

把一件事情交给另一个人去判断,但又不让我们向他提交这件事的方式,以免搅乱他的判断,那是多难的一件事啊!如果我们说:"我觉得这东西漂亮,我觉得这东西难懂"或是诸如此类的话,我们便把想象拖进了这个判断,要么反过来刺激了判断。最好是什么都不说,这样别人就可以根据实际情况做判断,也就是说根据事情当时的样子,根据其他并非我们造成的情形做出判断了。我们至少没有添加任何东西;除非这种沉默也会产生某种作用,比如别人随意赋予的思考和解释,或者善观脸相的人根据脸部表情与神态或根据声调所猜测的东西所致。要想丝毫不搅乱一个判断的自然基础,真是太难了!或者不如说,一个判断太不牢靠和稳固了!

106.

知道了一个人的最大喜好，我们就肯定能够讨他喜欢；可是每个人在对幸福的看法上都有自己的奇思异想，它与自己的幸福背道而驰；这可是一件离谱的怪事。

107.

Lustravit lampade terras（他用灯照亮大地）——天气与我的情绪关联不多；我在自己的心里有我自己的云雾和晴朗；我本身境况的好与坏不起什么作用。有时候我强迫自己反抗运气，征服运气的光荣使我愉快地去征服它；而有时候我好运连连却还百般挑剔。

108.

尽管有些人跟自己所说的话没有什么利害关系，但是绝不可以因此就断定他们没有撒谎；因为有些人就是为了撒谎而撒谎的。

109.

身体健康的时候，我们会担心我们有病时怎么办；一旦生病了，我们又高高兴兴地吃药；那是疾病使然。我们再也没有娱乐和漫游的兴致和欲望了，那是健康给予我们的，迫于疾病就不适合了。因此，大自然赋于跟当前的状况相适合的兴致和欲望。只有我们加给自己的，而不是自然界所加的恐惧令我们不安，因为它把不是我们所处的那种状态下的情感加到我们现在所处的状态上了。

由于大自然总是让我们在任何状态都不幸福，因此我们的欲望就为我们描绘了一种幸福的状态，因为欲望把不是我们所处的那种状态下的快乐加到我们现在所处的状态上了；可是当我们得到这种快乐时，我们也并不会因此就幸福，因为我们还会有适应这种新状态的其他欲望。

必须具体阐述这个普遍的命题。

110.

意识到当前快乐的虚假，但又不知不在场的快乐的空虚，这就造成了变化无常。

111.

变化无常——我们接触人的时候，以为是接触普通的风琴。人像风琴，这没错，但那是奇怪的、易变的、多变的风琴（其乐管不按照音阶顺序排列）。那些只会摆弄普通风琴的人，不会在这样的风琴上奏出和音。我们必须知道（琴键）在哪里。

112.

变化无常——事物都有不同的性质，灵魂有不同的倾向；因为呈现于灵魂之前的任何东西都不是简单的，所以灵魂也从不简单地出现在任何主体之前。因此就出现了我们对同一件事又哭又笑。

113.

变化无常与怪事——自食其力与统治世界上最强大的国家是截然相反的事情。两者却统一在土耳其苏丹一个人的身上。

114.

事物的多样性是如此之繁多，所有的声调，所有的步伐、咳嗽、鼻涕、喷嚏都不一样。……我们区别各种葡萄，其中有麝香葡萄，还有扎德鲁葡萄，还有德札尔格葡萄，又有这个嫁接品种。就这些了吗？哪株葡萄树结出过两串完全相同的葡萄吗？哪串葡萄有两颗相同的葡萄吗？等等。

我无法用完全同样的方式评判同样的事物。我无法在做作品的时候评判我的作品；我必须跟画家一样站到远处，但又不能太远。那么多远呢？猜猜吧。

115.

多样性——神学是一门科学，但同时它又包含了多少门科学啊！一个人是一个整体；但如果我们把他解剖，他会不会就是头、心、胃、血管、每一根血管、每根血管的一小段、血液、血液里的每一滴吗？

一座城市、一片郊野，远看就是一座城市和一片郊野；但是当我们走近的时候，它们就变成了房屋、树木、屋瓦、树叶、小草、蚂蚁、蚂蚁的肢体，以至于无穷。这一切都囊括在郊野这个名称下面。

116.

思想——一切归于一，一切又各不相同。人性之中有多少种天性啊！有多少种行业啊！又是多么出于偶然啊！每个人通常选择他听人说的受人尊重的行业！鞋跟转得不错。

117.

鞋跟——“啊！这转得不错呀！多么灵巧的匠人！多么勇敢的士兵!”这就是我们的喜好的来源,也是选择境遇的来源。“这个人真能喝,那个人喝不多!”这就是使人清醒或者沉醉,勇敢或者怯弱等的原因。

118.

主要的才能支配着其余的一切才能。

119.

自然模仿其本身:一粒种子撒在沃土中会有收成;一条原则植入好的精神里会起作用;数目模仿空间,其性质却是如此迥异。

一切都是同一个主宰造就和指导的:根茎、枝叶、果实莫不如此;原则、结果也是一样。

120.

自然在分化与模仿;人工则在模仿与分化。

121.

自然总是周而复始开始同样的事物,年复一年,日复一日,一个时辰接着一个时辰;空间也如此,数目同样是从头到尾彼此相随的。由此形成了一种无限和永恒。这并不是说这一切里面有什么东西是无限的、永恒的,而是说这些有限的存在在无限地复制自己。因此在我看来,只有复制它们的那个数目才是无限的。

122.

时间会治愈创伤，弥合争吵，因为我们在变化，不再是原来那个人了。无论是冒犯者或是被冒犯者都不再是原来的人了。这就好像我们触犯过一个民族，隔了两代人之后再来看它一样。他们还是法国人，但已不是原来的法国人了。

123.

他不再爱自己十年前爱过的那个人了。这我很相信：她已经不再是原来的那个人了，他也不是了。他当时年轻，她也是；而她现在完全不同了。假如她还像当年的样子，他也许还会爱她。

124.

我们不仅从不同的方面看待事物，而且还用不同的眼光看待事物；我们根本不想发现它们是相似的。

125.

矛盾——人天生既轻信又多疑，既胆小又鲁莽。

126.

对人的描述：依赖性，渴望独立，需求。

127.

人的状况：变化无常，无聊，不安。

128.

放弃自己所喜欢的事情时,我们感到某种无聊。一个人在家里惬意地过日子;假如他看到一个中意的女人,或者是他高高兴兴地玩了五六天之后,再回到自己原来的生活状态,他就苦不堪言了。没有什么事比这更常见的了。

129.

我们的天性在于运动;完全的静止等于死亡。

130.

烦躁不安——当一个士兵或一个劳工抱怨自己命苦的时候,那就让他什么也别干。

131.

无聊——一个人最不堪忍受的事莫过于处于完全的歇息,没有激情,无所事事,没有消遣,也无所用心。他就会感到自己的虚无、自己被人抛弃、自己的不足、自己对别人的依赖、自己的无能、自己的空虚。他的灵魂深处马上会生出无聊、阴沉、悲哀、忧伤、恼怒、绝望。

132.

我想凯撒年纪太大了,不至于以征服世界为乐事。这种乐趣对于奥古斯都或者对于亚历山大才是合适的;他们当时都还年轻,因而难以制止他们;凯撒则应该更成熟一些。

133.

两副彼此相像的面孔，单独看都不会引人发笑，但是凑在一起却因其相似而使人发笑。

134.

绘画是多么虚幻的东西啊！它因为形似而博得称赞，但被描摹的事物本身却得不到人们的赞赏。

135.

最使我们高兴的，莫过于斗争而非胜利：我们喜欢看动物打斗，而不爱看战胜者猛击战败者；若不是胜利的结局，我们还想看什么呢？可是一旦它到来了，我们却又对它腻烦了。游戏是如此，追求真理也是如此。我们在争论中爱看意见交锋，但根本不去沉思找到的真理；要快乐地去观察真理，就要看到它是从争论中浮现出来的。同样在感情方面，我们也要看到对立双方的撞击才有趣；但是当一方成为主宰时，那就只剩下粗暴了。我们追求的从来都不是事物本身，而是对事物的探索。所以在戏剧中，没有恐惧的圆满场景是没有价值的；没有希望的极端可悲、粗暴的爱情、残忍的严厉也是如此。

136.

些许小事就能安慰我们，因为些许小事就能刺痛我们。

137.

用不着仔细考察每一个具体的行业，从消遣的角度加以理解就够了。

138.

人天生就是屋面工，可以从事各种行业，除了在自己的房间里。

139.

消遣——当我有时候潜心思索人类各种不同的举动，他们在朝廷上、在战争中面临的种种危险与痛苦，以及由此产生的无数纷争，热情、大胆而又往往是可怕的举动等，我就发现人的一切不幸都来源于唯一的一件事，那就是不懂得安安静静地呆在屋里。一个有足够的财富可以好好过日子的人，如果懂得快快乐乐地呆在家里，他就不会离家出海或者去围攻一座要塞。他们之所以会买一个如此昂贵的军职，就是因为他们觉得足不出城是件难以忍受的事情；他们之所以去寻求交际和消遣，就在于他们无法快乐地呆在自己家里。

但是当我进一步思索，找到产生我们一切不幸的原因之后，我还想要发现其中的理由；我发现有一个非常实际的原因，那就是我们天生的不幸，即我们的脆弱和终有一死的处境；这种处境是如此可悲，仔细一想，竟然任何东西也无法安慰我们。

无论我们如何设想自己的境况，如果我们把一切能够属于我们的好东西都加在一起，当国王就是世界上最好的职位了。然而让我们想象一个随心所欲、事事心满意足的国王，假如他没有消遣，假如我们让他去琢磨和思索他的实际状况，这种萎靡不振的快乐就撑不住他了，他必然会看到岌岌可危的情况，可能临头的叛乱，最终还有避免不了的死亡和疾病；因此，假如他没有所谓的消遣，他就是不幸的，比地位卑微但在玩耍和娱乐的臣民更不幸。

正因为如此,赌博、结交女友、战争、显赫的地位才是那么吃香。并不是其中实际上有什么幸福可言,也不是说人们想象真正的快乐就在于他们赌博赢钱或者在于追捕野兔;假如是奉送的话,他们是不想要的。人们追求的并不是那种疲软安逸的享受,它会使我们想起我们不幸的处境,不是战争的危险,也不是从政的辛苦,而是那种转移我们的思想并让我们得到消遣的忙乱。

这是人们为什么喜欢捕捉甚于喜欢捕获的理由。

因此人们才那么喜爱喧闹和骚动;因此囚禁才是那么可怕的一种惩罚;因此喜欢孤独被看做是不可思议。因此人们不断想方设法让国王们消遣,为他们提供各种各样的欢乐,国王们无比幸福的最大原因就在于此。

国王身边围着一批人,他们只想着让国王消遣,不让他思考自我。因为哪怕他是国王,如果想到自己,他也会不幸福的。

这就是人们为了使自己幸福所能发明的一切了。那些在这上面做哲学思考的人认为,人花一整天时间追捕一只本来可以花钱买来的兔子是没有道理的,这么想就是不太懂我们的天性了。兔子本身并不能阻挡我们看到死亡与悲惨,然而追赶兔子却能做到,它转移了我们的视线。

皮鲁斯准备花大力气追求安宁生活,人们劝他现在就歇息,却遇到很大困难。

祝一个人过平静的生活,也就是希望他幸福快乐,也就是建议他处于一种完全幸福的状况,可以从容地思索而不会引起悲伤……这就是不懂天性的表现。

既然人天生就明白自身的处境,唯恐躲不过歇着没事;因此,他为了寻找纷乱,就什么事都做得出来。这并不是因为他们有一种可以使自己认识真正幸福的本能。……虚荣,那种向别人展示它的乐趣。

因此，我们若责备他们，我们就错了。他们的错误并不在于追求忙乱，假如那只是一种消遣的话；错误在于他们这么做，好像拥有他们所追求的事物就会使他们真正幸福似的，正是在这一点上我们有理由指责他们在追求虚荣。乃至在整个这个问题上，无论是责难者还是受责难者，都没有了解真正的人性。

因此，当我们指责他们，说他们那么狂热追求的东西并不能使他们满足的时候，假如他们回答说——经过仔细思考，他们就应该那样回答——他们从中追求的只不过是一种猛烈激荡的活动，来转移对自己的思考，正是为了这一点，他们才选择一种迷人的、极为诱人的对象；他们的对手们就会无言以对了。

然而他们并没有这样回答，因为他们并不认识自己。他们不知道自己追求的只是追逐而不是捕获。

跳舞：必须想好了步子往哪儿踩。绅士真诚地认为打猎是一大乐趣，是高尚的乐趣，但牵猎狗的仆人并没有这种感受。

他们自以为谋得高位之后，自己就会高高兴兴地歇着了，他们不了解自己贪得无厌的天性。他们自以为在真诚地追求安宁，其实不然，他们只不过在追求刺激而已。

一种秘密的本能驱使他们在外面找消遣和事情，这种本能出于人们对连续不断的不幸的怨恨；同时他们身上还有我们伟大的原始天性残留下来的另一种秘密本能，这种本能告诉他们说，幸福实际上仅在于安宁，而不在于混乱。这两种相反的本能在他们身上形成了一种模糊的概念，藏在他们灵魂的深处而不为他们所见，但又驱使他们通过激烈的动荡去获得安宁；并且使他们总是幻想：假如克服了他们所面临的某些困难，他们能够从此打开通向安宁的大门，目前得不到的满足，最后总会来到身边。

人的一生就这样流逝了。我们与某些阻碍作斗争来寻求安宁;可是假如我们战胜了阻碍,安宁的生活又会变得无法忍受了;因为我们不是想到目前的悲惨,就是想到可能在威胁我们的悲惨。而且即使我们看到自己从各方面都有了足够的保障,无聊也会擅自从心底里冒出来——因为它在这里有着天然根基——并且给我们的精神灌满毒汁。

因此,人就是那么不幸,即使没有任何能够令人感到无聊的原因,也会由于自己体质的固有状态而产生无聊;而他又是那么虚浮,纵然有千百条基本理由让他感到无聊,但最不起眼的事,例如击中一个弹子或者一个球,就足以给他解闷了。

然而,你会问,他这一切都为了什么目的呢?是为了明天好在朋友们中间炫耀自己比另一个人打得好。同样的,也有人在自己的房间里挥汗如雨,为了向学者们证明自己解决了一道别人迄今未能解决的代数题。更多的人冒着极大的危险,为的是日后可以吹嘘自己攻克过某座城池,在我看来这也是很愚蠢的。最后,还有人耗尽精力在研究这一切事物,不是为了增加智慧,而仅仅是为了告诉别人自己懂这些事物;这种人是这帮人当中最傻的了,因为他们是有知识的愚蠢,而另外一些人,假如他们也有这种知识的话,他们就不会再愚蠢下去。

有人每天赌点儿小钱,这样度过一生从不觉得无聊。但是假如你每天早晨给他一笔当天他能赢到的钱,条件是不准他再去赌博,你就会使他日子难过了。有人也许要说,那是因为他寻求赌博的乐趣而并不是赢钱。那你就取消赌注让他去赌吧,他肯定提不起兴趣,会感到无聊的。因此,他追求的不光是娱乐;无精打采、缺乏热情的娱乐让他觉得无聊。他必须兴奋起来,必须欺骗自己,想象自己高兴地赢得了自己不愿意当作礼物收下来的东西,因为礼物的条件是不参加赌博,从而为自己确定一个激情的目标,并且为了这个目标而刺激自己的愿望、愤怒和恐惧,如同小孩子会害怕自己所涂出来的鬼脸一样。

为什么几个月之前刚失去了自己的独生子,今天早上还被官司和诉讼纠缠得心烦意乱的那个人,此刻却不再想这些事情了?你用不着对此感到惊讶:他正在全神贯注地观察那头六小时以来被猎狗狂追的野猪将从哪儿经过。这就足够了。一个人无论怎样忧伤,只要我们能设法把他带入某种消遣之中,他顿时就幸福了;而一个人无论怎样幸福,但假如没有某种阻碍无聊蔓延开来的热情或娱乐让他消遣或忙碌,他马上就会忧伤和可悲的。没有消遣就没有欢乐,有了消遣就不会有悲伤。有地位的人的幸福就是这样形成的,因为他们有一大群人为他们解闷,也有能力把自己保持在这种状态。

请你们注意这一点。当上总监、大臣或首相,不就是身居高位,一清早就有一大群人来自四面八方,不让他们在白天有哪怕一个钟头思考自己吗?当他们失宠之后,当他们被贬还乡的时候,他们既不缺财富,又有仆人伺候他们的需要,可是免不了感到可悲和失落,因为没有人来阻止他们想到自己。

140.

那个因为妻子和独子的去世而那么悲痛的人,或是被那件重大纠纷折磨得坐立不安的人,为什么此刻不伤心了,为什么人们觉得他把那些痛苦和不安的思绪全抛掉了?我们不必诧异,因为有人刚给他发了一个球,他必须把球打回给对方,他一心等待球从屋顶滚落,触地反弹后立即回击;既然手头忙着这件事情,他怎么可能还会想到自己的别的事情呢?这是值得占据那个伟大灵魂的一种牵挂,并且足以排除他头脑中的任何其他念头。这个人是为认识宇宙、为评判一切事物、为统领整个国家而生的，现在却一味忙于抓野兔！假如他不自贬到这种地步，而老是想硬扛着，他只会更加愚蠢，因为他想使自己超乎人类之上，而归根到底他只是一个人而已，也就是说，他的能力很小又很大，能做任何事又什么都做不了：他既不是天使，也不是禽兽，而是人。

141.

人们忙于追一个球或者一只野兔；这也正是国王的乐趣。

142.

消遣——皇家尊严的本身是否还不够伟大，足以使享有这份尊严的人一见自己的处境便感到快乐？是否应该像对待平民百姓那样，把这种思想从他脑子里赶走？我很明白，若让某人集中全部心思把舞跳好，使他忘了家里的伤心事，他就会快乐。但是一个国王也如此吗？追逐这些空虚的娱乐难道不比欣赏自己的伟大更令他高兴？人们还能向他的精神提供哪些更让人满意的目标？让他的灵魂专注于按旋律的节拍来调整步伐，或者思考如何准确地打出一个球，而不让他从容地环顾身边的尊贵荣耀，这样做不会损害其欢娱吗？让我们试验一下吧：如果我们让国王单独一个人，没有任何感官上的满足，没有任何精神上的牵挂，没有人陪伴，任其随意地思考他自己；我们就会看到，一个缺少消遣的国王是一个充满悲哀的人。因此人们才格外小心地避免这一点，于是国王的身边便永远都少不了一大群人，保证他们公事之后接着有消遣，他们的闲暇时间都用来察言观色，向国王提供欢乐和游戏，使得不出现空缺；这也就是说，国王的身边围着许多人，他们格外小心，注意不让国王独处，不让他能够思考自己，因为他们明白，尽管他是国王，假如他思考自身的话，仍然会感到悲哀的。

在以上所述之中，我没有把基督教国王当做基督徒，而仅仅是当做国王来谈的。

143.

消遣——我们使人从小就关心自己的荣誉、自己的财富、自己的朋友，甚至是自己朋友的财富和荣誉。我们把工作、学习语言和锻炼都压在他们身上；我们还让他们懂得，除非是他们的健康、他们的荣誉、他们的财富以及他们朋友的财富都在完好的状态下，否则他们就无法幸福，少一样就会使他们不幸。我们就这样给他们加了种种负担和事情，天一亮就开始折磨他们。——您也许说，这可真是一种使他们幸福的奇怪方式！我们还有什么更好的法子使他们不幸吗？——什么！我们还能做什么？只要取消他们的这些牵挂就行了；因为这时候他们就会看到自己，他们会思考自己是谁，来自何处，去往何方；这样一来，我们就没办法多吸引他们或者扭转他们了。就是这个原因，为他们准备了那么多的事情之后，假如他们还有空闲时间的话，我们就建议他们把时间用来消遣、游戏，永远全身心地投入。

人心是多么空洞，多么充满污秽啊！

144.

我曾长时期研究抽象的科学，而能够进行交流的人很少，使我感到失望。当我开始研究人的时候，就发现这些抽象科学是不适合人的，跟对此一窍不通的人相比，我深入钻研使我更偏离我的处境。我原谅别人所知甚少。然而我原以为至少可以在人的研究中找到不少同道，那才是适宜人的真正的研究工作。可是我错了；研究人的人比研究几何学的人更少。正是因为缺乏研究人的本领,人们才去寻找别的东西;然而这不还是表明,人仍然不应该有知识,为了能够幸福,人最好还是不要了解自己吗?

146.

人显然是为了思想而生的;这是他全部的尊严和他全部的优点;人的全部责任在于以适当的方式进行思想。而思想的顺序是从自我、从他的创造者及其归宿开始的。

但是世人都在思考什么呢?从来不想这一点,而是想着跳舞、吹笛、唱歌、作诗、比赛长枪挑悬圈等等,想着打斗,当国王,根本不想当国王意味着什么,成为人意味着什么。

147.

我们不满足于我们自身和我们自己生存中的那个生命:我们希望过一种别人心目中的想象的生活;我们为此竭力表现自己。我们不断地努力美化并保持我们这种想象中的生存,而忽视真正的生存。假如我们或泰然、或慷慨、或忠实,我们就急于让别人都知道,为的是把这些美德与我们的另一个生存联系起来,我们宁肯把它们从自己身上剥下来,加到另一个生存上;为了博取为人勇敢的名声,我们甘愿自己做懦夫。表明我们自身生存之虚无的一大标志,就是少了一个我们就不满足,并且往往以这一个去换取另一个!因为谁要是不肯为保全自己的荣誉而付出生命,他就将会不齿于人。

148.

我们是如此地狂妄,竟然希望地球上的人都知道我们,甚至是后来者,哪怕那时候我们已经离开人世;我们又是如此地爱虚荣,周围五、六个人的尊敬也会让我们开心和满意。

150.

虚荣是如此根植于人心,以至于士兵、马弁、厨师、窃贼都喜欢自吹自擂并且能拥有自己的崇拜者;连哲学家也希望有崇拜者。撰文批驳虚荣心的人想获得文笔优美的荣誉;他的读者们想获得阅读过他文章的光荣;而我写这些文字,也许就有这种欲望;将来读它的人,也许……

152.

骄傲——好奇心只不过是虚荣。在大多数情况下,人们只是为了能够谈论才想了解事情。如果不是为了谈论事物,如果仅仅为了观赏而无望向人讲述,我们就不会海上旅行了。

155.

一个真正的朋友是一桩极为有利的事,甚至对最显赫的王公们来说也是如此,为的是他可以说他们的好话,甚至在他们不在场的情况下也支持他们,因而他们应该尽全力来获得真正的朋友。但是他们必须好好地挑选:因为,如果他们费尽力气找来的却是一帮傻子,无论这些人如何说他们的好话,对他们就没有用了;假如这些人恰巧最为软弱的话,那就甚至连好话都不会说了,因为他们没有威望,反而会在人前说他们的坏话。

156.

有些人爱死亡甚于爱和平,有些人爱死亡甚于爱战争。

每一种意见都可以比生命更可取,对生命的爱显得那么强烈,那么自然。

157.

矛盾——对我们生存的蔑视,无谓地死亡,对我们生存的仇恨。

158.

职业——光荣是如此地甜美,无论它与什么东西相联系,哪怕是死亡,我们都爱它。

159.

隐蔽的美好行为才是最令人尊敬的。当我在历史书上看到这样的一些行为时,让我十分喜悦。但是它们并没有完全隐蔽好,因为毕竟还是为人知晓了;无论人们如何竭尽所能地隐蔽它们,那暴露出来的一点点却毁了全体;因为这里面最美好的东西,就是想要把它们隐蔽起来的愿望。

160.

打喷嚏占据了我们灵魂的全部功能,如同干活一样;但是我们不能得出人不伟大的同样结论,因为打喷嚏是违反人的意愿的。虽然喷嚏是我们自己打的,然而打喷嚏仍然是在违反我们意愿的情况下发生的;打喷嚏不在于这件事的本身,而有另外一个目的;所以它不证明人性脆弱,以及人在打喷嚏状态时处于奴役状态。

人被痛苦压倒并不可耻,但是屈服于欢愉就可耻了。这并不因为痛苦是从别处降临在我们身上,而欢乐是我们自己追求的;因为我们也可以追求痛苦,故意向痛苦屈服,不落得个可鄙的名声。那么,为什么理性迫于痛苦的力量而屈服就是光荣的,而迫于欢愉的力量而屈服就是可耻的呢？这是因为痛苦并不诱惑我们，也不吸引我们；是我们自愿选择痛苦，希望痛苦主宰我们；因此我们成为事件的主人，从这一点上说，是人屈服于自身；但是在欢愉之中则是人向欢愉屈服。然而，只有主宰和权威才带来光荣，而奴役状态只会造成耻辱。

161.

虚荣——像世人虚荣这样明显的一件事竟然如此鲜为人知，乃至说追求伟大是愚蠢之举都成了奇谈怪论；令人叫绝。

162.

谁想充分认识人的虚荣，只要思考一下爱情的原因和结果就行了。爱情的原因是“我不知何物”（高乃依），其结果是可怕的。这种“我不知何物”细小得我们无法辨认，却撼动全国、君主、军队、整个世界。

克利奥巴特拉的鼻子；如果那只鼻子再短一些，世界的整个面貌都有可能改观。

163.

虚荣——爱情的原因及其效果：克利奥巴特拉。

164.

谁要是看不见世人虚荣，他本人就是非常讲虚荣的。而且除了一味沉溺于喧嚣、消遣和思念未来的年轻人之外，谁会看不见虚荣呢？但是，取消他们的作乐吧，您将看到他们因无聊而萎靡不振；他们于是会感到自己并不了解的虚无，因为一旦人们沦于思考自己而又无以排遣，他就堕入一种难以忍受的悲哀，那确实是非常不幸的。

165.

思想——In omnibus requiem quaesivi（在一切之中，我寻求安息）。假如我们的境遇确实是幸福的，我们就无须转移对它的思考，以求使自己幸福了。

166.

消遣——不思考死亡，死亡则比较容易忍受，比没有风险地思考死亡容易。

167.

人生的悲苦奠定了这一切：既然他们看到了悲苦，他们就着手消遣了。

168.

消遣——人类既然不能战胜死亡、悲苦、无知，就设法不想这些东西，以求让自己开心。

169.

尽管有着这些不幸，他还是希望幸福，而且仅仅希望幸福，他无法不希望如此；但是他将如何着手去做呢？为了做得完美，他必须使自己长生不老；可是这一点不可能做到，所以他就决定不许自己去思考死亡。

170.

消遣——假如人是幸福的，那么消遣越少他就越幸福，就像圣人和上帝那样。——是的，但是能够在消遣中得到享受，难道不是幸福吗？——不是的，因为那是从别处，是从外部来的；因此它有依赖性，从而可能受千百种意外事件的干扰，造成无可避免的痛苦。

171.

苦难——唯一能够减轻我们苦难的东西就是消遣，然而它也是我们最大的苦难。因为主要是它阻碍我们思考自己，在悄悄地毁灭我们。没有消遣，我们会陷入无聊之中，而这种无聊会推动我们去寻找一种更牢靠的办法从中脱身。可是消遣让我们开心，使我们不知不觉地到达死亡。

172.

我们从来都不依靠现在。我们将未来提前，似乎它来得太慢，好像要加快它的进程似的；否则我们就回忆过去，好像要拦阻它别走得太快：我们是那么轻率，竟然在不属于我们的那些时代里游荡，而不去思考唯一属于我们的时代；我们又是那么虚妄，梦想着那些已经化为乌有的时光，不假思索地错过了那唯一存在着的时光。因为当前一般是使我们受伤的时光。我们对它视而不见，因为它给我们带来痛苦；假如它使我们愉悦的话，看到它消逝，我们就会依依不舍了。我们努力用未来去支撑当前，想安排超出我们能力范围的事物，而所安排的那个时代，我们没有任何把握可以到达。

让每个人都检查一下自己的思想，他就会发现自己的思想完全被过去和未来所占据。我们几乎想不到当前；就算想到的话，也只是想借助它的光亮来安排未来。当前永远不是我们的目的，过去和现在都是我们的手段，只有未来才是我们的目的。

因而我们永远没有在生活,我们只是在希望生活;既然我们永远准备着做幸福的人,所以我们永远得不到幸福也就是不可避免的了。

173.

人们说日月蚀预兆着不幸;因为不幸是常见的,由于邪恶的事频繁发生,他们也就经常猜中了;假如他们说日月蚀预示吉兆,他们就会常常出错了。他们把好运仅仅归于罕见的天象巧合,所以他们的猜测就很少失败了。

174.

可悲——所罗门和约伯最了解人的可悲,而且谈论得又最完善:前者是最幸福的人,后者是最不幸的人,因为前者从经验中知道快乐的虚幻,后者则从经验中知道罪恶的真实。

175.

我们对自己的了解极少,许多人身体好好的却以为自己要死了;还有许多人快要死了却觉得自己身体很好,没有感到高烧将临或者脓肿正在形成。

176.

要不是他的输尿管里生出了一小块结石,克伦威尔本来会蹂躏整个基督教国家:王室垮台了,而他的王朝则无比强大,连罗马也将在他的脚下颤栗。但是这一小块结石生在那儿,他就死了,他的家族被推翻,天下太平,国王复辟了。

180.

大人物和小人物都有同样的坎坷、同样的烦恼和同样的激情;然而一个身处轮子的顶部,另一个则靠近中心,因此轮子同样转动时所受的颠簸就比较小。

181.

我们真是不幸,只有当某件事搞不好会使我们恼火的时候,我们才能够从那件事中获得乐趣,千百种原因都可能造成这样,时时如此。谁要是发现了可以享受好事的乐趣又不为相反的丑事所困扰的秘诀,他就找到了问题的关键;永动。

182.

身处困境却总是信心满怀,遇到好运感到欢欣的人,假如碰到厄运不是同样的悲伤,那么人们就会怀疑他们对受挫是幸灾乐祸了;他们非常满意地找到这些带着希望的借口,来显示自己关心此事,并且以他们假装产生的快乐,来掩饰他们看到事情失败时的快乐。

183.

我们拿东西挡住自己的视线,看不见悬崖以后,我们就会无忧无虑地朝悬崖奔去。

第三章　论打赌的必要性

185.

上帝以温和处理一切事物，他的行动是用理性把宗教引入精神之中，以神恩把宗教引入人心。然而如果想以强力和威胁把宗教塞入精神和人心，那引入的就不是宗教而是恐怖了，terrorem potuis quam religionem（那就是恐怖而不是宗教）。

187.

顺序——人们鄙视宗教；他们恨宗教，害怕宗教是真的。要纠正这一点，首先就必须从说明宗教不违反理性入手；说明它是可敬的，唤起人们的敬仰；然后使之变得可爱，让善良的人希望它是真的；最后说明它是真的。

宗教可敬，是因为它充分了解人类；宗教可爱，是因为它许诺给人真正的善。

188.

在每次对话和论述中，我们必须能够问生气的人们："你们在抱怨什么呢？"

190.

怜悯那些正在探索之中的无神论者吧，他们不是已经相当不幸了吗？痛斥那些拿着无神论炫耀的人。

194.

……但愿他们在攻击宗教之前，至少知道自己攻击的宗教是什么吧。如果这种宗教自诩能够清楚地看见上帝，并且公开地、毫无遮拦地把握它；那么，说我们在世界上看不见任何东西可以这样确凿地表明它，那就是在攻击它了。可是，它既然反过来说，人处在黑暗之中，并且远离了上帝，上帝把自己隐蔽起来，使人类不得而知，他甚至在圣书中给自己取了这个名字 Deus absconditus（隐蔽的上帝）；最后，如果它还在同样努力地确立这样两件事情：上帝在教堂中设置了可见的标志，使自己能为那些真诚寻求他的人所认识，然而他同时又在掩盖标志，以至于他只能被那些一心一意寻找他的人所感知；那么当他们漫不经心地声称寻求真理的时候，当他们叫喊说没有东西向他们显示真理的时候，既然他们所处的并且以此反对教会的那种黑暗仅仅确定了它所肯定的事情之一，而没有触及另外一件事，并且确定了它的学说而远非摧毁它，他们从中又能得到什么好处呢？

为了攻击宗教，他们一定得叫嚷说自己已经尽了一切力量四处寻找宗教，甚至到了教会主动给他们指点的地方了解情况，可是没有任何满意的结果。假如他们这样说话，他们就确实在攻击宗教的主张之一。但是我希望在此指明，没有哪个有理性的人会这样说话的；我甚至敢说，还没有一个人这样做过。我们非常清楚有这种想法的人的行为方式。他们花了几小时的工夫读了某卷圣书，向某位教士请教了信仰的真理问题，就以为已经做出很大的努力求知了。此后,他们就吹嘘说已经在书籍和人群中找过了,可是没有成果。说实话,我要告诉他们我以前常说的那句话:这种疏忽是不能容忍的。这里涉及的不是某些陌生人微不足道的利益,不能有这样的举动;它关系到我们自身和我们的全部。

灵魂不朽是一件对我们如此重要的事情,对我们的触及又是如此深远,如果对了解这样的事情都漠不关心的话,那就必定是丧失了任何情感。我们全部的行为和思想必须根据有没有永恒的福祉可期待而采取截然不同的途径,除非根据我们看到的,应该成为我们终极目标的那个点调整步伐,否则我们不可能迈出有理性和判断力的步伐。

因此,我们的根本利益和首要任务就是要让自己明白这个主题,我们的全部行为都取决于此。而这就正是我要对那些未被说服的人加以区分的原因,那些竭尽全力努力求知的人和那些对此懒得费神也不予考虑而过日子的人,我把他们截然分开。

我只能同情那些在怀疑中真诚叹息的人,他们把这种怀疑视为最大的不幸,并且不惜一切地摆脱它;他们把这场探求当做他们最主要、最严肃的事业。

然而对于那些一辈子不去思考这个人生终极目标的人来说,他们仅仅因为在自己身上找不到那种可以说服他们的光明,便疏于到别的地方去寻求,也不肯彻底检查这种意见究竟属于人们因单纯轻信而接受的一种意见,还是尽管本身晦涩难懂,然而却有着非常坚实的、难以撼动的基础的一种意见;对于这样的人,我以完全不同的一种态度来看待。

用这种疏忽的态度来对待关系到自身、关系到他们的永生、关系他们的一切的一件事,令我恼怒甚于使我怜悯;它使我震惊,使我恐惧,在我看来它就是魔鬼。我这么说,并不是出于因精神信仰而产生的虔诚狂热。恰恰相反,我想说的是,从人类利益的原则和自爱的利益出发,我们必定会有这种感觉:这一点连最糊涂的人都看得出来。

并不需要有特别出众的灵魂就能明白,这里根本不存在真实和坚实的满足,我们全部的欢乐都只是虚幻,我们的苦难是无限的,最后还有每时每刻都在威胁我们的死亡,它肯定会在短短几年内就把我们投入不是永远毁灭就是永远不幸的那种可怕的必然之中。

没有什么比这更真实、更恐怖的事情了。我们哪怕再勇敢,等待世上最美好生命的结局就是如此。让我们就此思考一番吧,然后我们再看此话是否不容置疑:今生的美好仅在于对来世的期望,我们的幸福只取决于我们接近幸福的距离,而且正如那些完全把握永生的人没有悲痛那样,那些丝毫不懂永生的人也就绝不会有幸福。

因此,处在这种疑惑状态的确是一桩大恶;可是当我们处在这样的疑惑中时,进行探求至少是一件必尽的义务:所以心存疑惑而又不再寻求的人,就是十足的不幸和不义了。假如他对这一点心安理得,心满意足,甚至以此为业,最后成为他的快乐和虚荣的缘由;那么我就无法用文字去形容这样一个如此放肆的造物了。

我们从哪儿得到这种感觉的呢?只有无望的悲惨可以期待,我们有什么快乐可言呢?眼看自己处于深不见底的黑暗之中,有什么可以自负的呢?一个有理性的人怎么会产生如下的想法呢?

"我不知道谁把我带到世界上来的,也不知道什么是世界,我自己是什么?我对一切事物都处在一种可怕的无知之中。我不知道自己的身体是什么,自己的感官是什么,自己的灵魂是什么,甚至不知道我自己的那一部分是什么,那一部分在想我所说的话,它沉思万物,也沉思自己,而它对自身的无知不亚对其他事物的无知。我看到可怕的宇宙空间将我包围,发现自己被束缚在这个广漠空间的一个角落,而我又不知道我为什么被放在此处而不是别的一个地方,也不知道为什么我生存的这一小段时间把我分配在这一点上,而不是在我之前的全部永恒和在我之后的全部永恒中的另一点上。环顾四周,只见茫茫无限,我被包围得像颗原子,又如同一片阴影,转瞬即逝,一去不复返。我所知的,就是我一定会很快死去;而我最无知的,恰恰是我无法逃避的死亡本身。

"正像我不知道自己从何而来,我也不知道自己去向何方;我只知道离开这个世界的时候,我将永远地要么化为乌有,要么落入愤怒的上帝之手,但我不知道自己将永恒地享有两种状况中的哪一种。这就是我的处境,充满着脆弱和不确定。由此我得出结论,我应该度过生命的每一天而不去寻思必定在我身上发生的事情。也许我会在我的怀疑中找到某些启示;但是我不想找那个麻烦,也不肯迈出一步去寻找它;然后,我满怀鄙夷地看待那些为此劳神的人们,我要去尝试一件大事,不用预见,也不用害怕,自己从容不迫地被引向死亡,对自己未来处境是否永恒没有把握。"

谁希望跟这样一个夸夸其谈的人交朋友呢?谁会在众人之中挑选他,向他诉说自己的事情呢?谁会在自己苦痛之际求助于他呢?归根结底,这种人在生活中可以派什么用场呢?

事实上,有这样不理智的人作为敌人,那才是宗教的光荣,他们反对宗教,造成的危害是如此微不足道,反而有助于确立宗教的真理。因为基督教的信仰几乎就在于确定这两件事,即人性的腐化和耶稣基督的救赎。所以我认为:如果他们不能以其行为的圣洁为显示救赎的真理出力，他们至少以极端扭曲的感情出色地证明了人性的腐化。

对人来说，自己的状态最为重要，永恒最令人生畏；因此，假如有人对失去自己的生存、对永恒受苦的危险毫不在乎，那就极不正常了。面对一切别的事物，他们的态度却判若两人：他们甚至担心到最微不足道的小事，他们预见着这些小事，他们感觉着这些小事；就是这个人，那么多日日夜夜都在愤怒和绝望中度过，因为失去了一个职位或因为想象有人冒犯了他的名誉，而正是这同一个人明知自己死后会失去一切，却毫不担心、毫不动情。看到在同一颗心里、同一个时间内，对最菲薄的事情是如此敏感，而对最重大的事情又是如此奇怪的麻木，实在令人感到恐惧。这是一种不可思议的魔力，是一种超自然的迟钝，它表明是一种全能的力量造成了这种情况。

人性必定出现了一种奇特的颠倒，才会以处于那种状态为荣，某个人能处在那种状态，就已经难以置信了。然而经验使我看到了很多诸如此类的人，假如我们不知道牵涉其中的大部分人不是真情流露，他们其实不是那样的，那就太让人惊讶了。这些人听说世上风雅之举就在于这样胆大妄为。那就是他们所说的挣脱羁绊，于是就设法模仿起来。但是，说服他们并不困难，要使他们明白这样寻求别人的尊重，太自欺欺人了。这不是获得别人尊重的办法，我甚至对世俗的人也这样说，他们能够合理地判断事物，懂得做成此事的唯一途径就是使自己显得诚恳、忠实、有见地，能够为朋友提供有用的帮助，因为人们自然只喜欢对自己有用的东西。而现在，我们听某人说他摆脱了羁绊，他不相信有一个上帝在监视他的所作所为，他认为自己才是自己行为的唯一主宰，并且只想对本人负责。听说这样一个人，对我们有什么好处吗？他是否认为我们从此便对他怀有充分的信任，在生活的每次紧要关头都期待他的安慰、建议和援助？他们不是声称让我们得到了快乐，不是告诉我们说，他们认为我们的灵魂只是一阵风、一缕烟吗？而且是以一种高傲自满的声调把这些告诉我们的。难道这是一件值得高兴地说出来的事吗？恰好相反，它难道不是应该作为世界上最可悲的事，用悲伤的口吻来讲吗？

假如他们认真地思考过，他们就会明白这种做法如此拙劣、如此违反良知、如此有悖正直，在各方面都如此远离他们寻求的那种风雅，与其说他们能腐蚀有意追随他们的人，倒不如说他们可能纠正这些人。事实上，你们让他们陈述自己的意见及其怀疑宗教的理由；他们会跟你们说一些软弱无力和俗不可耐的东西，结果反而说服你们相信相反的意见。有一天，有个人非常诚恳地对他们说道："假如你们继续这样谈下去，说真的，你们就会使我皈依宗教了。"他说得对，因为谁不害怕与这样可鄙的人为伍，看到他们跟自己持有同样的想法呢？

所以那些只是假装持有这种观点的人，要想压抑自己的天性，使自己成为最放肆的人，就会是极其不幸的。如果他们在心底里因得不到更多的光明而苦恼，那就让他们别掩饰了；开诚布公地说出来，一点也不耻辱。一点光明都没有才是耻辱。最能凸显精神极端虚弱的，莫过于不了解什么是一个没有上帝的人的不幸；最足以标志秉性恶劣的，莫过于不希望得到永恒许诺的真理；最懦怯的，莫过于冲着上帝虚张声势。因此，但愿他们把这类大不敬的想法留给那些天生邪恶，真正能做得出的人们去吧；但愿他们假如不能成为基督徒，至少做诚实的人吧；最后，但愿他们认识到，只有两种人可以被称为是有理性的，一种人全心全意侍奉上帝，因为他们认识上帝；另一种人全心全意在寻求上帝，因为他们不认识上帝。

但是，至于那些既不认识上帝又不寻求上帝的人们，他们认为自己太不值得自己关怀，也不值得别人关怀；于是就需要被他们鄙视的宗教的全部仁爱，才能不去鄙视他们，甚至听任他们陷入自己的疯狂。但是，只要他们还活在世上，这门宗教就迫使我们把他们视为能够得到神恩，神恩能够启迪他们，并且要相信他们会在很短的时间里比我们更加充满信仰，反过来，我们也可能陷入他们所在的盲目之中，因此，我们就必须设身处地，为他们做一些假如我们处在他们的境地，我们希望别人对我们做的事，并且呼吁他们怜悯自己，假如他们找不到光明的话，至少也跨出几步尝试一下。但愿他们从被虚掷的时光里抽出几小时来阅读吧；无论他们对此如何反感，也许他们终将有所收获吧，至少他们不会失去很多东西。对于那些对此怀有完全诚意，并且真正希望找到真理的人，我希望他们会得到满足，他们会被一门如此神圣的宗教的证据所说服，也就是我收录在此的这些证据，我大致按照这种顺序安排它们……

195.

在论述基督教的证明之前，我觉得有必要指出那些人的不公道，他们竟然对寻求一件对他们如此重要、与他们密切相关的事情的真相漠不关心。

在他们的全部谬误之中，这一种也许最容易证明他们的愚蠢与盲目，而且在这种谬误中，最容易用常识的最初事实和自然的感情驳斥他们。

因为，此生的时光只不过是一瞬间，而死亡状态却是永恒的，无论其性质如何，这是毋庸置疑的；我们全部的行为和思想都必须根据这种永恒的状态而采取迥异的途径，除非我们根据应当成为我们最终目标的那一点来调节我们的步伐，否则我们就不可能迈出有意义和有判断力的步伐。

没有比这更显而易见的事情了，所以根据理性的原则，假如人们不走另一条道路，他们的行为就完全是非理性的。那就让我们在这一点上去评判那些活着而从不去思考生命的这个终极目的的人们吧，他们听任自己受自己的嗜好和欢乐的引领，不加思索、无忧无虑，就好像只要转移了自己的思想，不去想永恒，就可以消灭永恒似的，所以他们只想着使自己在此时此刻开心。

然而，这种永恒依然存在；还有死亡——死亡必定会打开永恒的大门，并且每个小时都威胁着他们——不用多久必然把他们置于不是永恒消灭，就是永恒不幸的那种可怖的必然性之中，而他们却不知道到底哪一种是永远为他们准备的。

这是一种有可怕后果的疑惑。他们面临陷入永恒悲惨的危险；可是，好像这件事不值得他们去操心的样子，他们忘了考察这究竟属于人们太幼稚而轻率接受的见解呢？还是属于那种本身晦涩深奥，但基础尽管隐蔽、却非常坚实的见解呢？所以他们不知道这件事情是真还是假，也不知道这些证明有无力量？证据摆在他们眼前；他们却拒绝看一眼，就在这样的无知当中，他们选择了堕入这种不幸所必需的一切，假如不幸确实存在的话，他们等待着在死亡时来验证此事，然而对这种状态又非常满意，他们以此为业，最后还对此吹嘘炫耀。我们严肃地思考这件事的重要性，能够不厌恶如此荒诞的行为吗？

安于这种无知是一件可怕的事，一定要让这样度过一生的人们感到它的荒诞和愚蠢，要给他们指出来，使他们看到自己的荒唐而局促不安。因为当人们选择这种不知道自己为何物的方式生活，也不求解疑释惑的时候，他们是这样推断的：他们说“我不知道……”

196.

人们缺少心灵;他们不愿意与心灵交朋友。

197.

麻木不仁到了鄙视一切有趣事物的程度,麻木不仁到了让我们产生极大兴趣的程度。

198.

人们对小事敏锐,对大事麻木,标志着一种奇怪的颠倒。

199.

让我们想象一群戴着锁链,都被判了死刑的人,他们中每天都有一些人被当众处决,活下来的人从同伴的境况里看到了自身的境况,他们悲痛绝望地面面相觑,等待着轮到自己。这就是人类境况的写照。

200.

一个关在地牢里的人不知道自己的刑罚是否已经宣判,再过一个小时的时间就可以知道了,这一小时足以提出上诉,假如他知道刑罚已经宣判的话,如果他不把这一小时用来打听判决是否已经作出,而是用来玩牌,那就违背天性了。所以,人,等等,是超自然的。上帝下手的分量重啊。

因此,不仅仅那些寻求上帝的人的热诚证明了上帝的存在,而且那些不寻求上帝的人的盲目也可以。

205.

当我思索自己生命的短促，它被先前和往后的永恒所吞没，思考我所填充的小小空间，甚至看到它埋没在我不认识它而且它也不认识我的无限广阔的空间中；我害怕，我惊异地看到自己在此处而不是在彼处，因为没有理由说明为什么在此处而不是在彼处，为什么是此时而不是当时。是谁把我安置在这儿的呢？是谁的命令和引导给我指定了此时此地呢？Memoria hospitis unius diei praetereuntis（对往日客人的回忆）。

206.

这些无限空间的永恒沉默使我充满恐惧。

207.

多少王国不知道我们啊！

208.

为什么我的知识有限？我的身体？我的生命不过百年而非千载？大自然有什么理由给我这样的限制，要在无限中选择这个数字而不是另一个数字？在无限的数字中，自然没有更充足的理由选择这一个而不选择另外一个，因为没有一个数字比另一个更具有吸引力。

209.

主人爱你、宠你，你就不那么是奴隶了吗？奴隶啊，你真是有福气！你的主人宠你，他不久也会打你。

210.

最后一幕是血腥的，无论全剧的其余部分是多么美好；人们终于把泥土扔在了我们头上，永远如此。

211.

我们依赖同类的陪伴，那就可笑了；他们跟我们一样可悲，一样无能，他们不会帮助我们；我们会孤独地死去。因此我们就必须像孤独者那样去行事；这时候我们还会去造豪宅等等吗？我们应该毫不犹豫地寻求真理；假如我们拒绝这么做，那就证明我们在乎别人的尊重超过了对追求真理的重视。

212.

流逝——感觉到我们拥有的一切都在消逝，真是一件可怕的事情。

213.

在我们与地狱或天堂之间，只有生命存在，生命是世界上最脆弱的东西。

214.

非正义——自负与悲惨的结合，就是极端的非正义。

215.

害怕在危险之外的死亡，而不是危险之中的死亡；人总得为人啊。

216.

唯有猝死才可怕，这就是为什么忏悔师要待在大人物们家里的原因。

217.

继承人发现了自家房舍的权证。难道他会想："也许它们是假的"而疏于核查吗？

218.

牢狱——我赞成不深入发掘哥白尼的观点；但这……！知道灵魂究竟必死还是不朽，这件事对整个生命至关重要。

219.

毫无疑问，灵魂必死还是不朽，这必然会使道德变得面目全非。可是哲学家们提出他们的道德时不顾这一点！他们打算花一个小时。柏拉图，倾向于基督教。

220.

没有讨论灵魂不朽的哲学家们的错误。他们两难推论的错误在蒙田那儿。

221.

无神论者应该说十分清楚的东西，可是"灵魂是物质性的"一说却不是十分清楚。

222.

无神论者——他们说我们不能复活的理由何在？到底哪一个更困难：诞生还是复活？是从来没有过的东西应该出现，还是已有的东西再次出现？进入存在难道比回到存在更难一些吗？习惯使我们觉得前者容易，习惯的缺少使我们觉得后者不可能：这是平民百姓的判断方式！

为什么贞女就不能生孩子？母鸡没有公鸡就不下蛋了吗？它们和其他东西表面上有什么区别呢？谁告诉我们说母鸡不能像公鸡那样下种呢？

223.

他们反对复活，反对圣母怀孕，都说些什么呢？哪一个更困难，是生一个人或一个动物呢，还是使之繁殖呢？假如他们从来没有见过一种动物，他们能推测它们是否无须交配就生育出来吗？

224.

我多么痛恨这种不肯相信圣餐等等的愚蠢！如果福音书是真的，如果耶稣基督是上帝，那有什么困难呢？

225.

无神论表现了精神的力量，但只到一定的程度。

226.

自称追求理性的无神论者，他们的推理应该是格外出色的。那么，他们说什么呢？“难道我们没有看见”，他们说，“野兽像人一样生死,土耳其人像基督徒一样生死吗?他们有自己的仪式、自己的先知、自己的博士、自己的圣者、自己的教士,跟我们一样,等等。”这跟《圣经》不一样吗?《圣经》不也是这么说的吗?

如果你不太在意认识真理,那么这样就足以让你安心了。但如果你一心渴望认识真理,这些就不够了,请你仔细观察吧。对于一个哲学问题,这样回答是足够了,可是,这事关一切……但是,经过这一类随意思考之后,我们又要玩乐了,等等。让我们打探这门宗教吧,即使它不能理性地解释这种隐晦;也许它会让我们知道这种隐晦的。

227.

对话的顺序——“我应该做什么呢?我看见到处只有黑暗。我应该相信自己是虚无吗?我应该相信自己是上帝吗?”“所有的事物都在变化,一个接着一个。”——你错了,有……

228.

无神论者反驳道:“可是我们没有任何光明。”

229.

这就是我所看到的并且使我困惑的事情。我四方眺望,看到的只有黑暗。大自然给我呈现的,无一不是疑惑和让人不安的东西。如果我看不到任何显示神性的标志,我就会得出无神的结论;如果我到处都看到创造主的迹象,我就会在信仰中获得安宁。然而我看到可以否定的东西太多,而可以相信的东西太少,我就处在一种可怜的状态;我上百次地希望过,如果上帝在支撑大自然,大自然应该毫不含糊地把上帝显示出来;如果大自然显示的迹象是骗人的,那它就应该把它们彻底地消除;大自然要么说出一切,要么什么都不说,这样我才能看出应该跟随哪一派。但在我目前所处的状态,我不知道我是谁、我该做什么,我也就不明白自己的状况,也不知道自己的责任了。我一心倾向于知道真正的善在哪里,目的是追求它;为了永恒,我会付出任何代价。

看着那些人如此漫不经心地在信仰中生活,我祝他们幸福;他们在糟蹋一种馈赠,要是我的话,我会加以截然不同的利用。

230.

上帝存在是不可理解的,上帝不存在也是不可理解的;灵魂和肉体同在不可理解,我们没有灵魂也不可理解;世界是被创造的不可理解,它不是被创造的也不可理解,等等;有原罪不可理解,没有原罪也不可理解。

231.

上帝是无限的而又没有部分,你认为这不可能吗?——是的。——那么我想让你看到一件无限而又不可分割的东西。那就是以无限速度到处移动的一个点;因为它在一切地方都是一,在每个地方又都是全部。

大自然的这种作用以前在你看来似乎是不可能的,希望它使你认识到,也许还有其他东西你仍然不认识!因此,别从你的学习中得出结论说,没有什么东西有待你去学习了;而是要说,有待你去学习的东西还有无限之多。

232.

无限的运动,充满一切的那个点,静止的运动:没有量的无限,不可分割的和无限的。

233.

无限。无物。

我们的灵魂被扔进肉体之中，灵魂在肉体中发现了数字、时间、尺度。它对此进行思考，称之为自然、必然，不能再相信别的东西。

单一与无限结合，并没有给无限增加任何东西，就像在无限的尺度上加上一尺而已。有限彻底消失在无限面前，成为纯粹的虚无。我们的精神在上帝面前是如此；我们的正义在神的正义面前是如此。唯有单一与无限的差距能与我们的正义和上帝的正义的不成比例相提并论。

上帝的正义一定像他的仁慈那么广大。对于受惩罚者的正义却不如对选民的仁慈那样广大，应该不那么令人反感。

我们知道存在着无限，但不了解它的性质。既然我们知道说数目有限是错的，那么说数目无限就是对的了。但我们不知道它是什么：说它是偶数是错误的，说它是奇数也是错误的；因为加上一个单位丝毫不改变它的性质；然而它是一个数字，每个数字不是偶数便是奇数（对每一个有限数来说，这都是正确的）。这样，我们就完全可以认为存在一个上帝，而不知道他是什么。

鉴于这么多真实的东西并不是真理本身，难道根本就不会有一个实在的真理吗？

因此，我们知道有限的存在及其本质，因为我们像它一样也是有限的和广延的。我们知道无限的存在，但不知道它的本质，因为它跟我们一样有广延，但没有我们这样的有限。但是，我们既不知道上帝的存在，也不知道上帝的本质，因为上帝既无广延，也没有限度。

但通过信仰，我们知道上帝的存在；通过上帝的荣光，我们将知道他的本质。然而我已经指出,我们完全可以知道一个事物的存在而不了解它的本质。

让我们现在根据天然的知识来谈谈吧。

假如上帝存在,他就是无限地不可理解的;因为他既没有部分也没有限度,所以与我们没有任何关系。因而,我们就无法知道他是什么,他是否存在。既然如此,谁还胆敢试图解决这个问题?不是我们,因为我们和他没有任何关系。

因此,谁又能谴责基督教徒无法说出信教的理由呢?他们不是在宣扬一种他们说不出理由的宗教吗?他们在向世人阐述宗教时,公开说了那是一种 stultitiam(愚拙),可是你还要埋怨他们没有证明它!假如他们证明了它,那就是不守诺言了:正因为缺少证据,他们才不缺乏意义。——“不错,但是即使这可以原谅这样把它提出来的人,即使这可以免除对他们凭空得出它来的谴责;但这却不能原谅那些接受它的人。”——那么,我们就来考察这个论点吧,我们说:“上帝存在,或者上帝不存在。”但是,我们会倒向哪一边呢?理性在这儿什么都决定不了:有一种无限的混沌把我们彼此隔开。一场赌博正在那无限距离的极端处展开,硬币的正反面都可能出现。你赌什么呢?根据理智,你不能赌此,也不能赌彼;根据理智,你保护不了其中任何一方。

因此,不要谴责那些已经做了抉择的人们犯了错误吧!因为你对此一无所知。——“是的,但我要谴责他们,不是因为做出了这个选择,而是根本不该做选择;因为无论赌正面还是赌反面,两人都同样错了,双方都有错误:正确的做法是根本不打赌”。

是的;但必须打赌;这么做不出于自愿,但你已经上了船。那你将选哪面呢?让我们来看看。既然非选不可,就让我们来看看什么对你的利益损害最小。你有两样东西可输:即真与善;

有两件东西可赌:即你的理智和你的意志,你的知识和你的福祉;而你的天性又有两样东西要躲避:即错误与不幸。既然非选择不可,所以不管选那一方,不会更有损于你的理智。这一点已成定局。但你的福祉呢? 让我们掂量一下赌上帝存在的得与失吧。我们来考虑这两种情况:假如你赢了,你就赢得一切,假如你输了,你却毫无损失。那就毫不犹豫地打赌上帝存在吧。——“这好极了。是啊,我非赌不可;不过我也许赌得太大了吧。”——让我们来看看。既然得与失的机遇相等,那么假如你押一生只能赢两次生命的话,你还可以打这个赌;但是假如有三次生命可以赢的话,那就非赌不可了(既然你必须打赌),当你被迫打赌的时候,如果不拿你的生命下注,在一场得失机遇相等的赌博中赢回三条命的话,你就太轻率了。但是这里面有着永恒的生命与幸福。既然是这样的情况,所以如果有无限多的机会,其中只要有一次是属于你的,你拿一赌二还是对的;你既然不得不赌,如果在无限多的机遇里,有一次是对你有利的,如果可以赢得无限多的、无限幸福的生命,而你却拒绝拿一条命去赌三条命,那么你行动的方向就错了。可是这里有无限多的、无限幸福的生命可以赢得,存在一个赢局的机会而失败的几率有限,而且你下的赌注也是有限的。这就没什么可选择的了:凡是存在无限的地方,凡是相比赢局机遇,输局机遇不是无限多的地方,就不必犹豫了,必须全部押上。所以当我们被迫赌博的时候,必须放弃理性以保全生命,而不是为了无限的收获而拿生命冒险,同样会发生的是赌输后的虚无。

因为,这么说是毫无用处的:我们是否会赢不能肯定,而我们冒险却是肯定的,在我们下注的确定性和我们可能赌赢的不确定性之间的无限距离,等于我们肯定下注的有限财富与不确定的无限之间的距离。事实并不如此;所以每一个赌家都在确定地冒险来追求不确定的输赢；然而他肯定拿有限为赌注，以求不确定地赢得有限，这不违反理性。说我们下注的确定性与所得的不确定性之间不存在无限的距离，这种说法是错误的。事实上，在赢局的确定性与输局的确定性之间存在着无限。但是赢局的不确定性是和我们下注的确定性成比例的，随输赢得失的几率而定。由此可见，如果两边有着同等的机遇，那么输赢就各占一半；这时候，我们下注的确定性等于赢局的不确定性；这种确定性绝不是无限遥远的。因此在一场得失机遇相等的赌局中，当赌注为有限而所赢是无限的时候，我们的命题便具有无限的力量。这是可以证明的；而且假如人类还可能认识某些真理的话，这就是其中一条。

“这一点我承认，我同意。但是，难道就没有办法看看牌底了吗？”

“有啊，有《圣经》和一些别的，等等。”

“那好；可是我的手被绑住了，我的嘴给闭上了；我被迫赌博，我不能自由行动；别人不松手，而我生来就是那种不信仰的人。那你要我怎么办呢？”

“确实不好办。但是你至少要知道，你的无法信仰——既然理性让你如此，而你又不能做到信仰——来自你的激情。因此，你应该努力说服自己，不是通过增加上帝存在的证据，而是通过减少你自己的激情。你希望走向信仰，但你不认识信仰之路；你希望治愈自己的不信仰，却还在寻求治疗的办法；你应该学学那些像你一样受到束缚，现在拿他们全部财富下注的人们；这些人知道你想走的那条道路，已经摆脱了你想医治的顽疾。照他们开始的那种方式做吧，也就是一切都像他们心怀信仰那样去做，也要领取圣水，也要参加弥撒，等等。当然啦，仅此就让你有信仰，并使你习惯于信仰。”

“可这正是我害怕的。”

“为什么呢？你有什么可失去的？

但是要向你说明它能引导到那儿，因为它会减少你的感情，而感情是你的巨大障碍。

本篇讨论的结束——然而，这个选择会给你带来什么坏处呢？你会成为虔信、诚实、谦逊、感恩、乐善的人，成为真诚的朋友，一个真正的人。事实上，你不会陷入糜烂的欢愉，陷入荣耀，陷入享受；但是你不会得到别的欢愉、荣耀与享受吗？我要告诉你，你此生将是赢家；你在这条道路上每跨出一步，都会看到获利是多么确定，而你的赌注是那么微不足道，你终将发现自己是为一件确定和无限的东西而赌的，而你并没有为它付出过任何东西。”

“啊！这种谈论使我兴奋，使我入迷，等等。”

如果这种谈论让你喜欢，而且显得有力量，你要知道说话者事前事后都跪倒在这位无限而一体的上帝面前祈祷，他向上帝奉献了自己的一切，也为了你的利益和他的荣耀献出你的一切；力量就这样与那种卑谦结合了。

234.

如果不是为了确定的东西，就不该做任何事情，那么对宗教来说，我们就只好什么事都不做了；因为宗教不是确定的。然而我们为不确定的东西做了多少事啊，航海啊，战争啊！所以我说我们什么事都不要做了，因为没有一件事情是确定的；可是比起我们会不会看见明天到来，宗教的确定性更大；因为我们是否看到明天是不确定的，但是我们看不到明天确实很有可能。对于宗教，我们却不能这么说了。宗教存在不能肯定；可是谁又敢说宗教确实可能不存在呢？因此，当我们为明天和为不确定的东西而工作的时候,我们的行为就是理性的;因为根据上面证明的机会原则,我们应该为不确定性而工作。

圣奥古斯丁看到我们在海上、在战斗中等等为不确定的东西工作,但是他没有看到那条证明我们必须这样做的机会原则。蒙田看到我们反感残缺的精神,看到习惯无所不能;但是他没有看到这种效果的理由。

所有这些人都看到了效果,但没有看见其中的原因;和那些找到原因的人相比,他们就像只有眼睛的人与具有精神的人;因为效果是感受得到的,而原因只有精神才能看见。尽管这些效果被精神看见了,但这种精神与看得见其中原因的那个精神比起来,就像肉体感官与精神的比较。

236.

根据机会原则,你应该不辞辛苦去追求真理;因为如果你未能崇拜真正的原理便死去,你就完了。——“可是,”你说“如果上帝希望我崇拜他,他就会让我看到表示他意志的迹象。”——他是这样做了,但你没有注意到。因此,去寻找它们吧,值得这么做。

237.

机会——按照这些不同的假设,我们必须以不同的方式生活在世上:一、假如我们能永远在世上生存,二、假如我们在世上生存的时间肯定长不了,能否在世上生存一小时就确定不了了。这后一种假设是我们的假设。

238.

除了确凿的麻烦之外,你究竟给我允诺了什么呢?不然就是十年(因为十年就是机会)的自爱,竭力讨好别人可是并不成功。

239.

反驳——希望得救的人在这一点上是幸福的,但是他们也承受着对地狱的恐惧。

答辩——谁才更有理由恐惧地狱呢?是不知道地狱是否存在,如有地狱就一定会受惩罚的人呢?还是确实相信地狱存在,并且希望如果有地狱自己会得救的人呢?

240.

他们说:“假如我有信仰,我会立刻抛弃快乐。”而我则对你们说:“假如你们抛弃快乐,你们会立刻就有信仰。”就看你们行动了。假如我有这个能力,我会给你信仰;可是我不能做到,因此也无法验证你说的是不是真话。但是你完全可以抛弃快乐,并且验证我的话是不是真的。

241.

顺序——我怕自己犯错误并且发现基督教是真理,远过于我怕自己因相信基督教是真理而犯错误。

第四章　信仰的手段

242.

第二部的序言：谈谈探讨过这个问题的人。

我羡慕这些人敢如此大胆地谈论上帝。为了向不信教的人阐述自己的论点，他们开篇就以大自然的杰作来证明神性的存在。假如他们在向虔信者阐述自己的观点，这种举动不会让我感到惊讶；因为可以肯定地说，心中怀着强烈信仰的(人)一眼就可以看出，一切存在物莫不是他们所崇敬的上帝的作品。但是对于心中信仰之光已经熄灭，我们有意在他们心中重新点燃这道信仰之光的那些人来说，对于缺乏信仰与神宠，依靠自己的全部光明想寻求在自然界中所见的，能给他们带来这份知识的一切，结果只看到晦涩与黑暗的那些人而言，告诉他们，说只要看看自己周围最细微的事物，他们就可以清楚地看到上帝，然后拿出月球和行星的运行轨道作为这个伟大和重大课题的全部证明，并声称以这种论述完成了证明过程；这样做只能使他们相信我们这门宗教的证明是相当软弱的。根据我的理性和经验，没有任何东西更会导致他们蔑视宗教了。

《圣经》不是以这种方式说话的，《圣经》对有关上帝的事情有着更好的理解。《圣经》恰好相反,它说上帝是一个隐蔽的上帝;自从天性腐化以来,上帝就让人处在盲目之中;只有依靠耶稣基督才能脱离盲目;没有耶稣基督,与上帝的一切联系就会中断:Nemo novit patrem,nisi Filius,et cui voluerit Filius revelare(除了子和子所愿意指示的,没有人知道父)。语出《马太福音》,第11章,第27节。

这就是《圣经》向我们所指出的道理,它在无数场合都说,谁寻找上帝,谁就能找到他。这里谈的不是这种"像正午的阳光"的光明。我们并不说在正午寻找阳光或在大海中找水的人就一定会找到它们;因此上帝的证明在自然界就不会这样明白地显现。所以,它在另处告诉过我们:

Vere tues Deus absconditus(你实在是自隐的上帝)。《以赛亚书》,第45章,第15节。

243.

有一件赞叹的事,就是经典作者从来都不利用大自然来证明上帝。他们全都倾向于让人信仰上帝。因此,大卫、所罗门等人从来没有说过:"因为真空不存在,所以上帝是存在的。"他们一定比他们以后出世的最聪明的人还要聪明,因为后者都采用了上面的说法。这一点是非常了不起的。

244.

"什么!你不认为天空和鸟儿就能证明上帝吗?"——不。——"你的宗教不是这样说的吗?"——不是的。尽管在某种意义上,对于上帝赋予这种光明的某些人来说,事情的确如此;然而对于大部分人来说却是错误的。

245.

信仰有三种方法:即理性、习惯、灵感。基督教是唯一具有理性的,它并不承认那些没有灵感就信仰的人是自己真正的孩子;这不是说它摒斥理性与习惯,而是相反。应该向证明敞开自己的精神,通过习惯加以证实,但一定要怀着谦卑之心接受灵感,因为唯有灵感才能产生实际有益的结果:Ne evacuetur crux Christi(以免基督的十字架落了空)。《哥林多前书》第 1 章,第 17 节:"基督差遣我原不是为施洗,乃是为传福音。并不用智慧的语言,以免基督的十字架落了空。"

246.

顺序——在"我们应该寻求上帝"那封信之后,再写一封"清除障碍",这封信论述"机器",论准备这架机器,论以理性去寻找。

247.

顺序——给友人一封勉励的信,劝他去寻求。他会回答说:"可是,寻找对我有什么用呢? 什么也看不到啊。"回答他说:"别灰心。"他会回答说,能找到某种光明,他会很高兴,但是按照这种宗教本身来说,当他这样相信了的时候,对他本人也没有什么用处,所以他宁愿不去寻找。对此回答说:机器。

248.

说明机器作证之用处的一封信——信仰与证明的不同:一种属于人,另一种是上帝的恩赐:Justus ex fide vivit(义人必因信得生)。上帝亲手把这种信仰置于人心之中,而它的证据则往往是信仰的工具，fides ex auditu（信道是从听道来的）；但这种信仰就在人心之中，让人不说 scio（我知道），而说 credo（我信仰）。

249.

把希望寄托于仪式是迷信，但不肯接受仪式的约束却是傲慢。

250.

外表必须与内心结合起来才能获得上帝；这也就是说，我们跪下、亲口祈祷等等，目的在于使不曾愿意顺从上帝的自傲的人，现在屈从上帝的造物。期待从这种外表得到帮助是迷信；不肯把它与内心结合起来却是高傲。

251.

其他的宗教，例如那些异教，更为民众所接受，因为它们在乎外在形式，但不适合聪明的人。纯理性的宗教更适合有学问的人，但是对民众就没有什么用处了。只有基督教适合所有的人，因为它融合了外表和内心。它从内心提升民众，令傲慢者收敛外表；少了两者就不完美，因为民众必须明白文字的含义，有学问的人必须让自己的精神顺从于文字。

252.

……因为一定不能不了解自己：我们是自动机，正如我们是精神一样；由此可见，用来说服他人的工具不单单是证明。被证明的事物是多么少啊！证明只能说服精神。习惯才是我们最强大的、人们最相信的证明；它迫使那个使精神不假思索就跟它走的自动机就范。有谁证实过会有明天，或者我们会死亡呢？有什么比这更能令人相信呢？因此是习惯在说服我们相信这些，是它造就了那么多的基督徒，是它使人们变成土耳其人、异教徒、匠人、兵士等等。（基督徒在洗礼中比异教徒接受了更多的信仰。）最后，当精神一旦看到了真理所在之后，必须求诸习惯才能使我们汲取这种信仰，使我们浸染在这种每时每刻在逃避我们的信仰中；因为随时随地带着现成的证据，那就太麻烦了。我们必须有一种更便利的信仰，即习惯的信仰，它不用暴力、不用心机、不用论证就能使我们相信一些事物，并且使我们全部的力量都倾向那种信仰，我们的灵魂因此就自然而然地坠入其中。仅仅出于信念的力量而信仰，这还不够，因为自动机倾向于相信反面。因此必须让我们身体的两部分都产生信仰：用理性打动精神，理性一辈子只要见过一次就够了；用习惯对付自动机，不允许它倾心于反面。Inclina cor meum，Deus（上帝啊，求你使我倾心）。

理性行动迟缓，它有那么多的看法，那么多的原则，这些原则又必须永远在场；结果理性随时昏昏欲睡或者迷失方向，因为并非所有的原则都在场。感觉却不这样行动；它行动迅速，随时准备行动。因此必须把我们的信仰放在感觉中；不然的话，信仰会永远摇摆不定。

253.

两种极端：排斥理性，只承认理性。

254.

必须责备世人过于驯服，这样的事情并非罕见。那是天生的缺陷，跟不信仰一样，而且同样有害。迷信。

255.

虔诚跟迷信不同。

把虔诚抬到迷信的地步,等于毁灭虔诚。

异教徒谴责我们迷信地顺从,就是在做谴责我们的事……

因为看不见而不相信圣餐的不虔诚。

相信各种命题的迷信。信仰,等等。

256.

我说真正的基督徒很少,在信仰方面也是如此。很多人有信仰,但那是出于迷信;很多人不信仰,但那是出于放纵;处在两者之间的人很少。

在这里面,不包括那些心怀真正虔诚的人,也不包括所有出于内心的感觉而信仰的人。

257.

一共有三种人:那些找到了上帝并侍奉上帝的人;那些没有找到上帝而一心要寻找上帝的人;其余那些没有找到上帝,活着也不去寻找上帝的人。前一种人是理性的、幸福的人,后一种人是愚蠢的、不幸的人,两者之间的是不幸的、有理性的人。

258.

恶心。

259.

普通人有能力不去想自己不愿意想的事。“别去想写摩西的那些篇章”,犹太人常常这样对儿子说。我们许多人往往也是这样做的。假宗教就是这么保存下来的,对许多人来说,连真的宗教也如此。

但是有些人没有这样阻止自己思考的能力,而且别人越禁止,他们就思考得越多。那些人就摆脱了假的宗教,甚至真宗教也会摆脱,假如他们找不到可靠的论据。

260.

他们躲藏在人群中,呼吁众人来救助自己。

混乱。

权威——你千万不能把道听途说当成相信一件事的准则,除非你能让自己处在似乎从未听说过某件事的那种状态,否则就什么也别相信。

使你相信的,应该是你对自己的赞同,是你持续不断的理性之声,而不是别人的声音。

信仰是极为重要的！不然的话,千百种矛盾都可能乱真了。

如果时代久远是信仰的准则,那么古代人岂不是没有准则了吗？如果一致认可是准则,万一人类绝灭了,那怎么办呢？

假谦逊,骄傲。

掀起帘幕吧。你在白费气力;毕竟还要信仰、否定,或者怀疑。那么我们就没有准则了吗？我们判断动物说,它们做自己事,做得很好。难道就没有一条可以判断人类的准则了吗？

很好地否定、信仰和怀疑,对于人来说就像马儿必须奔跑一样。

惩罚作孽之人,那是错误。

261.

不爱真理的人采用这样的借口:说真理有争议,很多人不承认它。因此，他们错就错在不爱真理，不爱慈善；因此，他们无可原谅。

262.

迷信与贪欲。顾虑，邪恶的欲念。邪恶的恐惧。

不是因为人们信仰上帝而产生的恐惧，而是因为怀疑上帝是否存在而产生的。正当的恐惧出自信仰，虚假的恐惧来自疑虑。正当的恐惧和希望结合在一起，因为它源于信仰，也因为我们企盼我们信仰的上帝；而虚假的恐惧和绝望连在一起，因为人们恐惧自己不太信仰的上帝。前者害怕失去上帝，后者害怕找到上帝。

263.

有人说，"奇迹会坚定我的信仰。"他们没看到奇迹的时候才会说出这样的话来。从远处看，理性好像限制了我们的视野；然而当我们到达那里的时候，我们就又开始朝更远处看了。没有任何东西可以阻止我们精神的灵快。我们说，有规则必有例外，真理再普遍也总有顾及不到的地方。只要它不是绝对的普遍，我们就有机会把例外应用到当前的话题上说："它并不总是正确的，因而有些情况下并没有真理。"接下来只要显示眼下的情况是其中之一就够了；正因为如此，如果我们找不到某个窍门的话，我们就会非常难堪或者非常不幸了。

264.

我们并不讨厌每天都要吃饭和睡觉，因为饥饿反复出现，困倦也是如此。不然的话，我们就会对此感到无聊。因此，没有对于精神事物的渴求，我们就会厌倦精神事物。渴望正义，这是第八种真福。

265.

信仰很好地表达了感官没说的东西,但不是和感官所见相反的东西。信仰超乎其上,而不是与之相反。

266.

望远镜已经让我们看到多少对于昔日的哲学家来说根本就不存在的星辰啊!人们就星辰的众多放肆地攻击《圣经》说:“我们知道,只有一千零二十二颗星星。”

地球上有草,我们看见了。如果从月亮上,我们就看不见草了。而且草上还有茸毛,茸毛上有小动物;但是除此之外就什么都没有了。啊,多么狂妄啊!复合物是由元素构成的,而元素却不是构成的。啊,狂妄的人啊!这是一个微妙的特点。不能说存在我们看不见的东西。因此必须跟别人一样说话,但不跟别人一样思想。

267.

理性的最后一步,就是承认有无限多的事物超出理性范围;假如理性不能承认这一点,它只能是脆弱的。

假如自然的事物是超乎理性的,那么我们对超自然的事物又该说什么呢?

268.

顺从——我们必须懂得什么地方该怀疑,什么地方该肯定,什么地方要顺从。不这么做的人就是不了解理性的力量。有些人违背了这三条原则;要么肯定一切都是可证明的,因为他们不懂证明;要么怀疑一切,因为他们不知道何处必须顺从;要么顺从一切,那是他们不知道何处必须运用判断。

269.

顺从和运用理性,真正的基督教就在于此。

270.

圣奥古斯丁——如果理性不认为在那些场合自己应该顺从,它就永远不会顺从。因此,当理性判断自己应该顺从时,它的顺从就是正当的。

271.

智慧把我们带入童年。

272.

最符合理性的,莫过于这种对理性的否认。

273.

如果我们使一切都服从理性,我们的宗教就没有任何神秘或超自然的成分了。如果我们违犯理性的原则,我们的宗教将是荒谬可笑的。

274.

我们一切的推理都归结为向感觉让步。

然而幻想与感觉既相似又相反,以至于我们无法分辨这些相反的东西。一个说我的感觉就是幻想,另一个说他的幻想就是感觉,所以应该有一条准则。理智挺身而出,可是它什么方向都能弯曲，因此就没有准则了。

275.

人们往往把自己的想象当做自己的内心；因此他们只要一想到皈依，就觉得自己已经皈依了。

276.

德·罗安先生曾说过："道理我是事后才明白的，首先，一件事让我高兴，或者让我震撼，但我不知道其中的原因；它震撼我的原因是我后来才发现的。"然而我认为，并非因为事后发现的那些原因，那件事才震撼人；而是因为那件事震撼人，人们才发现那些原因。

277.

人心自有理性不知道的理由；我们可以从千百种事情中知道这一点。我说，人心自然地爱万能的上帝，也自然地爱自己，完全凭自己的喜好；它也按照自己的选择反对这一方或者那一方。你抛弃这一个而保留另一个：难道你爱自己是出于理性吗？

278.

感受上帝靠人心，而不是靠理性。这就是信仰：上帝可以由心灵而非理性来感受。

279.

信仰是上帝的一种恩赐；你别认为我们在说这是根据推理得到的一种恩赐。其他宗教对自己的信仰就不这么说；他们只通过推理来达到这一点，然而却没有成功。

280.

认识上帝与热爱上帝的距离是多么遥远!

281.

心灵,本能,原则。

282.

我们认识真理,不仅经过理性而且还经过心灵;正是通过后一种方式我们才认识了第一原则,在其中毫无立足之地的推理徒劳地指责这些原则。怀疑派把这个当做唯一目标,因此也是在白费力气了。我们知道自己不是在做梦,尽管我们没有能力用理性来证明这一点。这种无能为力只不过证明了我们理性的软弱,而并不是像他们所说的那样证明我们全部知识的不确定。

因为对于第一原则的了解,例如空间、时间、运动、数量,跟我们从推理中得到的任何一种知识是一样地坚固。理性必须依赖这些对心灵和本能的知识,它的全部论证也要以此为基础。心灵感觉到空间存在三个维度,感觉到数目是无穷的;然后理性才证明,两个平方数中,没有一个会是另外一个的一倍。原则是直觉的,命题是推导出来的;而且全都是确切的,尽管方式有所不同。如果理性在承认第一原则之前,要求心灵拿出第一原则的证据,那将是既无益又荒唐的,正如心灵在接受命题之前,要求理性先感受到其所证明的全部命题一样地荒唐。

因而,这种无能只应该用于打消指望判断一切的理智的傲气,而不该用来攻击我们的坚定信仰,就好像只有理性才能教导我们似的。相反,但愿上帝使我们永远都不需要理性,让我们单凭直觉和本能就能够认识一切!但是大自然拒绝赋予我们这种便利；相反，它只给了我们极少的这一类知识；其余的部分就只能靠推理获得了。

因此，那些上帝通过心灵感受传达了宗教的人，他们是幸福的，而且理所当然地信服了。而那些没有得到宗教的人，我们只能通过推理给他们传达了，同时等待上帝通过心灵感受给他们传达宗教；否则信仰就只能是世俗的，对拯救来说毫无用处。

286.

那些没有读过《新旧约》就有了信仰的人，是因为他们身上具有一种非常圣洁的心境，而他们听到的关于我们宗教的一切，都与这种心境相吻合。他们感觉到是上帝创造了他们；他们只愿意爱上帝；他们只愿意恨自己。他们觉得自身没有这种力量，他们不能走向上帝；假如上帝不走向他们，他们就不能与上帝取得任何联系。他们听到我们的宗教说，爱只能爱上帝，恨只能恨自己；但是，由于所有的人都堕落，无法接近上帝，上帝就让自己变成人，与我们结合。对具有这种心境的人，对知道自己的义务和无能的人，这就足以说服他们，不需要别的什么东西了。

287.

我们看到那些基督教徒，他们不知道什么是预言和证据，但是他们对基督教及其真理的判断跟有这种知识的人同样地好。他们用心灵做判断，正如别人用精神来判断。上帝本身唤起了他们的信仰，因此他们被最有效地说服了。

我承认，没有证据就产生信仰的基督徒也许拿不出什么东西来说服异教徒，因为异教徒会对自己说同样的话。但是那些知道宗教证据的人将会轻松地证明，这个信徒是真正受到上帝的感召，尽管他本人无力证明这一点。

因为既然上帝在预言(那是确凿无疑的预言)里说过,在耶稣基督的统辖期间,神会把他的精神传播于各国,教会的儿女和孩子们都要说预言;因此,上帝的精神无疑就在这些人身上,而不是在别人身上。

288.

你不应该埋怨上帝隐蔽了自身,反而要感激他如此处处显露自己;你还应该感激他没有在傲慢的学究面前显露自己,因为那些人不配认识如此神圣的上帝。

有两种人能认识上帝;一种是心存谦卑的人,无论他们的精神程度是高还是低,他们都爱谦卑;另一种人具有足够的精神,能够看到真理,无论他们对真理持何种反对态度。

289.

证据——一、基督教根据其创立:基督教建立得那样坚强、那样温和,因为它那样地违反天性。二、基督徒灵魂的圣洁、崇高和谦卑。三、《圣经》中的奇迹。四、尤其是耶稣基督。五、尤其是使徒。六、尤其是摩西和先知。七、犹太民族。八、预言。九、永恒性:没有一门宗教具有永恒性。十、解释一切事物的学说。十一、这种法律的圣洁。十二、通过对世界的统领。

很显然,在此之后,在考虑了什么是生命,什么是这种宗教之后,如果宗教来到我们心里,我们就不应该拒绝听从追随宗教的那种倾向,而且对于追随宗教的人们,确实没有任何嘲笑的余地。

290.

宗教的证据——道德、教理、奇迹、预言、象征。

第五章　正义和作用的原因

291.

《论不正义》的书信中可能出现得到全部财产的兄长们所开的玩笑。“我的朋友，你生在山的这一边，因此你长兄得到一切便是公正的。”

“你们为什么杀我？”

292.

他住在河水的那一边。

293.

“你们为什么杀我？”——“你听着！你不是住在河水的那一边吗？我的朋友，如果你住在这一边，那么我就成了凶手，以这种方式杀你就不正义了；但既然你住在那一边，所以我就是勇士，这就正义了。”

294.

……人希望统治世界，这个世界的格局建立在什么样的基础上呢？以每个人的心血来潮为基础吗？那会是多么混乱！以正义为基础吗？人不知道正义为何物。

很显然，假如人了解正义的话，他就不会确立人类一切准则中最普遍的那条准则了，即人人遵守本国的习俗；真正公平的光辉会使一切民族都俯首听命，立法者也不会以波斯人和德国人的胡思乱想和心血来潮、而不是这种始终如一的正义为典范。我们会看到世界上所有的国家和所有的时代都树立正义，而不会看到一切正义的或不正义的东西都随着环境的变化而改变其性质。纬度上升三度就能把法理全部推翻，一条子午线就影响到真理；基本法过几年就会改变；权利有自己的时代，土星进入狮子座，就标志某种罪行的起始。正义以河流为界定，多么滑稽！在比利牛斯山这一边是真理，在那一边就是谬误。

他们承认，正义并不是存在于这些习俗之中，而是存在于每个国家都了解的自然法则中。假如轻率地在人间播撒法律的机缘至少碰到一例带有普遍性的法律，人们必定死死抱住不放了；但是事情是如此地滑稽，人类的任性是如此地变化多端，以至于竟然找不到一例普遍性的法律。

盗窃、乱伦、杀婴、弑父，每一桩行径都在品德高尚的行为中占有一席之地。因为一个人住在河的那一边，因为他的君主和我的君主有争执，尽管我本人和他的君主并没有任何争执，那个人就有权杀我，还有比这更加荒唐的事情吗？自然法无疑是存在的；但是被这种美好理性败坏了，它败坏了一切。

这种混乱导致有人说，正义的本质是立法者的权威，而有人则说，正义的本质是君主的便利；还有人说，就是现行的习俗；而最确切的是：仅仅照理智来说，没有任何东西本身是公正的；时间摇撼一切。习俗创造了全部的公道，其理由仅仅在于它已经被人们所接受；这是它权威的神秘基础。谁将它拖回到它的原则上来,谁就是在毁灭它。没有任何东西比这些矫枉过正的法律更加错误的了;谁因为法律是正义的而服从法律,谁就是在服从自己想象中的正义,而不是服从法律的本质;法律自身相当紧凑;它是法律,仅此而已。谁想考察它的动机,谁就会发现它是那样的脆弱、那样的轻浮,假如他没有观赏人类想象力之奇妙的习惯,他就会惊叹一个世纪的工夫竟能为它博得那么多的浮华和声望。抨击或颠覆一个国家的诀窍,就在于动摇既定的习俗,对它们刨根问底,指出它们缺乏权威和正义。有人说,我们应该依赖被不公正的习俗所消灭了的国家的基本大法。这是一场必输的游戏;在这架天平上,没有什么东西是公正的。然而人们却乐于听信这种言论。他们一旦认识到枷锁,就会立刻摆脱枷锁;大人物们则得益于民众以及这些好奇地审查现行习俗的人的衰败。但是有时候处于相反的缺陷,人们会觉得可以公正地做一些并非没有先例的事。正是这个原因,最睿智的立法者曾说过,为了人民的福祉,有必要经常欺骗他们;还有一位优秀的政治学家则说:Cum veritatem qua liberetur ignoret, expedit quod fallatur(既然一个人不理解那种可以解放他的真理,那就最好让他受骗吧)。语出奥古斯丁《天城论》第 4 卷,第 27 章;不能让他感觉到侵占的真相;法律是以前不带理性地被引入的,现在变成合理的了;我们必须让人们把它看成真实的、永恒的,并且把它的起源隐瞒起来,假如我们不希望它很快就终结的话。

295.

我的、你的——这些可怜的孩子们说:“这条狗是我的。”“这儿是我享受阳光的地方。”这就是地球上一切侵占行为的开始和缩影。

296.

事关判断是否应该发动战争，并且杀死那么多人，处死那么多西班牙人的时候，只有一个人在作判断，而且他还是有利害关系的一方；按理说应该由与此无关的第三方来作判断。

297.

Veri juris（真正的法律）。

我们再也没有真正的法律了；假如有的话，我们就不会把遵守自己国家的习俗当做正义的准则。正因为找不到公正，人们才找到了强力，等等。

298.

正义、力量——公正的东西得到服从是正当的；最强有力的东西得到服从是必要的。没有力量的正义是软弱无能的；失去正义的力量就是暴政。没有力量的正义会遭人反对，因为总会有坏人；没有正义的力量会受到谴责。因此，必须把正义和力量结合起来；为此，我们应当使正义的东西变得强大，或者使强大的东西合乎正义。

正义容易引起争议，力量很容易识别，而且没有争议。因此，我们无法把力量赋予正义，因为力量否认了正义，说正义是不公正的，而它自己才公正。因而，既然不能使正义的东西强大起来，我们就使力量变得公正了。

299.

唯一普遍的法则，就是国家对通常事物的法律，以及在其他事物中的多数人法律。这是从何而来的呢？从其中存在的力量而来。因此就出现了这种情况，国王特别有力量，不服从大臣们、多数人的法律。

财富的平等无疑是公正的；然而，既然人们无法使力量服从正义，于是就使服从力量成为正当的事情；由于无法强化公正，他们就把力量公正化，目的是使正义和力量结合起来，实现和平，而和平是至高无上的财富。

300.

“当有武装的强者拥有自己财富的时候，他拥有的东西就处境安稳。”

301.

为什么要听从大多数？是因为他们有更多的理由吗？不，因为他们有更大的力量。

为什么要听从古老的法律和古老的意见？是因为它们最完美吗？不，但它们是独一无二的，并且拔掉了造成我们之间差异的根源。

302.

……这是力量的结果，而不是习俗的结果；因为有发明能力的人是罕见的；大多数人只想随波逐流，否认以自己的发明来追求光荣的这些发明者们的光荣；假如他们执意要获得光荣，并且鄙视那些不创新的人，别人就会给他们安上种种可笑的名称，也许还会用棍子揍他们。因而，但愿人们别拿这种机巧炫耀自己，或者说，但愿他们自满知足吧。

303.

力量是世间的帝王,而不是舆论。但是舆论是利用力量的帝王。力量造就了舆论。我们认为,柔和是美好的。为什么呢?因为打算在绳索上跳舞的人肯定是孤独的,我可以纠集一大帮人来说它不合时宜。

304.

维系着人们彼此尊敬的那些绳索,通常是一些迫于需要的绳索;因为必须有不同的等级,人人都想统治,可是又不能人人都做到,只有一部分人才能做到。

因此让我们想象已经看到人们开始结合。他们无疑将彼此搏斗,直至最强的一方压倒最弱的一方,最后出现了占据统治地位的一方。但是这种局面一旦确定,统治者们就不希望战争继续下去,下令说,他们手中的权力将以他们喜欢的方式传承下去;有些人把它交给人民选举,有些人则采用世袭,等等。

想象力正是在这儿开始起作用。在此之前,力量造就事实;如今,力量被某一方的想象力所维持着,在法国是贵族,在瑞士则是平民,等等。

因此,这些将尊敬维系在某某一个人身上的绳索是出自想象的绳索。

305.

瑞士人会因为被人称做贵族而生气,他们证明自己是平民出身,以便被人认为能够胜任要职。

306.

由于力量统治一切,公爵、王位和行政长官职位都是真实而有必要的,所以任何地方、任何时候都会有。但是某某人成为统治者只不过出于偶然,所以这就不稳定,容易发生变化,等等。

307.

掌玺大臣表情严肃,衣着华丽,因为他的地位是假的;国王就不这样了,他有力量,用不着想象力。法官、医生等等只有想象力而已。

308.

国王的出现总伴随着卫队、鼓乐、官吏以及各种各样迫使人们尊敬和恐惧的东西,这种习惯使得他们的仪容——哪怕当他们独自一个人,没有这些随从的时候——令臣民们肃然起敬与畏惧;因为人们无法在头脑里把他们本人和在他们身边经常看到的随从分开。世人不知道这一效果来自这种习惯,就相信它出自一种天赋的力量;于是就有人说:“他脸上镌刻着神的印记,等等。”

309.

正义——既然时尚带来乐趣,所以它也带来了正义。

310

国王与暴君——我也有自己的想法。

我每次旅行都会留神,建功立业的伟大,因此尊敬建功立业。

大人物的快乐在于他有能力使人幸福。

财富的特性就在于被随意地施舍。

每种事物的特性都要寻找。权力的特性就在于保护。

当力量攻击装腔作势的时候,当普通士兵摘下首席法官的方帽,并把它扔出窗外的时候……

311.

建立在舆论和想象力基础上的帝国可以统治一段时间,这样的帝国是温和的、自愿的;建立在力量上的国家可以永远统治下去。因此,舆论有如世上的女王,而力量则是世上的暴君。

312.

正义是建立起来的东西;因此我们已经确立的法律必然会被认为是正义的,不需要经过审查,因为它们已经被确立了。

313.

民众的健全意见——内战是最大的祸害。假如我们想论功行赏,内战就不可避免了,因为人人都将说自己有功。一个因出生血统而继位的傻瓜,他的危害不会那么大,也不会那么不可避免。

314.

上帝为自己创造了一切,赋予自己施加痛苦和给予欢乐的权力。

你可以把这种权力应用于上帝,也可以应用在自己身上。假如应用于上帝,《福音书》就是准则。假如应用于你自己,你就会占据上帝的位置。由于上帝被仁慈的人们所簇拥,他们请求上帝赐予属于上帝掌握的那种仁慈的幸福,所以……因此,你应该有自知之明,你只不过是一个欲念之王,走的也是欲念之路。

315.

效果的理由——人们不要我去敬重一个身着锦缎,有七八个仆从尾随的人,那才令人惊讶呢。为什么?假如我不向他致敬,他就会给我一顿鞭子教训我。这身衣服就是一种力量。一匹马批金戴银与另一匹马相比也是如此!蒙田竟看不到其中有着怎样的差别,惊讶人们居然能从中发现差别,还问有什么理由,真是可笑。“的确”,他说,“怎么会……”

316.

民众的健全意见——讲究穿着并不是过于虚妄的;因为它证明一大堆人在为他工作;他们的头发显示他们有贴身仆人,有香粉匠,等等;他们的大翻领显示他们有绣工、锦缎织物,等等。然而,掌握很多人手既不是纯粹的浅薄,也不仅仅是外在的显示。一个人掌握的人手越多,他就越有力量。讲究穿着等于显示自己的力量。

317.

尊敬的意思是“麻烦自己”。这从表面上看是徒劳的,其实很正确;因为这句话的意思是说:“假如你有需要的话,我的确会麻烦自己,因为尽管对你没有什么用处,我已经在这样做了。”此外,尊敬还能用来突出大人物:假如坐在扶手椅里就能表示尊敬,那么我们就会尊敬每一个人了,我们也就不能显示突出;然而我们自添麻烦,所以也就很好地突出了大人物。

318.

他有四名随从。

319.

我们凭外表而不是内在的品质来区别人,这种做法真好啊!我们两个人谁应该占先呢?谁应该向对方让步呢?是不精明的那一个吗?可是我像他一样精明能干,应该就此好好地争论一番。他有四个随从而我只有一个,这是看得见的,数一下就行了;我应该让步。如果我还要辩解,我就是傻瓜了。我们用这种办法和平相处,而和平就是最大的福祉。

320.

由于人们不守规矩,世界上最不合理的事情会变成最合理的事情。选择王后的长子来统治国家,还有什么比这更不合理的事情吗?我们是不会选择一个出身门第最高的游客来驾驭一艘船的。这条法则本来是荒唐可笑的,而且是不公正的,但是由于他们本身就是荒唐可笑而且是不公正的,并且永远如此,它就成为合理和公正的了;因为我们将选择谁呢?选择最有道德、最有能力的人吗?我们马上就会大打出手的,人人都觉得那个最有德行、最有能力的人非自己莫属。因此,就让我们把这种品质附着在某种无可争议的东西上吧。他是国王的长子;这一点很清楚,没有争议的余地。理性无法做得更好了,因为内战是最大的祸害。

321.

孩子们惊讶地看到自己的同伴受人尊敬。

322.

出生贵族的好处极大，使某人从十八岁起就稳操胜券、为人知晓并且受人尊敬，而别人可能到五十岁才能够做到。这三十年赢得真轻松。

323.

什么是自我？

一个人临窗眺望来往的行人，假如我从窗下经过，我能说他专门为了看我才站在那儿吗？不能；因为他没有具体地想到我这个人。但是，一个因美貌而爱某人的人，他爱她吗？不是；因为天花可以毁掉那个人的美貌而不令人丧命，于是就使他不再爱她了。

而且，如果有人因为我的判断力、我的记忆力而爱我，他们是在爱我吗？不是，因为我可以失去那些品质而不失去我本身。假如既不在体内，也不在灵魂中，自我到底在哪儿呢？这些品质会消失，所以不能构成自我，但是若不为这些品质，又怎么能爱身体或者灵魂呢？难道我们会抽象地爱一个人的灵魂的实质，而不管它里面有怎样的品质吗？这是不可能的，也将是不公正的。因此，我们从来就不爱人，而只是爱品质。

因此，我们别再嘲笑那些因为地位和官职而受到尊敬的人吧，因为我们爱一个人，仅仅是冲着那些借来的品质。

324.

民众的见解非常健全，例如：

一、选择消遣和狩猎而不选择诗歌。半吊子学者予以嘲笑，得意洋洋地指出世人在这一点上的愚蠢；但是处于一种他们琢磨不透的理由,在理的反而是民众。

二、比如以出身或者财富等外表来区别人物。世人仍然得意洋洋地指出这是多么不合理;但这是很合理的。食人肉的野蛮人鄙视皇帝。

三、受到侮辱就恼火,或是极度渴求光荣。但是,从与之相结合的其他根本益处来说,这就是非常可取的;一个人受到侮辱却不怀恨在心,一定是饱受鄙视而且迫不得已。

四、为不确定的东西而忙碌;驶向大海,在跳板上行走。

325.

蒙田错了。之所以按照习俗办事,只因为它是习俗,而不是因为它是合理的或者正义的;民众却出于他们认为是公正的这个唯一理由而这么做。否则他们就不会遵守它,哪怕它是习俗;因为人们只愿意服从理性或正义。缺少了理性或正义,习俗会被视为暴政;但是,理性与正义的作用并不比欢乐的王国更专横:它们是人类习以为常的原则。

因此,人们服从法律与习俗是件好事情,因为它们是法则;要让人们知道,其中没有任何真实的与公正的东西可以引入,我们并不了解这些东西,因此必须遵循已为人所接受的东西;靠了这种办法,我们永远不会脱离它们。可是民众不可能接受这种说教;正因为他们相信真理是可以找到的,而且真理就存在于法律和习俗之中;所以他们便相信这些,并拿出它们的古老性证明它们是真理(而不是它们唯一没有真理的权威)。于是,民众就服从法律和习俗;但是只要让他们看到它们是没有价值的,民众就会产生反感;从某个角度加以观察,这一切都可以看出来。

326.

非正义——对民众说法律不公正是一件危险的事;他们之所以遵守法律,就是因为他们认为法律是公正的。因此一定要同时告诉他们说,他们必须守法,因为它们是法律;正如他们必须服从上级一样。他们服从上级,并非因为上级是公正的,而是因为他们是上级。假如我们能把这一点说明白,让人们明白什么是公正的正确定义,一切叛乱行为就会得到制止。

327.

世人善于判断万物,因为他们处在天生的无知之中,而天生无知正是人类的真正处所。各门科学的两个极端是首尾相触的。一个极端是纯粹的天生无知,所有的人出生伊始就处在这种状态。另一个则是伟人们所到达的极端,他们涉猎人类能够知道的一切,结果发现自己什么都不懂,又回到他们出发起始时那个同样的无知;但这是一种渊博的无知,一种自知的无知。在这两个极端之间的人,他们摆脱了天生的无知,但没有能够到达另一个极端,他们有了一些学识的皮毛,自命不凡,冒充内行。这些人搅乱了世界,什么事情都判断不好。民众和智者构成了世界的行列;这些人鄙视这个世界,也被这个世界所鄙视。他们一切事物都判断不好,而世人却判断得很好。

328.

效果的理由——支持与反对的持续变换。

就这样,我们证明了人是虚浮的,因为他看重并非本质的事物;而且所有这些看法都被摧毁了。然后,我们又证明这些看法都是非常合理的,所有这些虚浮都有充分的理由,所以民众并不像人们所说的那么虚浮;这样我们又摧毁了那种摧毁了民众意见的意见。

但现在必须摧毁上面这个命题,并证明民众是虚浮的这个说法依然是正确的,尽管他们的意见可以是合理的;因为他们在真理所在之处没有感受到真理,而且把真理放在没有真理的地方,所以他们的意见总是非常错误的,而且又非常不合理。

329.

效果的理由——人的弱点是我们建立了那么多美妙事物的原因,比如善于吹笛子。

只因为我们的弱点才会出现弊端。

330.

国王的权力建立在理性和民众的愚蠢之上,更多地建立在愚蠢之上。世界上最伟大和最重要的事情竟然以弱点为基础,而且这个基础却又可靠得令人惊异;因为没有什么比这一点,比民众将是软弱的这一点更加可靠了。建立在健全理性上的东西,其实基础很不稳,例如对智慧的推崇。

331

我们只会想象柏拉图和亚里士多德穿着学究的大袍子。他们都是君子,也和别人一样,笑呵呵地跟自己的朋友在一起。当他们撰写《法律篇》和《政治学》自娱的时候,完全是当做一项娱乐来写的;那是他们一生中最缺少哲学味、最不严肃的一部分;最富有哲学味的部分是过单纯和恬静的生活。假如他们写政治文章,那就如同为疯人院制订规章;如果他们佯装就重大事件发表言论,也是因为他们知道听他们讲话的那些疯子觉得自己是国王或者皇帝。他们采纳他们的原则,以期抑制这些人的疯狂,尽量降低伤害。

332.

暴政就是那种普遍的、超越自己范畴的统治欲望。

强者、美貌、才子、信徒,不同的类型,各管自己的一方,不越界;但有时候他们会相遇,强者和美貌就会愚蠢地争斗,看谁是主宰;因为他们是不同类型的主宰。他们彼此相处不了,他们的错误在于企图一统天下。但是没有任何东西能做到这一点,连力量也做不到:在学者的王国里,它就什么也干不成;它只能掌控外在的行动。

暴政——下面这些说法是错误的、专横的:“我美丽,因此人们应该害怕我。我是强者,因此人们必定爱我。我……”

暴政就是希望以一种方式得到只有以另外一种方式才能得到的东西。我们对不同的优点尽不同的义务:对可爱的东西有义务爱慕,对力量有义务惧怕,对学问有义务信任。我们有必要尽这些义务;予以拒绝是不公正的,要求尽别的义务也是不公正的。因此,下面这种话也是错误和专横的:“他不是强者,所以我就不尊重他;他不聪明,我就不怕他。”

333

你从来没有见到过有些人,为了抱怨你小看他们,就向你列举许多有地位的人看重他们的例子吗?我是这样回答他们的:“你把博得这些人醉心的优点拿给我看,我也会看重你的。”

334.

效果的理由——欲念和力量是我们一切行动的根源:欲念

引起自愿的行动;强力造成不自愿的行动。

335.

效果的理由——因此,人人都处在幻觉中,这种说法是对的:虽然民众的意见是合乎道理的,但在他们的脑子里并不是这样,他们认为真理不得其所。他们的意见中的确有真理,但是没有到他们所认为的那种程度。因此我们必须尊重贵族,但并不是因为他们的出生真的优越,等等。

336.

效果的理由——我们必须保持内心的想法,用这种想法判断一切,但是说话要像老百姓那样。

337.

效果的理由——等级。民众尊敬出身高贵的人。一知半解的人鄙视他们,说什么出生高贵不是出于人品的高尚,而只是侥幸所致。有学问的人敬重他们,不是因为民众是这么想的,而是根据自己内心的想法。虔信者的热诚多于学问,尽管有学问的人对这些人表示尊敬,虔信者还是鄙视他们,因为他们是依据虔诚赋予他们的一种新的眼光来作判断的。但完美的基督徒则从另一种更高的眼光来敬重他们。就这样,根据人们所具备的眼光,赞成的和反对的意见相继出现。

第六章　哲学家

339.

我完全可以想象一个人没有手、没有脚、没有头(因为只是经验才告诉我们说,头比脚更必不可少)。但是我无法想象人没有思想:那就成了一块石头或者一头野兽了。

340.

算术机得出的结果,比动物所做出的一切更接近思想;但是它做不出一件事可以让我们说,它具有意志,就像动物那样。

341.

利昂古尔的梭鱼与青蛙的故事:它们总是那样做,从来不换方法,也不做其他任何显示精神的事情。

342.

在打猎的时候,在提醒同伴说猎物已经找到或者已经丢失的时候,假如一个动物靠思想做出它凭本能做到的事情,而且如果它靠思想说出它凭本能说出的话,那么它就会说一些对自己影响更大的事情，比方说："咬断这条伤着我的绳子，我自己够不着。"

343.

鹦鹉总是在擦嘴，尽管它是干净的。

344.

本能与理性，两种天性的标志。

345.

理性对我们的支配，远比主人专横；因为不服从主人，我们就会倒霉，不服从理智，我们就是傻瓜。

346.

思想造就了人的伟大。

347.

人只不过是一根芦苇，是自然界里最脆弱的东西；但他是一根会思想的芦苇。想压倒他，用不着整个宇宙都拿起武器；一团雾气、一滴水就足以致他死命了。然而，当宇宙压倒他的时候，人仍然比致他于死地的东西更高贵；因为他知道自己会死，知道宇宙对他所具备的优势，而宇宙对此却一无所知。

因此，我们的全部尊严就在于思想。我们必须通过思想，而不是通过我们无法填满的空间和时间来提升自己。因此，让我们努力，好好思想，这就是道德的准则。

348.

会思想的芦苇——我绝不应该从空间，而是从自己思想的规范中寻求我的尊严。占有土地再多，我也得不到更多的尊严。通过空间，宇宙囊括并吞没了我，我就像一粒原子；通过思想，我囊括了宇宙。

349.

灵魂的非物质性——哲学家驾驭了自己的激情，什么样的物质能做到这一点呢？

351.

灵魂有时触及的那些巨大的精神努力，是它把握不住的事物；它只是跳了上去，而不像跃上宝座永远坐定，只是瞬间而已。

352.

不应该从一个人所作的努力，而要从他的日常生活，来衡量他的美德能做些什么。

353.

我不欣赏过分的美德，比如过分的勇敢，除非我同时看到相反的美德也很突出，比如伊巴米农达斯，既有极端的勇敢又有极端的和善。否则的话，那就不是提高，而是堕落了。我们不因为走极端而显示出自己的伟大，而是要同时接触两端，并且把中间填满。

然而，从这个极端到那个极端也许只是灵魂的一次突然运动，而实际上它总是只在某一个点上，就像火把那样。那没关系,它至少显示了灵魂的活跃程度,假如没有显示灵魂的广度的话。

354.

人的天性并不总是前进,它是有进有退的。

发烧的时候,有时寒战,有时滚烫;寒战像滚烫一样显示出发烧高热的厉害。

人类历代的发明也是一样。总的说来,世上的仁慈和恶意也是一样。

355.

滔滔不绝的雄辩使人厌烦。

君主和国王有时候也玩耍。他们不总是坐在宝座上,他们在那儿感到无聊:庄严伟大,只有离开之后才能感觉到。什么事情持续久了,就会使人生厌;寒冷是可爱的,因为可以取暖。

自然是一步一步行动的,itus et reditus(有进有退)。它前进,返回,之后再前进一点,之后加倍地后退,之后又向前走得更远;如此类推。

海潮就是这样进退的,太阳似乎也是如此运行的。

356.

身体的营养是一点一点积累的。充足的营养但少量的食物。

357.

当我们想追随美德直到它的两个极端时,邪恶就出现了,它们从无限小那一面悄悄地潜入其难以察觉的道路;而在其无限大这方面,邪恶则是大量地出现,结果我们迷失在邪恶之中,再也看不到美德了。我们甚至责怪完美。

358.

人既不是天使,也不是禽兽;但不幸的是,欲当天使者反而成为禽兽。

359.

我们不依靠我们自身的力量来保持我们的美德,而是通过两种相反的邪恶的平衡作用,就像我们在两股反方向的飓风中保持直立那样。去除一种邪恶,我们就会倒向另一种。

360.

斯多噶派提出的主张是那么困难、那么虚浮。

斯多噶派断言:凡是没有高度智慧的人都是同样愚蠢和邪恶的,就像那些被两寸浅水淹死的人一样。

361.

至善。关于至善的争论——Ut sis contentus temetipso et ex te nascentibus bonis(但愿你可以满足于你自己以及出自于你的美好)。

这里有矛盾,因为他们最后主张自杀。啊! 多么幸福的生命,我们像摆脱瘟疫那样摆脱它。

365.

思想——人的全部的尊严就在于思想。

因此,就其本性而言,思想是一种惊奇和无与伦比的东西。

它一定有奇怪的缺陷才会被人蔑视;而它就是有缺陷,以至于没有什么比它更荒唐可笑了。因其本性,思想是多么伟大!而因为它的缺陷,思想变得多么低贱!

但是这样的思想是什么呢?它真愚蠢!

366.

这位人世间最高审判官的精神不是那么独立,还没有到可以不受周围任何噪音干扰的程度。防碍他思想,用不着炮声隆隆,风向标或是滑轮的声响就够了。如果它现在推理得不好,你也别惊讶;一只苍蝇在他的耳边嗡嗡叫,就足以让他无法作出正确的判断了。如果你希望他能发现真理,你就把那个动物赶走吧,它打败了他的理智,干扰了这个统领城镇和王国的强大智慧。多么爱开玩笑的神啊!

367.

苍蝇的威力:它们能赢得战斗,妨碍我们灵魂的行动,吃我们的肉体。

368.

有人说热不过是某些分子的运动,而光只不过是我们所感觉的反射的作用,我们听了之后都很惊讶。我的天!难道欢乐仅仅是精神在跳芭蕾舞吗?我们对它的看法截然不同啊!这些感觉和其他那些感觉看来相距那么遥远,以至于我们说,这些感觉与我们用来跟它们作对比的那些感觉是一样的!火的感觉,这种热影响我们的方式,与触觉、声音和光的接受完全不同。所有这些在我们看来都是神秘的,然而它们又像石头砸下来那样实实在在的。诚然,精神十分细小,它钻入毛孔会碰到其他神经，但被触碰的总归是神经。

369.

理性的一切运作都离不开记忆。

370.

偶然引发思想，偶然也夺去思想；没有保留或者获取思想的办法。

思想溜走了，我本想把它写下来；于是我现在就写，以免它从我这儿溜走。

371.

在我小的时候，我抱紧自己的书；因为有时候我觉得……我相信是抱住了书的，我怀疑……

372.

想写下自己的思想的时候，有时候却想不起来了；但是这使我回想起自己的弱点，我时刻都会遗忘的弱点；这件事对我的教育不亚于被遗忘的思想，因为我的目的只是认识自己的虚无。

373.

怀疑论——我将在这里漫无顺序地写下我的想法，也许不是一种无意的混乱：这是真正的顺序，它将永远通过无序本身来表明我的对象。假如我井然有序地处理它，就是过于抬举我的题目，因为我想表明它无法做到有序。

374.

最让我惊讶的，就是看到每个人都不为自己的弱点感到惊讶。人们认真地行动，每个人都服从自己的生存条件；不是因为服从自己的生存条件事实上有什么好处，那只是时尚而已，而是每个人似乎都确切地知道理性和正义在何处。他们不断地失望；可是出于一种可笑的谦卑，他们认为是自己错了，而不是错在他们向来声称拥有的办法上面。但是，世上这种人那么多也是好事，他们为了怀疑论的名声而不当怀疑论者，目的是要显示人类的确能具备最离奇的见解，因为他居然能够相信自己并不是处于这种自然的、不可避免的弱点中，反而相信自己处于自然的智慧之中。

最能巩固怀疑论的，莫过于有些人并非怀疑论者；假如人人都是怀疑论者，他们可能就错了。

375.

我一生中曾经长期相信存在正义，在这一点上我没有出错；因为按照上帝意愿给我们的启示来说，正义的确是有的。但是我并没有这样去理解，就在这上面我犯了错误；因为我原以为我们的正义本质上是公正的，我有办法了解它、判断它。但是我多少次都发现自己的正确判断出了错，最后我竟然不相信自己，之后也不相信别人了。我看见过所有的国家和人都在变化；因此，我对真正正义的判断发生过许多次的变化，我认识到我们的天性只不过是一连串的变化而已，而我从此却没有变化过；假如我有了变化，我就证实我的看法了。

怀疑论者阿赛西劳斯重新变成独断论者。

376.

这个派别的对手比它的友人更使其强大;因为人的弱点在不了解它的人那里比在了解它的人那里明显多了。

377.

谈论谦卑是高傲者的骄傲素材,是谦卑者的谦卑素材。因此谈论怀疑论,便是坚信者的坚信素材;很少有人以谦卑的态度谈论谦卑,以贞洁的口吻谈论贞洁,很少有人以怀疑的态度谈论怀疑论。我们只有谎言、表里不一和前后矛盾,我们向自己隐瞒、伪装自己。

378.

怀疑论——绝顶的聪明被斥为癫狂,如同极端的缺陷。只有中庸是好的。大多数人都确认了这一点,无论谁想在哪一端摆脱它,他们就会张口咬他。我在这方面不会固执己见,我很赞成人们把我放在中庸的位子,我拒绝居于末端,不是因为它低下,而是因为它处在末端;而我同样也拒绝把我放到高端上去。脱离中庸就是脱离人道。人类灵魂的伟大就在于懂得恪守中庸;因此,伟大远不在于脱离中庸,而在于不脱离中庸。

379.

过分自由不是一件好事。必需之物样样不缺,也不是什么好事。

380.

一切精湛的格言全都在世界上了,我们只是忘了应用。例如,为了保卫公共的利益应该不惜献出自己的生命,这一点我们并不怀疑;但是在宗教方面,却不是如此。

人与人之间存在不平等是必要的,这点是真的;但是承认这一点,就不仅为最严厉的统治,而且为最残暴的专制打开了大门。

放松一下精神是必要的,但是这就为放任无度打开了大门。

那么我们就来划一条界限吧。可事物是没有界限的:法律想给它们作出规定,可是精神无法忍受它。

381.

如果我们太年轻,我们就判断不好;年纪太大也一样。如果我们不深思,或者想得太多,我们就会偏执,就会难以自拔。如果作品完成之后马上作评判,我们受作品的影响还太重;如果搁置的时间太长,我们又进不去了。看画的距离太远或者太近也是如此;只有一个不容细分的点才是真正合适的地方:其余的不是太近,就是太远,不是太高,就是太低。在绘画艺术上,透视法决定了这个点的位置。可是在真理和道德方面,这个点由谁来定呢?

382.

当一切都在同样晃动的时候,表面上看就什么都不晃动,如同在一条船上那样。当人人都倾向恣意放荡的时候,那就没有人看起来好像是那样的。唯有停下来的人像一个固定的点,显示其他人的冲动。

383.

生活无节制者说生活井井有条的人背离了自然,而他们觉得自己是遵循自然的;正如坐在船里的人觉得岸上的人在动一样。无论哪边都这么说。必须有一个固定点才能作判断。港湾可以用来判断船上的人;但是在道德方面,我们能上哪儿找到港湾呢?

384.

矛盾是真理的不良标识:许多确凿的事物是矛盾的,而好多虚假的事物看不出矛盾。矛盾不是虚假的标识,没有矛盾也不是真理的标识。

385.

怀疑论——每件事物在这儿都是部分是真,部分是假的。实质的真理不是这样的;它是完全纯粹和完全真实的。这种混杂玷污了真理并且毁了真理。没有什么是纯粹真实的;因此没有任何东西是真实的,意思是指纯粹的真实。人们说,杀人真的是坏事;是的,因为我们非常清楚坏事和错误。但是人们说的好事是什么呢?是贞洁吗?我说不是,因为世界将会绝种。是婚姻吗?不是,节欲更好些。是不杀人吗?不是,因为天下大乱将是十分可怕的,而且恶人会杀死所有的好人。是杀人吗?不是,因为那会毁灭自然。我们只具有部分的真和善,其中掺杂着恶与假。

386.

如果我们每天夜里都梦见同一件事情,它就会使我们痛苦,如同我们天天目睹同样的物体一样。如果一个匠人肯定每晚能做十二个小时的梦,梦见自己是国王,那么我相信他差不多像一个每晚做十二小时的梦,梦见自己是匠人的国王一样幸福。

如果我们每天夜里都梦见身后有敌人追赶，并且被这些可怕的幽灵所折磨，或者我们每天白天都忙于各种不同的事，就像旅行时那样，那么我们的痛苦就像真有其事时差不多；我们会不敢睡觉，就像我们怕真的遇到这类不幸时不敢醒过来那样，而且实际上它会造成跟真实情况差不多一样的恶果。

但是，因为梦跟梦是不同的，而且同一个梦也变化多端，所以我们梦中看见的一切造成的影响，远比我们醒来时所见的小得多；这是因为梦有连续性的缘故，但也并非连续和平缓到绝不发生变化，只是不那么突然而已，除了极少数的时候，比如在我们旅行时；那时候我们会说："我觉得自己在做梦"；因为人生就是一场梦，一场不那么变化无常的梦。

387.

也许有一些真正的证明；但这又不能肯定。因此，这句话什么也没证明，除了证明一切都不肯定这句话并不可靠。给怀疑论增光。

388.

常识——他们被迫说："你们的行为没有善意，我们并没有睡觉，等等。"我多么希望看这种骄傲的理性受到羞辱，苦苦哀求啊！一个权利受到争夺，拿起武器奋力捍卫自己权利的人不该用这样的语言说话。他不能傻乎乎地说人们不依照善意来行事，而是应该用武力来惩罚这种恶意。

389.

《传道书》指出，人类没有上帝就会一无所知，而且不可避免地处在悲惨境地。因为心有余而力不足是可悲的。但是他希望得到幸福,把握某些真理;然而他既不能知道,也不能不想知道。他甚至不能怀疑。

390.

我的天哪！这些言论多么愚蠢！上帝创造世界是为了让它受罪吗？他对那么弱小的人们会索取那么多吗？等等。怀疑论是这种弊病的疗方,它可以打消这种虚浮。

391.

谈话——自命不凡的话:宗教,我否认它。

谈话——怀疑论为宗教效劳。

392.

反对怀疑论——(……因此这是一件怪事:我们不把这些事弄得模糊不清就下不了定义,而我们却颇有把握地在谈它们。)我们假设所有的人都以同样的方式理解它们;然而我们假定这一点却是毫无理由的,因为我们对此没有任何证据。我的确看到人们在同样的情况下都在使用这些字眼,而且每当有两个人看到一个物体改变位置的时候,他们两人就都以同样的字眼来表达对这同一个物体的看法,两个人都说它移动了;从这种一致的应用中,我们得出一种强烈的信念,即思想的一致性。但这一点却不能绝对地、最终地令人信服,尽管我们很可以打赌肯定这一点,因为我们知道,我们常常从不同的前提得出同样的结论。

这一点至少足以混淆问题。并不是说它绝对扑灭使我们确信这些事物的自然之光;学院派或许做肯定的打赌;但是它使自然之光变得昏暗,并且困扰独断论者,让怀疑论之徒感到荣光;

怀疑论就在于这种模棱两可的模糊，处于某种令人疑惑的晦涩中，我们的怀疑夺不走其中的全部光芒，而我们的天赋光明也驱散不了其中的全部黑暗。

393.

这事想想也挺有趣的：世上有些人抛弃了上帝和自然的全部法则，他们自立了法则并且严格地遵守，比如穆罕默德的兵士以及强盗、异教徒等等。逻辑学家也是这样。他们的放肆仿佛没有任何界限，也没有任何障碍，因为他们已经越过了那么多如此正当和如此神圣的界限和障碍。

394.

怀疑论者、斯多噶派、无神论者等的原则都是真实的。但他们的结论是错误的，因为相反的原则也是真实的。

395.

本能、理性——我们不能够证明，这种无能可以抵挡一切独断论。我们对真理有一种看法，这种看法可以抵挡一切怀疑论。

396.

有两样东西教人认识自己的全部天性：本能和经验。

397.

人的伟大之所以伟大，就在于他知道自己是可悲的。一棵树不知道自己是可悲的。

因此，知道（自己）可悲是一件可悲的事；然而知道人是可悲的，这就是伟大。

398.

所有这些悲惨本身就证明了人的伟大。那是伟大君主的悲惨,是一个被废黜的国王的悲惨。

399.

我们没有感觉就不会感到可悲 :一栋倒塌的房子不觉得可悲。只有人才会感到可悲。

400.

人的伟大——我们是如此看重人的灵魂,以至我们无法忍受灵魂受人蔑视,也无法忍受别的灵魂不尊重它;而人的最大幸福就在于这种尊重。

401.

光荣——牲畜不会互相赞赏。一匹马不会赞赏它的同伴;并不是说它们在比赛中彼此不竞争,而是说没有什么作用;因为到了马厩里,就是最迟钝、最蠢的马也不会把自己的燕麦分给另一匹的,而人类则希望别人对自己这么做。它们的美德自满自足。

402.

人的伟大甚至在于他的欲念。在于知道从中得出一套令人惊讶的规则,并且把它变成仁爱的形象。

403.

伟大——从欲念中提炼出一套如此美妙的秩序来,这样炫耀的原因标志着人类的伟大。

404.

人最低贱之处就在于追逐荣誉,但这一点又正是他出类拔萃的最大标志;因为无论他在世上拥有什么东西,享有多少健康和安逸的生活,如果没有受人尊重,他就不会满足。他尊崇人的理性,把它看得那么伟大,无论他在世上得到多大的优势,如果不能在别人的判断中也占上风,他就不会满足。那是世界上最美妙的地位,任何东西都不能使他放弃这种欲望;这是人心中最难磨灭的品质。

而那些最鄙视人,把人等同于禽兽的人们,他们也依然希望得到人的赞美与信仰,于是他们自己的感觉就使他们自相矛盾;因为他们的天性比一切都强,天性使他们相信人的伟大,甚于理性使他们相信人的卑鄙。

405.

矛盾——骄傲可以抵消所有的不幸。人类要么掩盖自己的不幸;要么以认识不幸为荣,假如他遇上了不幸。

406.

骄傲抵消并且带走一切不幸。这是一头怪兽,也是一种显然的迷茫。这个人从高位上跌落下来,在忐忑不安地找原来的位子。这是人人都在做的事情。让我们来看谁先找到它吧。

408.

作恶很容易,而且数量无穷;而善却几乎是独一无二的。然而某种类形的恶却很难发现,就像被人们称做善的东西一样难找；因此，人们就经常把那种特殊的恶当做善。灵魂必须非凡地伟大才能达到这种恶，达到善也必须如此。

409.

人的伟大——人的伟大是如此显而易见，甚至从他的不幸里可以看得出来。因为在动物那里是天性的东西，在人类这里我们称之为不幸；由此我们可以认为，人的天性现在既然跟动物相似，那么他就是从他曾经固有的、较好的天性堕落到此的。

因为，除了被废黜的国王之外，谁会因为自己不是国王而难过呢？保罗—哀米利乌斯不再担任执政官，有人看见他不高兴了吗？恰恰相反，每个人都觉得他很幸福地当过了执政官，因为他的处境就是不能一直当执政官。但是人们发现不再是国王的柏修斯非常难过，因为他的处境就是终身为王，他居然能继续活下去，人们都觉得奇怪。谁会因为自己只长一张嘴而难过呢？谁又会为自己只有一只眼睛而不难过？我们也许从未想过为没有长三只眼睛而难过，但如果一只眼睛都没有，那就怎么安慰都没有用了。

411.

我们的悲惨在打击我们，扼住我们的喉咙，尽管一切都历历在目，但我们有一种压抑不住的本能在引导我们向上。

412.

人内心的理智与激情之战。假如只有理智而没有激情……假如只有激情而没有理智……但是既然两者都有，就不会没有战争，与一方和平，只能与另一方打仗；因此他就永远是分裂的，跟自己做对。

413.

理智对激情的这场内战把向往和平的人分成两个派别。一派愿意放弃激情而成为神灵;另一派则愿意放弃理智而成为野兽。但是两派人都做不到这一点;于是理智就依然存在着,谴责激情的卑鄙和不公正,搅乱那些纵情者的安宁;激情也依然活跃在企图放弃它的那些人身上。

414.

人必定要疯狂,以至于不疯狂就等于另一种形式的疯狂。

415.

人的本性可以用两种方式来考察:一种根据他的目的,此时人就是伟大和无与伦比的;另一种根据数量,正如我们通过群体来判断马和狗的天性,看其奔跑和吼叫,这时候人就是卑鄙下流的。这两种方式让我们对人作出不同的评判,并在哲学家们中引起了那么多的争论。

因为一方否认另一方的假设;一方说:"人不是为那种目的而生的,因为他的所作所为都与之相反";另一方则说:"当他做出这些卑鄙行径时,他就背离了自己的目标。"

416.

致皇港修道院。

伟大与可悲——既然可悲是从伟大中推断出来的,而伟大是从可悲中推断出来的,一方就推导出可悲,因为他们拿伟大当做证据,而另一方则格外有力地推导出伟大,因为它来自可悲本身;一方所说的一切阐述伟大的东西,只不过是为另一方的可悲论提供论据;因为我们跌落的地方越高,就越可悲,而另一方则相反。在一场无休止的循环中,他们互相轮回:随着人们的不断启蒙,他们会发现人类既伟大又可悲。总之,人知道自己是可悲的,因此他是可悲的,因为他本来就是如此;但他确实是伟大的,因为他知道自己是可悲的。

417.

人的这种两重性是如此明显,以至于有人认为我们有两个灵魂。一个单独的主体在他们看来不会产生如此突然的变化,一会儿自负得过头,一会儿沮丧到极点。

418.

过多地让人看到自己与禽兽相差无几,不让他明白自己的伟大,那是危险的。使他过多地看到自己的伟大而看不到自己的卑鄙,那也是危险的。更危险的是让他对两者都不知道。然而让他了解两者,就非常有好处了。

不能让人认为自己等同于禽兽,或等同于天使,也不能让他对这两者都不了解,而是应该两者都明白。

419.

我不容许人依赖自己或者别人,目的是既然没有依靠又不得平静……

420.

如果人类抬高自己,我就贬低他;如果人类贬低自己,我就抬高他,永远和他对立,直到他明白自己是一个不可理喻的怪物。

421.

我要同样谴责那些决定赞扬人类的人，那些决定谴责人类的人，以及那些决定自娱自乐的人；我只能赞许那些一边悲泣一边寻求的人。

422.

由于徒劳地寻求真善而感到疲乏困顿是一件好事情，这样就能向救主伸出双臂。

423.

矛盾。在证明人的卑劣和伟大之后——让人重视自己的价值吧。让他爱自己吧，因为他身上有一种能够行善的天性；可是让他别出于这个理由而爱自己身上的卑劣。让他鄙视自己吧，因为这种能力是空的；但是让他不要因此就鄙视这种天生的能力。让他恨自己，让他爱自己，因为他的身上有认识真理和获得幸福的能力；但是他没有掌握真理，无论是恒定的真理，还是合乎需要的真理。

我因此要促使人渴望寻找真理，摆脱激情，准备随时追随一旦找到的真理，让他明白自己的知识深受激情的蒙蔽；我确实希望他憎恶在内心擅自作决定的欲念，这样欲念就不会使他盲目做出自己的选择，也不会在他做出选择之后阻碍他。

424.

所有这些矛盾，曾经看似最使我远离对宗教的认识，最先把我引向了真正的宗教。

第七章　道德和教理

425.

第二部。没有信仰,人就不能认识真善,也不能认识正义。人人都寻求幸福,这是没有例外的;无论他们使用的手段是如何不同,他们都是朝着这个目标。有些人走上战场,另一些人不去战场,都是由同样的愿望造成的;双方都有这种愿望,但是伴随的观点不同。若不是为了这个目标,意志就决不会迈出哪怕是最小的一步。这就是所有人,甚至包括那些上吊自尽者的全部行为的动机。

可是这么多年以来,没有信仰,就没有一个人到达了万众始终期盼的这一点。所有的人都在抱怨:君主、臣民,贵族、平民,老年人、青年人,强者、弱者,有学问的和无知的,健康的和生病的;所有国家、所有时代、各种年龄和各种境遇者。

一场如此长期、如此持续而又如此统一的考验,本应可以说服我们,凭借自身的努力,我们是无法达到善的;但是这个例子不能告诉我们什么。从来都没有哪一种相似能够完美到不存在某个细微差异的地步;因此我们期待着我们的期望在这次不会像以前那样受骗了。从而,既然当前从来都不能让我们满足,经验就捉弄我们，引导我们从不幸走到不幸，直到经验的永恒巅峰即死亡为止。

然而，这种渴求和无能向我们疾呼的又是什么呢？莫过于说人的内心曾经有过一种真正的幸福，而现在给人留下的仅仅是那种幸福标志和完全空洞的痕迹，人在徒劳地力求用自己周围的一切东西来充实它，想从并不存在的事物中寻求他在现存事物中得不到的帮助，但是这些东西无能为力，因为无限的深渊只能被一种无限和不变的物体填充，也就是说只有上帝本身才能填充。

只有上帝才是人类真正的善；自从人类背弃上帝以后，出现了一件怪事，那就是自然界中没有任何东西能够取代上帝的位置：星星、天空、大地、各种元素、植物、白菜、大葱、动物、昆虫、牛犊、蛇、热病、鼠疫、战争、饥荒、邪恶、通奸、乱伦。自从人类失去真善以来，一切都可能同样让他觉得美好，甚至是他自身的毁灭，尽管这是如此有悖于上帝，有悖于理性和整个自然。

有些人在权威中寻找善，其他人求之于好奇或求之于科学，还有人求之于淫逸。还有一些人事实上离它更近，他们认为所有人都在渴求的那种普遍的善，必须不是只有一个人才能拥有的任何具体的东西；具体的东西若是分享，它的享有者会因为缺少自己没有拥有的那部分而感到痛苦，那种痛苦超过属于他的那部分东西给他带来的满足。他们认识到，真善应该是所有人都能同时获得的，不会减少，没有嫉妒，任何人都无法违心地丧失它。他们的理由是，这种愿望是人天生就有的，因为每个人的心里必然有这样的愿望，没有这种愿望是不可能的，他们由此推论……

426.

既然真正的本性丧失了，一切都成了他的本性；既然真善丧失了，一切都成了他的真善。

427.

人类不知道该把自己放在什么位置上。他显然是迷了路，从自己真正的位置上跌下来，找不到原来的位置了。他们忧心忡忡地在深不可测的黑暗中到处寻找，一无所获。

428.

如果用自然来证明上帝是一种软弱的标志，那就别轻视《圣经》；如果认识到这些矛盾是一种力量的标志，那就应该尊重《圣经》。

429.

人类的卑劣，到了屈服于禽兽的地步，到了崇拜禽兽的地步。

430.

致皇港修道院（在解释不可理解性之后的开始）——人类的伟大与可悲是如此明显，因此真正的宗教就必须教导我们说：人心里有着伟大的某种起源，也有着可悲的某种起源。它必须给我们解释这些令人惊讶的矛盾。

为了让人幸福，它必须向人们昭示存在一个上帝；我们应该爱上帝；我们真正的幸福在于投入上帝的怀抱，我们唯一的罪孽就是脱离上帝；它应该承认我们的内心充满黑暗，妨碍我们去认识上帝和热爱上帝;我们的义务迫使我们要爱上帝,我们的欲念却又使我们背离上帝,因此我们充满了不义。它必须向我们解释我们为什么站在上帝的对立面,也站到了我们自身利益的对立面。它必须教导我们如何去医治这些软弱,告诉我们获得这些疗法的办法。让我们以此来审视世界上所有的宗教吧,看看除了基督教之外,还有没有一种别的宗教能满足这样的要求!

会不会是哲学家向我们提议,把我们自身的善当做全部的善?真善就在其中吗?他们找到治疗我们疾病的疗方了吗?把人置于与上帝相等的地位,就能治好人们的自负了吗?把我们等同于禽兽的那些人,把人间的欢乐作为全部的,甚至是在永恒中的善给了我们的那些回教徒,他们找到了医治我们欲念的药物吗?哪门宗教能教会我们治愈骄傲和欲念呢?到底有哪种宗教能教我们认识我们的善、我们的义务,使我们背离善和义务的软弱,产生这些脆弱性的原因,能够医治它们的药方以及获得药方的办法呢?

所有别的宗教都无法做到这些 。让我们来看上帝的智慧会做出什么吧!

它说:"不要从人那儿期待真理,也不要期待人们的慰藉。我就是造就了你们的那个真理,然后唯一告诉你们是谁的人。但是你们现在已经不是我当初造成你们时的那个样子了。我造就的人是神圣的、天真的、完美的,我让他充满光明和智慧;我把自己的光荣和奇迹传给了他。人的眼睛于是看见过上帝的庄严,他当时还没有陷入蒙蔽他的黑暗之中,也没有陷入令他痛苦的死亡和悲伤之中。然而他却担当不起如此伟大的荣耀而不沦为自傲。他想成为自己的中心,摆脱我的帮助。他逃避我的统辖;他渴望在自己身上寻求自己的福祉,与我平起平坐,于是我放弃他,任其自流;原来对他俯首听命的造物都起来反抗,我把它们变成他的敌人；以至于人类今天变得像禽兽了，而且离我如此遥远，造物主充其量只是他眼中仅存的一道微弱的光线；他的全部知识都已经消失、极度紊乱！感官独立于理性之外，经常成为理性的主人，引导他去追逐欢乐。一切造物要么折磨他，要么引诱他，凌驾于他之上，要么以强力征服他，要么以温柔迷惑他，这是更为可怕、更为专横的一种统治。

“这就是人类今天的状态。他们现在还残留着来自他们第一天性的某些虚弱的幸福本能，但是他们深陷因盲目和欲念引发的苦难，这已经成为他们的第二天性。

“根据我向你们揭示的这条原则，你们就能看出那么多矛盾的起因了；这些矛盾使人们震惊，并把他们分裂成观点如此纷纭的派别。现在你们就来观察一下那么多痛苦的考验都抑制不住的伟大和荣耀的全部运动吧，看看其中的原因是不是在另一种天性里。”

明天致皇港修道院（拟人法）——“人啊！你们在自己身上寻求医治你们苦难的良方，那是徒劳的。你们的全部智慧只能达到这么一个认识，那就是你们不会在你们自己身上找到真与善。哲学家们向你们许诺过这些，但是他们没有做到。他们既不知道你们真正的善是什么，也不知道你们真正的状态是怎样的。他们连你们得了什么病都不知道，又怎么开得出药方呢？你们最大的病就在于自傲，它使你们远离上帝，还有使你们依恋尘世的欲念；而除了至少拖延其中的一种病之外，他们别的什么都没干。如果他们让你们把上帝作为归宿，那只是为了挑起你们的高傲；他们让你们觉得，自己因天性而与上帝相似，与上帝吻合。而那些看出这种说法很荒唐的人，却又把你们推入另一个深渊；让你们知道你们的本性跟禽兽相似，并促使你们在动物天生就有的种种欲念里面去寻找你们的善。治愈你们行为不公的办法不在这里，那些智者并不了解这些不公。只有我才能让你们明白你们是谁，而……”

亚当，耶稣基督。

如果有人让你们与上帝结合，那是因为恩宠而非因为天性。如果有人贬低你们，那是因为忏悔而非因为天性。

因此这种双重的能力……

你们现在没有处在你们被创造时的状态。

这两种状态既然是公开的，你们就不可能认不出它们。跟随你们的行动吧；观察你们自己吧，看看你们是否能够发现这两种天性的活生生的特征。一个单一的主体中会存在这么多矛盾吗？

不可理解。并非所有不可理解的东西都不再存在。

无穷数。一个无限空间，等同于有限空间。

上帝与我们合一，这是难以置信的。这种想法只是看见我们卑贱之后得出来的。但是，如果你的看法的确是真诚的，那么就跟着它走下去，走得像我一样远；就请承认我们确实如此卑鄙，我们单凭自己是无法知道上帝的仁慈是否能让我们接受他的。因为我很想知道这种承认自己是那么软弱的动物，怎么会有权来衡量上帝的仁慈，并且听从自己幻想的提示，给它设置种种限制。他对于上帝是什么知道得那么少，以至于他也不知道自己是什么；目睹自己的状态之后，他慌了神，竟敢说上帝无法让他有能力与其沟通。

可是我倒想问问他，除了认识上帝从而热爱上帝之外，上帝向他提出过别的要求吗？既然人天生就有爱和认识的能力，为什么他会相信上帝无法让自己为他所认识和爱戴呢？毫无疑问，他至少知道自己是存在的，知道自己是有爱心的。因此，如果他在自己所处的蒙昧中理解了某些东西，如果他在人间万物中发现了某些可爱的对象；那么如果上帝给他透露一丝本体的光芒，他为什么就不能以上帝喜欢与我们沟通的方式来认识上帝和热爱上帝呢？所以，这类推理过程中一定含有一种令人难以忍受的傲慢，尽管这种推理看起来是建立在一种貌似恭谦的基础上，但它既不真诚，也不合理，假如它不能使我们承认：我们凭自己无法知道我们是什么，所以只有上帝才能告诉我们。

“我无意要你们把自己的信仰毫无理由地呈现给我，我不希望用专制来奴役你们。我也不自诩向你们解释一切。为了协调这些矛盾，我想以令人信服的证明，使你清楚地看到我身上的神圣的标志，它们会让你们相信我是什么，以你们无法拒绝的奇迹和证明为我带来权威；然后你们可以毫不犹豫地相信我教你们的那些东西，当你们也找不到别的理由来拒绝它们的时候，不然你自身无法辨别它们的真假。

“上帝愿意拯救人类，对希望得救的人们敞开拯救之门。但是人类使自己变得那样地不配得救，上帝拒绝拯救某些人也是有道理的，因为那些人冥顽不灵，上帝出于仁慈赐给别人的东西就拒绝给他们，这种仁慈并不是这些人应有的份。假如上帝有意打消那些死硬分子的顽固的话，他只要清晰地向他们展示自身，使得他们无法怀疑上帝真实存在，就能做到这一点了；就像世界末日将会显现的那样，电闪雷鸣，天翻地覆，死者将会复活，眼睛最瞎的人也会看见上帝。

“他无意以这种方式显圣降生；因为那么多人使自己不配得到神的仁慈，所以他就故意让他们丧失他们并不想要的那种善。因此，如果上帝以彰显神明的方式现身，绝对能说服所有的人，那就不公正了；但是，如果上帝以如此隐蔽的方式到来，使诚心追求他的人们也无法看到，那也是不公的。上帝确实愿意让自己被这些人很好地认识；这样，上帝既愿意公开显现在全心全意追求他的人面前，又要隐蔽起来，不让那些全心全意躲避他的人看见，从而调节了人们对他的认识，那些追求他的人会看到神的迹象，而不追求他的人则无法看见。那些一心渴望看见的人，眼前会有足够的光明；对于情绪相反者，则会有足够的黑暗。”

431.

别人无一认识到人是最卓越的造物。

有些人清楚地看到人类优越的真实性，把人类自然而然的自卑感视为怯懦和不知感恩；另一些人清楚地看到这种卑贱是多么确实，便以一种可笑的高傲来看待这些崇高的感情，对人类产生这些感情同样是十分自然的。

一些人说：“抬起你的眼睛仰望上帝吧；看看你与之类似的上帝吧，他创造你就是为了你崇拜他。你可以使自己变成他的模样；如果你愿意追求智慧，智慧就将使你与他等同。”艾比克泰德说：“抬起头来吧，自由的人们。”还有一些人则说：“低头看地面吧，你们这些可怜虫，看看你们与之为伍的禽兽吧。”

那么，人类会变成什么呢？他们将等同于上帝还是等同于禽兽？多么可怕的差别啊！那么，我们会成为什么呢？从这一切当中，谁还看不到人类已经迷途了呢？谁看不到人类已经从自己的位置上堕落，他们忧心忡忡地寻找这个位置，但再也不能找到了呢？谁能把他们引向那儿呢？最伟大的人都没能做到这一点。

432.

怀疑论是对的。因为说到底人类在耶稣基督之前不了解自己的处境，也不知道自己是伟大还是渺小的。而那些说这或者说那的人自己也不懂，只是毫无道理地随意瞎猜；甚至在排除这个或者那个猜测的时候,他们也总是在碰运气。

433.

理解了全部的人性之后——要让一门宗教成为真实的,它就必须认识我们的本性。它就应该知道人性的伟大与渺小,明白两者的原因所在。除了基督教,还有谁认识了我们的本性呢?

434.

怀疑论者的主要力量是(我撇开次要的不谈),在信仰与启示之外,我们丝毫都肯定不了这些原则是否真实,除了我们在自身自然地感受到的原则之外。然而,这种自然的感受并不能令人信服地证明那些原则的真实性,因为除了信仰,不能确定人类究竟是由一个善良的上帝,还是由一个凶恶的魔鬼所创造的,或者是出于偶然,所以根据我们的起源来说,我们得到的这些原则是真是假,或者是不确定的,都值得怀疑。还有,除了信仰之外,没有人能肯定自己是醒着还是睡着了;因为睡眠的时候,我们肯定自己是醒着的,就跟我们醒着的时候一样,我们相信看到了空间、形状和运动,我们感到时间流逝,我们计算着它;归根结底,我们的行为依然像醒着的时候一样。由于我们生命的一半在睡梦中度过,我们自己承认,不管真实如何展现在我们眼前,我们对它没有任何概念;既然我们的一切感受都是错觉,那么谁能知道,我们的另一半生命,即我们自以为醒着的那一半,不是与前一半稍有不同的另一场睡眠呢?上一场中,我们以为自己睡着了,其实醒着呢。

谁会怀疑,假如我们梦见与别人汇聚,碰巧这些梦时常又是一样的,醒过来的时候,我们却是单身一人,谁不相信事情被颠倒了呢?最后,由于我们常常梦见我们在做梦,梦上加梦,生活本身也是一场梦,其他的梦进入其中,我们到死才会从这场梦中醒过来,而在梦中,我们的真与善的原则与在自然睡眠中一样少;这些在我们脑海里翻腾的不同思想也许只是错觉,就如同时间的流逝和我们梦中的空洞幻想。

以上便是双方的主要论据。

我将省略一些次要的观点,比如怀疑论者反对习俗、教育、风尚、地域的印象以及诸如此类的言论;虽然这些东西左右着绝大部分只在肤浅的基础上做出独断的普通人,但是怀疑论者不费吹灰之力就能驳倒它们。假如我们还不全信,那么只要看看他们的书就行了,我们立刻会被说服,或许还嫌过了头。

我要谈谈独断论者唯一的强点,即出于善意和真诚,我们是无法怀疑自然的原则的。怀疑论者用一句话予以反驳,即我们起源的不确定性,其中包括我们天性的不确定性。只要世界存在,独断论者就必须回答这个异议。

这是一场人与人之间的公开战争,人人都必须投入这场战争,而且必定是要么站在独断论一边,要么站在怀疑论一边。因为谁想保持中立,谁就是典型的怀疑论者;而这种中立性就是怀疑论的本质:不反对他们的人就是在显著地拥护他们。他们的优势也显示在这里。他们不是为了自己,他们是中立的、冷漠的,对一切都置身局外,对自己也不例外。

在这种状况下,人应该做什么呢?他会怀疑一切吗?他是否会怀疑自己醒着?是否有人在掐他?是否有人用火烧?他是否要怀疑自己在怀疑?他是否怀疑自己存在?我们不可能走到这种地步;我也要指出,实际上从来都没有真正的怀疑论者。天性支撑着软弱的理性,并且不允许它胡言乱语到那种地步。

那么,他是否会反过来说,他当然掌握真理吗?但只要稍一追问,他拿不出任何这么说的理由,不得不松手放弃真理。

那么，人究竟是怎样的怪物？多么惊人、多么畸形、多么混乱、多么矛盾的主体，怎样的奇观啊！既是一切事物的审判官，又是软弱的蚯蚓；既是真理的托管人，又是不确定与谬误的阴沟；宇宙的光荣和糟粕！

谁来解开这团乱麻呢？自然驳倒了怀疑论者，理性让独断论者哑口无言。人啊，你们想通过你们天生的理性了解自己的真实处境，你们将变成什么样子呢？你们躲不过其中的一派，也不能在任何一派生存。

傲慢的人们啊，你们应该明白你们对自己如何的矛盾！无能的理性，请低下你的头；愚蠢的天性，请闭上你的嘴；你们要明白，人类无限地超越自己，从主人那儿去领悟你们现在还不了解的真实处境吧。聆听上帝吧。

因为归根结底，假如人类从未有堕落，那么他就会在纯真之中稳稳地既享有真理，又享有福祉；而假如人一向都是堕落的，那么他对真理、对赐福就不会有任何的概念。尽管我们是不幸的，而且假如我们的境况中不存在伟大就更为不幸，但是我们有一种幸福的概念，因为我们不能达到幸福；我们感受到真理的影子，而掌握的只有谎言；我们无法绝对地无知，又不能确切知晓，很明显，我们曾经达到某种完美的高度，但是不幸从中堕落下来。

但是最令人惊讶的事却是，我们最无法理解的那个谜，即原罪代代相传之谜，少了它，我们竟然不能对自己有丝毫的了解！毫无疑问，没有什么比这种说法更震撼我们的理性，说是最初的人的罪恶使得那些远离这一根源并且似乎不可能参与其中的人也有罪。这种相传在我们看来不仅是不可能的，甚至是非常不公正的；因为为了一桩看起来根本与之无关的，而且在他出生前六千年就犯下的一种罪恶而永恒地惩罚一个并无意志能力的婴儿,还有什么更加违反我们可悲的正义法则的呢?的确没有什么东西比这种教理更粗暴地刺激我们了;但是,没有这个最不可理喻的谜,我们理解不了自己。我们自身境况的这团症结在这个深渊里盘根错节,因此,这个谜对人是不可思议的,但是人没有这种谜就更不可思议。

由此看来,上帝想把我们自身理解不了的我们生存的难题抛给我们,所以把这个症结藏得太高,或者更确切地说是藏得太低,使我们根本不可能接触到它;因此,不是通过我们理性的高傲躁动,而是通过理性干脆的屈服,我们才能真正认识自身。

这样的基础坚实地建立在宗教不可侵犯的权威之上,让我们认识到信仰具有两条同样恒定的真理:一条是处在创造状态或者说神恩的状态时的人类,升华到万物之上,形同上帝,也具有上帝的神性;另一条是处在腐化与罪恶的状态时的人类,状态堕落,形同禽兽。

这两条命题是同样地可靠和扎实。《圣经》明确地向我们宣布过它们。

因此很显然,神恩按照上帝的模样创造了人,使之具有上帝的神性,没有神恩,人类必定类似于野兽。

435.

没有这份神圣的知识,人要么在内心对他们昔日的伟大所尚存的感情中自我升华,要么就是目睹他们如今的软弱而自甘堕落,除此之外,人类还能做什么呢?人看不到全部的真理,所以就不能达到完全的美德。一些人认为本性完美无瑕,另一些人则把它视为不可救药,于是他们就无法逃避骄傲或怠惰,而骄傲和怠惰则是一切邪恶的两大根源。因为他们只能要么由于怯懦而沉湎其中,要么因为骄傲而摆脱它。因为,如果他们知道人的优越性，那么他们就会无视人的腐化，结果他们是避免了怠惰，却落入高傲之中；而如果他们承认本性的弱点，他们就会看不到本性的尊严，结果他们虽然避免了虚荣，但同时坠入绝望之中。斯多噶派和伊壁鸠鲁派、独断派和学院派的各种派系就是由此产生的。

唯有基督的宗教才能治愈这两种邪恶，不是以世俗的智慧用一种邪恶驱逐另一种，而是以福音书的朴素道理把两者同时驱除。因为它告诉义人说，它可以提高他们直到具备神性本身，但是在这种崇高的状态下，他们仍然携带一切腐化的根源，他们一辈子都可能陷入错误、痛苦、死亡、罪恶。它又向最不虔敬的人宣告说，他们也能够得到他们救主的神恩。这样，就既使得它所释罪的人颤抖，又慰抚了遭到它谴责的那些人，于是它以人人共同的那种神恩与原罪的双重能力，如此恰当地以希望缓和了恐惧，从而使人谦卑，远远超过理性单枪匹马所能够做到的程度，但又不使人绝望；它使人升华，远远胜于天性的骄傲之所能，但又不使人骄傲自大。由此清楚地显示出，只有它才能免于错误与邪恶，所以只有它才能既教诲又矫正人类。

因此，谁能拒绝使人信仰和崇拜它们的那道来自天上的光明呢？我们在自身之中感受到优越性的不可磨灭的特征，这难道不比白日更加明白吗？我们每时每刻都在体验我们可悲处境的后果，这一点难道不也是同样真实吗？因此，这种混沌与可怕的混乱向我们宣布的，除了这两种状态的真理之外，还会有什么呢？它声音洪亮到了无法抗拒的程度。

436.

软弱性——人类的一切活动都是为了获得财富；但他们拿不出证书表明他们正当地拥有了财富，因为他们仅有人类的幻想，他们也没有力量可靠地守住财富。这与知识也是一样的，因为疾病会把它夺走。真与善是我们无法得到的。

437.

我们企盼真理，但在自己身上只找到不肯定性。

我们追求幸福，而我们找到的只是可悲与死亡。

我们不可能不企盼真理和幸福，然而却得不到肯定也得不到幸福。这种欲望被留在我们身上，既用来惩罚我们，同样也用来让我们感受自己堕落的地方。

438.

如果人不是为上帝而生的，为什么与上帝在一起时他才感到幸福呢？如果人是为上帝而生的，为什么他又与上帝如此对立呢？

439.

腐化了的天性——人不按照构成其存在的理性行事。

440.

理性的腐化可以从那么多不同和怪诞的习俗看出来。真理必须到来，才能使人不再蛰居于自身。

441.

就我而言，我承认当基督宗教一旦显示出这条原理，即人的本性已经腐化，已经从上帝那儿堕落下来时，它就打开了我的眼睛，到处都看到这个真理的迹象：因为人性就是这样的，它处处表明人在里里外外都远离上帝，处处显示一个腐化了的天性。

442.

人真正的本性、真正的善、真正的美德以及真正的宗教，就是那些对于它们的认知是互不可分的事物。

443.

伟大、可悲——我们所具备的光明愈多，我们在人身上发现的伟大和卑贱也就愈多。普通人；那些更高尚的人：哲学家，他们让普通人惊异；基督徒，他们让哲学家惊异。

因此，宗教只不过是使我们透彻地理解我们所认识的东西而已，因为我们具有更多的光明，谁会对此产生惊讶呢？

444.

人类以其最大的光明才认识的东西，这门宗教将之传授给它的孩子。

445.

原罪在人看来是荒谬的，但它就是这样被人接受的。因此，这种教理不合理性，你不能怪我，因为我也认为它是没有道理的。但是这种荒谬却比人类的全部智慧还要有智慧，sapientius est hominibus（要比人更有智慧）。因为假如没有这一点，我们会说人是什么呢？他的全部状态都有赖于这个细微的要点。既然它是一件违背理性的东西，既然人的理性非但不能以自己的方式构想它，而且在人们向它呈现这一点时躲避它，它怎么可能被人的理性所感知呢？

447.

我们能说，由于人们宣布过正义已经离开了大地，人们因此就认识了原罪吗？Nemo ante obitum beat us est（没有人在死前是幸福的）。这也就是说，他们知道永恒和真正的福祉是从死亡开始的吗？

448.

（米东）清楚地看到本性已经腐化，人类与诚实背道相驰；但是他不知道人为什么不能飞得更高一些。

449.

顺序——论述“腐化”之后说：“所有处于这种状态的人，无论是喜欢还是不喜欢它，都认识它，这是公正的；但是要人人都看到拯救却是不公正的。”

450.

如果我们不知道自己充满着傲慢、野心、贪欲、软弱、可悲和不义，那我们真是瞎了眼。但是如果我们知道这些却不希望得到解脱，那么对人还有什么可说的呢？

因此，除了尊重一门如此了解人类缺陷的宗教，除了渴望得到一种许诺如此诱人的良方的宗教真理，我们还能做什么呢？

451.

人人都天生互相仇恨。我们竭尽所能地利用贪欲，使它为公共福利服务；但这只不过是装假，是仁爱的假象，因为骨子里只有仇恨。

452.

怜悯不幸者与贪欲并不矛盾。恰恰相反,我们很高兴做出这种友爱的表示,获得仁善的名声,而没有任何付出。

453.

我们从贪欲中奠定并且提炼出美妙的政治、道德、正义的准则;但是从根本上说,人的邪恶根源只不过得到了遮盖,并没有被根除。

454.

非正义——除了伤害别人之外,他们还没有找到别的办法来满足自己的贪欲。

455.

自我是可恨的;而你,米东,你却在袒护它,你没有因此而除掉它;所以,你永远是可恨的。——不,因为像我们这样殷勤地为大家效劳的时候,别人就不再有恨我们的理由了。——的确如此,假如我们只恨自我中给我们带来的烦恼的话。但是如果我恨它,是因为它是不公正的,是因为它使自己成为一切的中心,那么我就会一直恨下去。

总之,自我有两个特征:它自身是不公正的,因为它使自己成为一切的中心;它对别人是不利的,因为它想奴役他们:因为每一个自我都是其他所有人的敌人,都想成为其他所有人的暴君。你拿走了它的不利,却没有拿走它的不公正。因此你不能使那些恨它不公正的人喜欢它,使它只在不义之人面前是可爱的,他们在里面看不到自己的敌人了。因此你始终是不公正的,你只能使不义之人高兴。

456.

倘若无人不把自己置于一切世人之上,无人不爱自己的财富,无人不爱自己的好运以及生命的延续,甚于其余世人的幸福与生命的延续,那将是何等的判断失常啊!

457.

每个人都是他自己的一切,因为他一死,一切对于他就都死了。每个人因此都相信自己是所有人的一切。我们不可以根据自己来判断天性,而是要根据天性。

458.

"世上的一切都是肉体的贪欲,或者是眼睛的贪欲,或者是生命的骄傲。"被这三条火焰之河所点燃而非被它们灌溉的这个遭到天谴的大地是多么不幸啊!那些站在岸边没有被河水淹没,没有被冲走而是岿然不动的人有福了,他们没有站着,而是坐在一个低矮可靠的基座上,他们不在光明之前起身,而是在宁静地休息之后,向那个必定会提高他们的人伸出手去,他会让他们站起来,稳稳地站在圣耶路撒冷的门廊下,在那儿,自傲再也不能攻击他们或把他们打垮;但是他们会哭泣,不是由于看到所有易毁的东西被湍流冲走,而是因为回想起他们可爱的故土,回忆起神圣的耶路撒冷,他们在漫长的流放生活中不断回想的那片圣地!

459.

巴比伦的河水流淌,奔流直下,席卷而去。啊!圣锡安山,在那里一切都稳如磐石,没有任何东西会掉落。

必须坐在河上,不是在河下或者在河中,而是在河上;不是站着,而是坐着;坐下来才谦卑,在河上才安全。但是我们将站在耶路撒冷的门廊下。

让我们看看这样的欢乐是稳定的还是易逝的吧;假如它流逝,那就是巴比伦的河水。

460.

肉体的贪欲、眼睛的贪欲、骄傲等——事物有三个等级:肉体、精神、意志。肉欲者是富人和国王:他们把肉体当做目标。好奇者和学者:他们把精神当做目标。智者:他们以正义为目标。

上帝应该统辖一切,一切都应该复归于上帝。肉欲的事情必然由欲念统辖;精神方面必然由好奇心统辖;智慧方面必然由骄傲统辖。并不是说我们不能以财富或者以知识为荣,而是说那不是适合骄傲的地方;因为承认一个人有学问,我们就不容易让他明白骄傲是错误的。适合骄傲的地方就是智慧;因为我们不能说一个人是自己让自己有智慧的,也不能说他引以为荣是错误的;因为那是正当的。只有上帝才能给予智慧;因此 Qui gloriatur, in Domino glorietur(以己为荣者在上帝之中以己为荣)。

461.

三种贪欲形成了三种派别,而哲学家无非追随这三种贪欲中的一种罢了。

462.

探求真正的善——普通人把善放在运气和身外的财富上,

或者至少放在消遣中。哲学家指出了这一切的虚妄,把它放在在他们力所能及的地方。

463.

反对只信上帝而不信耶稣基督的哲学家。

哲学家——他们相信只有上帝才值得爱慕,但又希望自己得到人们的爱戴和仰慕;他们不知道自己已经腐化。如果他们感到自己充满了爱戴和崇拜上帝的感情,并从中得到了莫大的欢乐,觉得自己很不错,那也很好!但是,如果他们发现自己与上帝格格不入,如果他们唯一的嗜好在于受到别人的尊重,如果他们全部的完美只在于让别人在爱戴他们的时候感到幸福,虽然没有强迫他人,那么我就要说,这种完美是可怕的。什么!他们认识上帝,可是却不是一心希望人们爱上帝,反倒希望人们在他们面前止步!他们希望自己成为人们自愿幸福的目标!

464.

哲学家——我们身上充满着将我们抛到外面去的东西。

我们的本能让我们感到必须在自身之外寻找幸福。我们的激情把我们推向外边,即使没有出现什么对象来刺激它们。外部对象本身就在引诱我们,召唤我们,哪怕我们不去想它们。所以尽管哲学家说:"隐归自身吧,你们将在那儿找到自己的福祉";我们并不相信他们的话,而那些相信他们的人就是最空虚和愚蠢的。

465.

斯多噶派说:"隐归自身吧!你们会在那里找到自己的安宁。"但实际并非如此。

还有一些人说:“摆脱自身吧!在消遣中寻找幸福。”而这也不是真的,疾病接踵而至。

幸福既不在我们身外,也不在我们身内;它在上帝那里,既在我们身外,又在我们身内。

469.

我觉得我可以没有存在过,因为自我是由我的思想构成的;因此这个正在思想的自我可以并不存在,假如我母亲在我出生以前就被杀死了;因此我不是一个必然的存在物。我既不是那么永恒,也不是那么无限;但是我清楚地知道,自然中有一个必然的、永恒的与无限的存在物。

470.

有人说:“假如我看见奇迹,我就会皈依。”他们怎么能肯定会做自己不了解的事情呢?他们想象这种皈依就在于崇拜上帝,如同他们想象中的一种交往或一番谈话那样。然而真正的皈依在于要在这位万有存在者的面前毁灭我们自己,我们不断激怒万有存在者,而他可以在任何时刻名正言顺地毁灭我们;在于承认没有他,我们就什么也做不成,在他那儿,我们只配失宠。皈依就在于明白,在上帝与我们之间,存在一种不可克服的对立,如果没有一个中间人,就不会有任何沟通。

471.

人们依恋我是不正当的,尽管他们喜欢这样做而且出于自愿。我在那些人心中激起了这种欲望,我可能会使他们失望,因为我不是任何人的人生目标,我也没有任何东西去满足他们。我不是会死吗?因此他们依恋的对象也会死去。所以,假如我使人相信一种谬误，就是我的过错，尽管我是在耐心地说服人，尽管人们乐意相信它，尽管这样我也感到高兴，如果我让别人爱戴我，而且让别人依恋我，那么我也是有罪的。我应该提醒那些准备赞同谎言的人，让他们不要相信谎言，无论谎言会给我带来什么样的好处；同样，他们也不该依恋我，因为他们应该把自己的生命和精力用来取悦上帝或者寻找上帝。

472.

意志本身永远不会满足，即使它能掌握自己希望的一切；然而一旦放弃它，我们立刻就满足了。没有它，我们就不可能不满意；有了它，我们不可能会满意。

473.

让我们想象一个全身肢体都能思想的躯体吧。

474.

肢体。由此开始——为了调理我们对于自己应有的爱，我们必须想象一个全身肢体都能思想的躯体，因为我们是一个整体的各个部分，并且必须看看每个肢体应该怎样爱自己，等等……

475.

如果脚和手都有它们自己的意志，那么它们只能让这种特殊意志服从于统治全身的总体意志，不然就永无安身之所。反之，它们会陷入无序和不幸之中；但是在一心考虑全身利益时，它们也成就了自己的利益。

476.

必须只爱上帝,只恨自己。

如果脚一直不知道自己属于整个躯体,不知道存在一个自己必须依赖的躯体,如果它原先只知道自己、只爱自己,后来终于懂得自己属于一个自己赖以生存的整体;那么它对过去的生活会感到莫大的遗憾、无比的惭愧!因为自己对给它注入生命的躯体毫无贡献,如果这个躯体将它抛弃,与它脱离,就像它使自己与躯体脱离那样,它就会被毁掉。为了留在躯体中,要做多少祈祷啊!应该以何等的驯服听从那个统辖躯体的意志啊!乃至在必要时同意自己被切除!否则会丧失自己作为肢体的意义;因为每个肢体都必须甘愿为躯体而献身,一切都为了这个唯一的整体而存在。

477.

认为我们配得上别人爱戴是错误的,我们希望别人爱戴也是不公正的。如果我们生来就有理性而且是无私的,理解自己也理解别人,那么我们就不会把这种念头塞进我们的意志。然而我们天生就有这种念头,所以我们生来就是不公正的,因为一切都向着自己。而这是与所有的秩序对立的:我们应该考虑普遍的东西;考虑自我乃是一切无序的起源,政治的、经济的,在个人体内也是如此。因此意志堕落了。

假如自然的或民众共同体的成员倾向于全体的利益,那么这些共同体本身就应该倾向于另一个更普遍的、自己是其中一员的整体。因此我们必须考虑普遍的整体。所以说我们天生就是不公正和堕落的。

478.

当我们想思考上帝的时候，难道没有东西会转移我们的思路，引诱我们去想别的吗？这一切都是坏东西，而且是我们天生就有的。

479.

如果有一个上帝，我们就只能爱这个上帝，而不是那些稍纵即逝的造物。《智慧书》中不信神者的推论都只建立在不存在上帝的基础上。他说："确定这一点之后，那就让我们从造物中得到快乐吧。"这是最糟糕的情况。但是如果存在可以爱戴的上帝的话，他们就不会得出这种结论，而是恰恰相反了。这儿是智者的结论："存在上帝，因此我们就别在造物那里取乐吧。"

因此一切激发我们依恋于造物的东西都是坏的；因为假如我们认识上帝，它们会妨碍我们侍奉上帝，或者假如我们不认识上帝，它们会妨碍我们寻求上帝。可是我们充满了贪欲，因此我们充满了恶；因此我们应该恨自己，恨任何怂恿我们去依恋除了唯一的上帝之外的任何目标的东西。

480.

为了让肢体们能够幸福，它们必须有一个意志，并使这个意志服从躯体。

481.

拉西第蒙人以及其他一些民族慷慨赴死的先例很难打动我们。因为它给我们带来什么呢？但是殉道者赴死的先例却使我们感动，因为他们是"我们的肢体"。我们与他们有一根共同的纽带:他们的坚毅可以造就我们的坚毅,不仅仅是以他们为榜样,而是他们的坚毅也许值得我们效仿。异教徒的先例中丝毫没有这种东西,我们和他们毫无关联;就像我们不会看见一个陌生人很富有,自己就会变得富有,但看见自己的父亲或丈夫富有,自己才会富有一样。

482.

道德——上帝开天辟地,而天地并不感到自身存在的幸福,于是上帝想要创造能够认识它,又能用思想的肢体构成躯体的那种生命。因为我们的肢体并不能感到它们结合的幸福,它们之间令人赞美的和谐的幸福,大自然给它们注入活力,使之成长与延续的那份心意的幸福。假如它们感受到这一点,假如它们看到这一点,它们将多么幸福啊!但是要做到这些,它们必须和谐相处去认识它,并且有善意去接受统领全身的灵魂的善意。但是假如获得知识之后,却被他们用来把食粮留给自己,不愿意传给别的肢体,那么它们不仅是不公正的,而且还是可悲的,与其说在爱自己倒不如说是仇恨自己了;因为他们的福祉,正如他们的责任一样,在于接受整个灵魂的行动,他们属于这整个灵魂,而且这个灵魂爱它们,超过它们对自己的爱。

483.

作为肢体,只有通过整体的精神而且只有为了整体,它才有生命、存在和运动。

分离的肢体由于看不到自己所属的整体,就只有一种正在消逝和垂死的存在。然而它相信自己是一个整体,由于看不见自己所依赖的整体,它就认为它只依赖自己,希望让自己成为中心和整体。但是由于它自身没有生命的原则,便迷失方向,对自身存在的不确定性感到惊讶，因为它确实感到自己不是整体，可是又看不出自己是某个整体的一部分。最后，当他终于认识了自己，就如同回到自己的家，从此只为了整体才爱自身。他悔恨自己以往的迷茫。

出于本性，它无法爱任何别的东西，除非是为了自己并且使之屈服于自己，因为每一样东西爱自己都胜过爱别的一切。但是在爱整体的时候，它也是在爱自身；因为它只有在整体中、通过整体并且为了整体才能生存。

躯体是爱手的；如果手有意志，它就应该以同样的方式爱自己，就像灵魂爱它那样。任何越界的爱都是不公正的。

我们爱自己，因为我们是耶稣基督的手足。我们爱耶稣基督，因为他是我们作为其手足的躯体。万物归一，一融于万物，就像三位一体那样。

484.

两条法律（即热爱上帝和热爱他人）就足以管理整个基督之城了，胜过任何政治法律。

485.

因此，真正和唯一的美德就是恨自己（我们因贪欲而可恨），并且寻找一个真正可爱的存在者去爱。但是，由于我们不能爱自身以外的东西，所以我们必须爱一个在我们身上，又不能是我们自己的存在。这对于人类中的每一个人来说都是这样的。于是，就只有那位万有的存在者才具有这种特点。上帝的王国就在我们身上；万有的善就在我们身上，它是我们自身，又不是我们自身。

486.

在天真时代，人的尊严在于利用和支配造物，而今天则在于使自己与造物分离、向造物屈服。

487.

在信仰方面不把上帝当做万物的起源来崇拜，在道德方面不把唯一的上帝当做万物的目标来热爱，这样的宗教便是虚假的。

488.

……但是，如果上帝不是万物的起源，就绝不可能成为一切的终结。我们举目仰望，但脚下踩的却是流沙；大地将塌陷，我们眼望天空而跌倒。

489.

如果万物只有一个起源，万物也就有只有一个终结；一切都经过他，一切都为了他。因此，真正的宗教就必须教导我们只崇拜他，只热爱他。可是既然我们无法崇拜自己所不认识的或者热爱我们自己身外的其他东西，告诉我们这些责任的那门宗教，也应该把这种无能告诉我们，并且教会我们如何补救。它告诉我们说，由于一个人，一切都堕落了，上帝与我们之间的联系破裂了；通过一个人，联系又修复了。

我们生来就违逆这种上帝之爱，而这种爱又是极为必要的，因此我们必定天生就有罪，否则，就是上帝不公正了。

490.

人类没有培养优点的习惯，而只是在发现优点已经形成之后才加以报偿，因此就凭自身来判断上帝。

491.

真正的宗教必须以要求爱上帝为其特征。这是相当公正的，但是别的宗教无一要求过这一点，而我们的宗教做到了。它还必须认识到我们的贪欲和无能，我们的宗教做到了。它必须提出应对的办法，祈祷便是其中一种。没有哪一门宗教曾要求人们热爱上帝、追随上帝。

492.

谁不恨自己身上的自尊心，谁不恨那种怂恿自己以上帝自居的本能，谁就的确盲目了。谁不明白任何东西都没有如此违背公正和真理呢？说我们该当如此是错误的；而且要做到这一点是不公平，也是不可能的，因为人人都欲求同样的东西。因此，这是明显的不公正，我们生于其中，我们摆脱不了，但又必须摆脱它。

然而没有哪一门宗教指出那是一种罪孽，或者指出我们生在罪孽之中，或者指出我们有责任抵制它，或者想到向我们提供补救良方。

493.

真正的宗教会把我们的责任、我们的软弱（即骄傲与贪欲），以及补救的办法（即谦卑、苦修）都告诉我们。

494.

真正的宗教必须说明什么是伟大、什么是可悲。必须教人尊敬和鄙视自我，教人去爱、去恨。

495.

如果人活着而不去探求自己是什么，那是一种不可思议的盲目；信仰上帝的同时又过着罪恶的生活，那是一种可怕的盲目。

496.

经验让我们看到虔敬与善良之间的巨大差别。

497.

反对那些信赖上帝的仁慈却又懒懒散散、不行善事的人——既然骄傲与懒惰是我们罪孽的两大根源，上帝就向我们显示自身的两种品质予以矫正：他的仁慈和他的公正。公正适用于打击骄傲，无论我们的工作是多么神圣；仁慈用以克服懒散，勉励多做善事，根据下面这段话："上帝的仁慈促使人忏悔"，还有尼尼微人的那段话："我们忏悔吧，看看他或许会可怜我们。"因此仁慈远不是允许我们懈怠，仁慈是严厉打击懒散的那种特质；因此，我们不要说："如果上帝身上没有仁慈，那我们就必须竭尽努力以求美德"，而是要这么说，因为上帝有仁慈，所以我们必须尽一切努力。

498.

进入虔敬确实是艰难的。但是这种艰难并非源自开始在我们内心出现的虔敬,而是来自内心依然存在的不虔敬。如果我们的感官不抵制悔改,如果我们的腐化不反对上帝的纯洁,那么其中就没有任何让我们痛苦的东西了。当我们天生的邪恶抗拒超自然的神恩的时候,我们才受苦;自己的心被对立的较量所撕裂;然而把这样的暴力归咎于召唤我们的上帝,而不是这个拖累我们的世界,那就很不公正了。这就如同一个被母亲从窃贼手里夺回来的孩子,受痛苦的孩子应该爱母亲那种挚爱而正当的暴力,她把自由给了他,而只应该憎恨那些无理扣留他的人的专横的暴力。上帝对人此生所能发动的最残酷的战争,莫过于扔下他们,不打这场他前来发动的战争。"我是送战争来的,"他说道,为了告知这场战争:"我是带着剑与火来的。"在他之前,世界生活在这种虚假的和平中。

502.

亚伯拉罕不为自己获取任何东西,而只是为了他的仆人;因此义人不为自己获取世上的任何东西,也不博取世人的喝彩,而只为了自己的激情,他主宰着激情,他对其中一种说"去吧",对另一种说"来吧"。贪婪、嫉妒、愤怒,这些激情在如此驾驭之下便成为美德,甚至上帝也会给自己分配一些;它们像宽厚、怜悯、坚贞一样,是激情,也是美德。必须像对待奴隶一样地使用它们,把食物留给它们,但防止灵魂摄入;因为当激情成为主人的时候,它们就是罪恶,它们会把自己的食物送给灵魂,灵魂以此充饥,结果会中毒。

505.

一切都可以致我们于死地,甚至是那些为服务我们而造的东西;比如在自然界,墙壁可以压死我们,楼梯可以摔死我们,假如我们行走不正的话。

再小的运动都会影响到全部的自然；整个大海会因一块石头发生变化。就这样，在神恩之中，再小的行动也会以其后果而影响到一切。因此，一切都是重要的。

在每一个行动中，除了行动本身，我们还必须观察我们目前、过去和将来的状态，以及该行动涉及的其他情况，必须看出所有这些事物之间的联系。这时候，我们就会格外小心了。

506.

但愿上帝不把我们的罪孽归咎于我们，也就是说，我们的罪孽造成的全部影响和后果；其中最不起眼的过错，如果我们想毫不留情地追究下去的话，都是极其可怕的。

508.

使人变成圣贤，一定需要有神恩；对此怀疑者不知何为圣贤、何为人。

509.

哲学家——冲着一个不了解自己的人喊道，他应该自己去寻找上帝，这是一件好事！向一个了解自己的人说同样的话，也是一件好事！

510.

人不配上帝，但人并非不能使自己配得上上帝。

上帝不值得把自己与可悲的人结合在一起，然而上帝把人从可悲中拯救出来却不是不值得的。

511.

尽管我们想说,人类太渺小了,不配与上帝沟通,但是做出这样的判断就一定是相当伟大了。

512.

按照他(指笛卡尔)的术语,它全都是耶稣基督的身体,但又不能说它是耶稣基督全部的身体。两个事物相结合但没有发生变化,我们就不能说一个变成了另一个;因此,灵魂与身体结合,火与木材结合,都没有发生变化。然而,要让一个事物的形式变成另一个事物的形式,就需要发生变化;圣子与人类的结合就是如此。

因为我的身体没有我的灵魂就不能构成一个人的躯体;因此,我的灵魂无论与什么物质结合都能造就我的身体。它不去区别必要条件与充分条件:结合是必要的,但不是充分的。左臂并不是右臂。不可穿透性是物体的一种特性。

按照同一时间的观点,数目的同一性要求物质的同一性。因此,如果上帝把我的灵魂与一个在中国的躯体结合,那么这同一个躯体就会在中国。在这儿流淌的同一条河水,与同一个时间在中国流淌的那条河水是数目相同的。

513.

为什么上帝设立祈祷呢?

一、为了把因果关系的尊严传授给他的造物。

二、为了告诉我们,我们的德行来自何方。

三、为了使我们通过劳动而配得上其他的德行。

然而为了保持自己的卓越地位,他只让自己喜欢的人祈祷。

反驳:但是我们相信,祈祷出自我们自己的决定。

这种说法是荒谬的;因为,既然我们有了信仰就不能有德行,那么我们怎么会有信仰呢?难道背信与信仰之间的距离,不大于信仰与德行之间的距离吗?

上帝只根据自己的允诺给予。他允诺过把公正赐给祈祷,他从来没有只允许上帝的选民祈祷。

圣奥古斯丁明确说过,义人将被剥夺力量。但这话是偶然说出来的,因为说这话的时机有可能不出现。但是他的原则却让我们看到,一旦时机出现,他不可能不说这话,也不可能说任何相反的话。因此,与其说因为有机会,他就这样说了,还不如说机会来临时,他不得不这样说;一种属于必然,另一种则出自偶然。然而我们所能要求的也就只有这两者了。

514.

"心怀敬畏地拯救灵魂吧。"

神恩的证明:你们祈求,就给你们。因此,我们就有权力索求吗?恰恰相反。因此,它不在我们的权力之内,因为获得在我们的权力之内,而祈求获得并不在我们的权力之内。既然得救不在我们的权力之内,而获得在我们的权力之内,所以祈祷就不在我们的权力之内。

因此,义人就不应该再寄希望于上帝,因为他不应该希望,而应该努力去获得自己所要求的东西。

517.

安慰你自己吧:你不应该在自己身上期待它,而是相反,应该在对自己毫无期待中期待它。

518.

按照圣书，对每一种状况，甚至连殉道者，都要畏惧。

炼狱中最大的痛苦就在于最后审判的不确定性。

隐蔽的上帝。

519.

信徒与真正的信徒之间是有很大差别的。告诉他们说真理会让他们自由，我们就能识别他们；因为假如他们回答说，他们是自由的，而且他们靠自己就能摆脱魔鬼的奴役，这样的人确实是信徒，但不是真正的信徒。

520.

法律没有摧毁天性，而是教导了天性；神恩没有摧毁法律，而是让它得到了运用。受洗得到的信仰是基督徒与皈依者全部生命的来源。

521.

神恩将永远存在于世——天性也是如此——它在某种程度上是天然的。所以就永远会有皮拉基派，永远会有天主教派，永远会有斗争；因为初次出生造就了前者，而再次诞生的神恩造就了后者。

522.

法律迫使人们去做法律没有给予的。神恩给予人们它所责成的。

523.

一切的信仰都在于耶稣基督和亚当;一切的道德都在于贪欲和神恩。

524.

没有什么学说比这种学说更适于人类了:它使人知道自己具有接受和丧失神恩的双重能力,因为人始终暴露在绝望与骄傲的双重危险之下。

525.

哲学家没有规定与两种状态相称的感觉。

他们激发起纯粹崇高的情绪,但那不是人的状态。

他们激发起纯粹卑贱的情绪,但那不是人的状态。

必须有卑贱的情绪,不是来自天性,而是出自悔罪;不是为了沉溺其中,而是为了走向崇高。必须有崇高的情绪,不是来自成就,而是出自神恩,而且是在经历了卑贱之后。

526.

可悲引起绝望,骄傲令人自负。天主降生让人看到了他的痛苦之深,因为需要如此的猛药。

527.

认识上帝而不知道自己的可悲,这会导致骄傲。看到自己的可悲而不认识上帝,这会造成绝望。认识耶稣基督则形成一种折中,因为我们在那里既找到了上帝,又看到了自己的可悲。

528.

耶稣基督是一位我们接近他而不骄傲，对他谦卑而不绝望的神。

529.

……没有一种堕落会使我们不能行善，也没有一种圣洁能免除我们作恶。

530.

有一天，一个人对我说，做完忏悔后，他感到莫大的快乐和信心。另一个人告诉我说，他仍然心存恐惧。于是我就想，这两个人结合起来会是一个完美的人，他们两人都有缺失，缺少对方的感觉。在别的事情上，往往也会出现同样的情况。

532.

《圣经》中有许多段落，可以安慰一切状况，也可以警告一切状况。

天性似乎也通过它的两种无限，即自然的无限与道德的无限，做了同样的事情：因为我们总有高与低、聪明与愚笨、高贵与低贱之分，从而打压我们的骄傲，改善我们的低贱。

534.

只有两种人：一种是义人，他们相信自己是罪人；另一种是罪人，他们相信自己是义人。

535.

我们要深深感激那些揭短者,因为他们在折磨我们;他们告诉我们说,我们受人鄙视;他们不能防止我们以后不被人鄙视,因为我们还有许多别的短处招人鄙视。他们只是在做准备,让我们纠正和克服弊病 。

536.

人就是这样:反复地告诉他,说他是个傻瓜,他就会相信;反复不断跟自己这么说,自己也会信以为真。因为人会在心里跟自己单独交谈,重要的是很好地加以调节。我们必须尽可能地保持沉默,并且只能自己谈论上帝,我们知道他是真理,这样我们就能说服自己相信真理。

537.

基督教真是奇怪。它命令人认识自己是邪恶的,甚至是可憎的,但又命令人期望向上帝看齐。没有这样一种平衡,这种升华会使他自负得可怕,或者这种堕落会使他可憎透顶。

538.

些许的骄傲足以让一个基督徒自以为与上帝结合!丁点的屈辱就使他等同于地上的蠕虫!这可真是迎接生与死、福与祸的绝妙方式啊!

539.

从顺从的角度来说,兵士与修道士的差别在哪儿呢?因为两者都要服从和依赖别人,做的事都同样辛苦。但是,兵士始终期望当上主人，却从来也不能如愿，因为连官长和君王也都永远是奴仆和附庸；但是他永远期望着，并且永远在孜孜以求；而修道士则发愿永远只做依附。因此，从永恒的奴役地位方面来说没有差别，两者始终都在受奴役；但是从希望方面来说，一个永远有希望，另一个永远也没有。

540.

基督徒希望享有无限的善，这种希望里面夹杂着真正的欢乐和恐惧；因为这跟那些期望拥有一个王国的人不一样，这些人身为臣民，所以得不到任何东西；而基督徒渴望神圣，渴望摆脱不义，他们会从中得到某些东西的。

541.

没有人能像真正的基督徒那么幸福、那么理性、那么道德、那么可爱。

542.

只有基督教才能使人完全地可爱和幸福。仅有诚实，我们不能完全可爱和幸福。

544.

基督徒的上帝是这样的一位上帝，他使灵魂感到只有上帝才是自己唯一的善，它的安宁全都在于上帝，除了爱上帝，它就没有别的欢乐；同时他又让灵魂憎恶种种拖累它、阻碍它尽力去爱上帝的障碍物。自爱与贪欲束缚着它，让它无法忍受。这位上帝让灵魂感觉到，它有这种使自己堕落的自爱根基，唯有上帝才能治愈它。

545.

耶稣基督所做的不外是告诉人们说，他们爱的是他们自己，他们是奴隶、瞎子、病人、苦命人和罪人；说他必须引渡、启迪、降福和治愈他们；说人们仇恨自我，跟随他经历十字架上的苦难和死亡，就可以做到这一点。

546.

没有耶稣基督，人类必定沦于邪恶与可悲；有了耶稣基督，人就脱离了邪恶与可悲。在他那里有我们的全部美德和全部福祉。离开了他，就只有邪恶、可悲、愚昧、黑暗、死亡、绝望。

547.

我们只是通过耶稣基督才认识上帝。没有这位中介者，就断了与上帝的一切沟通；通过耶稣基督，我们认识了上帝。所有声称认识上帝，而且不经过耶稣基督就证明上帝的人，他们的证明都是软弱无力的。可是我们却有预言可以证明耶稣基督，这些预言是确凿的、实实在在的证据。这些预言都已经实现了，被事实证明是真实的，从而标志这些真理的可靠性，因此也证明了耶稣基督的神性。因此，在他那里，而且通过他，我们认识了上帝。离开了他，没有《圣经》，没有原罪，没有被允诺而且已经到来的必要的中介者，我们就不能够绝对地证明上帝，也无法教导正确的学说和良好的道德。但是，通过耶稣基督并且在耶稣基督之中，我们证明了上帝，也传授了道德和学说。耶稣基督因此成为了人类真正的上帝。

但是，我们同时也知道自己的可悲，因为这位上帝不是别的，正好就是使我们脱离悲惨境地的救主。因此，我们只有了解自己的邪恶之后才能认清上帝。因此,那些认识上帝但不了解自己可悲的人们,并没有为上帝增添荣耀,而是因此荣耀了他们自己。

548.

我们不仅只能通过耶稣基督才认识上帝,而且我们也只有通过耶稣基督认识我们自己。我们只有通过耶稣基督去认识生和死。离开了耶稣基督,我们不知道何为我们的生,何为我们的死,何为上帝,何为我们自己。

因此,假如没有只以耶稣基督为对象的《圣经》,我们就什么都不知道,只能在上帝本性和大自然中看到蒙昧和混乱。

549.

不通过耶稣基督去认识上帝,这不仅不可能,而且也是无用的。他们没有疏远他,而是接近了他,他们没有使自己卑谦,而是……

550.

我爱贫穷,因为他(指耶稣基督)爱贫穷。我爱财富,因为它提供了帮助不幸者的手段。我对所有人都怀着忠诚,那些错待我的人,我并不以恶报恶;而是希望他们的情形也和我一样,既不受别人的恩惠,也不受别人的恶报。我力求对人人都公正、本色、真诚和忠实;对于上帝使其与我结合得特别紧密的那些人,我柔情相待;无论我是独自一个人,还是当着别人的面,我的一切行为都有上帝的明鉴,上帝会判断它们,而我也是把它们全部奉献给上帝的。

这些就是我的感受;在我有生之年,我每一天都在祝福我的救主，是他把这样的感受安置在我的身上，是他以神恩的力量，把一个充满软弱、悲惨、贪欲、骄傲和野心的人变成一个脱离了这一切恶行的人，其中的一切荣耀都属于神恩，因为我自己只有可悲与谬误。

552.

耶稣基督的坟墓——耶稣基督死了，但人们看见他在十字架上。他死了，被藏在坟墓中。

耶稣基督是被圣徒们埋葬的。

耶稣基督没有在坟墓中显任何奇迹。

只有圣徒才进了墓室。

正是在这里，而不是在十字架上，耶稣基督获得了新生。

这就是受难与救赎的最后神秘。

耶稣基督在地上无处安息，只有在坟墓中得到安息。

他的敌人们到了坟墓中才停止折磨他。

553.

耶稣的神秘——耶稣在受难中忍受着别人施加给他的折磨；但是在临终时，他忍受着自己施加的痛苦。这样的痛苦不是来自人类，而是来自一只全能的手，因为必须是无所不能者才能经受折磨。

耶稣至少在他三个最亲密的朋友那儿寻求某种安慰，而他们却睡着了。他祈求他们跟他一起承受一些痛苦，而他们却对他毫不在意，他们的同情心如此之少，以至于无法阻止他们片刻的沉睡。于是耶稣只剩下独自一人去承受上帝的愤怒了。

耶稣在人间是孤独的，不仅没有人来体会并分担他的痛苦，而且也没有人知道他的痛苦；只有上天和他自己知道。

耶稣在一座园子里，但不是最初的亚当所在的极乐园，亚当在那里迷失了自己和整个人类；而是在一座苦难园里，他在那里拯救了自己和全人类。

他在黑夜的恐怖中忍受这种痛苦和遗弃。

我相信耶稣从来没有抱怨过，这是唯一的一次；但他此时的抱怨，似乎是再也抑制不住自己的极度痛苦："我的灵魂悲痛到了极点。"

耶稣寻求人们的陪伴和慰藉。在我看来，这是他一生中唯一的一次。但是他一无所获，因为他的弟子们睡着了。

耶稣将奄奄一息，直到世界的终结。在这段时间里，人们不应该睡着。

在这种完全的遗弃中，包括被选来和他一起守夜的友人所遗弃，耶稣发现他们睡着了，就感到不安，因为他们不是把他而是把自己暴露在危险之中，他们不知感恩，而他却以由衷的温情提醒他们关心自身的得救和自身的善，告诉他们说，精神是敏捷的，而肉体是残废的。

耶稣发现他们还在熟睡，对他和对他们自身的考虑都没能阻止他们熟睡，他本着善意没有叫醒他们，让他们继续安睡。

耶稣祈祷，他不能确定天父的意愿，他害怕死亡；然而了解天父的意愿之后，他就走向前去慷慨赴死：Famus. Processit.（我们去吧。我们走吧。）

耶稣向人恳求，但没有人使他如愿。耶稣在弟子们睡觉时，拯救了他们。他拯救了每个酣睡的义人，既从他们出生前的虚无中，也从他们出生后的罪恶中拯救他们。

他只请求一次，那只圣餐杯就离开了，而且是顺从的；再次请求，它就会回来，假如有必要的话。

耶稣处在烦恼中。

看到自己所有的朋友都睡着了，而自己的敌人全都醒着，耶稣就把自己全部交给了天父。

在犹大身上，耶稣看到的不是他的敌意，而是上帝的秩序，他爱这样的秩序，承认这一点，因为他称犹大为朋友。

为了进入临终受难，耶稣迫使自己摆脱弟子；我们也必须摆脱自己最亲近和最亲密的人才能仿效他。

耶稣在临终受难，处在极大的痛苦中，让我们祈祷得更久一些吧！

我们祈求上帝的仁慈，不是求他让我们安安稳稳地呆在邪恶中，而是希望他把我们从中解救出来。

假如上帝亲手给我们送来主人，哦！我们多么有必要心甘情愿地去服从他们啊！必然与事件总是因果相随，从不出错的。

“安慰你自己吧，假如你没有找到我，你们就不会寻找我。

“我在临终受难时思念着你，我为你如此地流血。

“考虑你是否会做好这件或者那件尚不存在的事，那是对我的诱惑，而不是对你的考验：如果它到来了，我会在你的身上完成它的。

“让你自己遵从我的规则的引导吧，看看我把贞女和圣人们引导得多么好，他们曾听任我在他们身上行动。

“天父爱我所做的一切。

“你愿意我那人性的一面始终流血，而你却不流泪？

“你的皈依就是我的事情：不要害怕，满怀信念地祈祷吧，就像为我祈祷那样。

“我通过我在《圣经》中的话与你同在，通过我在教堂里的精神与你同在，通过启示，通过我在牧师身上的力量，通过我在教徒身上的祈祷与你同在。

“医生救不了你，因为你终将会死去。但我治愈你，使你的肉体永生。

“忍受肉体的枷锁和奴役吧；目前我只能使你脱离精神的奴役。

“和这种或那种人相比，我更像你的朋友；因为我为你做的事比他们更多，他们不会像我这样忍受你，也不会在你背信和残忍的时候为你而死，就像在我的选民中、在圣体中，曾经做过和准备做的那样。

“如果你知道自己的罪孽，你就会丧失你的信心。”

主啊！我会失去它的，我确信你的话，所以我相信它们心怀恶意。

“不，因为，你从我这儿了解到这些，我可以治愈你，而我对你说了这些，就是我将为你治疗的一种迹象。随着你逐步赎罪，你会渐渐地认识这些罪孽，你会听到：‘你看，你的罪已经赦免了。’那就忏悔吧，为你那些隐蔽的罪孽，为你认识的那些人的秘密恶意而忏悔吧。”

主啊！我把一切都献给你。

“我爱你，比你爱你的污垢更加炽热。

“当我亲口说的话成为你产生邪恶、虚荣或好奇心的机会时，去请教你的忏悔师吧。”

我在自己身上看到骄傲、好奇心与贪欲的深渊。我与上帝和正直的耶稣基督没有任何联系。但是因为我的缘故，他成了罪人；你的鞭挞全都落在他身上。他比我显得更可憎，但他非但没有憎恶我，反而以我走向他、救他为荣。

然而他自己痊愈了，所以更能治疗我的病。

我必须把我的伤痛加在他的伤痛上，使自身和他结合，他拯救自己的时候也会拯救我。但此事绝不可以推给未来。

在断言“这是好的或是坏的”的时候，每个人都在扮演上帝；

遇事不是过分伤心，就是过分高兴。

小事要当大事来做，因为耶稣基督庄严无比，他就在我们身上行事，而且活在我们的生命中；大事要当轻而易举的小事来做，因为他无所不能。

554.

我认为，耶稣基督在他复活之后才让人触摸了他的伤口。我们必须把自己只与他的痛苦联系起来。

在最后的晚餐上，他似乎把自己当做祭品奉献给圣餐，对以马忤斯的门徒来说他是死而复活，对整个教会来说则是升入天堂。

555.

“不要拿自己跟别人相比，而要跟我相比。如果你跟别人相比的时候，在他们那儿找不到我，那你是在和一个可憎的人相比了。如果你在那儿找到了我，那就拿你自己来比较吧。然而你将比较什么呢？是比较你自己吗，还是在你身上的我呢？如果是你自己，那就是一个可憎的人。如果是我，那你就是拿我跟我自己相比。而我是一切的上帝。

“我对你说话，经常指导你，因为你的引路人无法向你说话，而我又不希望你缺少引路人。

“也许我是应你引路人的恳求才这样做的，因此他引导你而你却看不见他。如果你不拥有我，你就不会寻找我。

“因此，你别担心！”

第八章　基督教的基础

556.

……他们亵渎他们茫然无知的东西。基督教归结为两点；对人类而言，认识这两点是同样地重要，不认识这两点也是同样危险的；同样是出于仁慈，上帝才指明了这两点。

可是他们却乘机得出结论说，其中一点并不能使他们推断出另一点。那些宣称只有一个上帝的智者们遭受迫害，犹太人遭到仇恨，基督徒所受的仇恨更为厉害。他们依据本性之光看出，假如大地上有一门真正的宗教，那么万事万物就应该把它视为自己的中心那样趋向它。事物的一切行动都必须以宗教的建立与伟大为其目的。人的内心应该具备符合宗教对我们所教诲的那些东西的感情。最后，宗教必然是一切事物所趋向的目的和中心，以至于知道宗教原理的人既能具体地解释人的全部本性，又能广义地解释世界的一切运作。

但是在这种基础之上，他们借机诽谤基督教，因为他们错误地理解了基督教。他们想象，基督教单纯仅仅是崇拜一位被认为是伟大、无所不能和永恒的上帝；严格地说来这是自然神论，它差不多跟无神论一样远离基督教，无神论与基督教完全是背道而驰的。他们由此得出结论,说这一门宗教不是真实的;因为他们看不到万事万物都在致力于这一点的确立,因为上帝没有明显地向人们显示自己,而他可以做到这一点。

但是,就让他们随心所欲地作出反对自然神论的结论,他们也得不出任何反对基督教的结论;因为基督教本来就在于救主的神秘,这位救主在自己身上融汇了两种天性,即人的天性和神的天性,他把人类从罪孽的腐蚀中拯救出来,以便使他们通过他的神性人格与上帝和解。

因而,基督教把两个真理一起传授给人类:存在着一个人类能够认识的上帝,天性中存在一种腐化使人不配上帝。认识这两点中的每一点对于人类都同等地重要;一个人认识上帝而不知道自己的可悲,与知道自己的可悲而不认识可以救治他的救主同样危险。仅仅知道两点中的一点,就会导致哲学家的高傲,他们认识上帝,却不知道自身的可悲;或者导致无神论者的绝望,他们知道自身的可悲但不认识救主。

既然人类同样有必要知道这两点,所以上帝让我们认识到它们也同样是出于仁慈。基督教做了这件事,基督教的意义就在于此。

让我们据此来审视一下世界的秩序吧,看看万事万物是否都趋向于确立这门宗教的两个真理:即耶稣基督是万事万物的目的,又是万事万物所倾向的中心。知道这一点的人也就知道了万事万物的道理。

那些迷途者之所以迷途,只是因为没看到这两者之一。因此,我们可能认识上帝而不知道自己的可悲,或者知道自己的可悲而不认识上帝;但是我们不可能认识耶稣基督而不同时认识上帝和我们自身的可悲。

我不打算在此以自然的原因来证明上帝的存在或者三位一

体或者灵魂不朽，也不打算证明这类性质的任何事情，原因也在于此；不仅因为我不觉得自己有足够的力量在自然界中找到能够说服顽固不化的无神论者的论据，还因为缺少耶稣基督，这种知识就是无用的、空洞的。当一个人被说服相信数目的比例是非物质的真理，是永恒的、依赖于它们存在其中的第一真理，人们称之为上帝时，我觉得他在拯救自己方面并没有多大的进步。

基督徒的上帝不只是几何学真理与元素秩序的创立者；那是异教徒与伊壁鸠鲁派的看法。他不仅只是个对人类的生命与财富行使天意的上帝，让崇拜他的人们得到连绵的幸福岁月；那是犹太人的命运。但是，亚伯拉罕的上帝、以撒的上帝、雅各的上帝、基督徒的上帝，是一位仁爱与宽慰的上帝；是一位填充他所占据的人们的灵魂与内心的上帝，一位使他们在内心感到自己的可悲以及他的无限仁慈的上帝；他把自己和他们灵魂的深处融合在一起；他给他们的灵魂注满谦卑、欢愉、信心、仁爱；他使得他们除了他自身之外，无法再有别的归宿。

所有那些在耶稣基督之外寻求上帝，停留在自然之中的人，他们要么找不到任何令他们满意的光明，要么最终想出一种不经媒介就认识上帝和侍奉上帝的办法；因此，他们不是落入无神论，就是落入自然神论，而基督教几乎同样憎恶这两样东西。

没有耶稣基督，世界无法生存下去；因为那时候，世界要么毁灭，要么就像一座地狱。

如果世界生存就是要人知道上帝，那么上帝的神性就会以一种不容质疑的方式在世界上的每一个角落闪烁；然而，既然世界只是通过耶稣基督而存在，并且为了耶稣基督而存在，并且要让人类知道自己的腐化和救赎，所以万事万物都彰显着这两条真理的证明。

世上呈现的事物既不表示完全排斥神性，也不明显地表示神性的存在,而是显示有一个隐蔽的上帝存在。万事万物都带有这种特征。

唯一认识天性的人,他认识天性难道只是为了可悲吗?唯一认识它的人会是唯一的不幸者吗?

因此,他不该什么都看不见,他也不该多看,以至于觉得自己已经把握了它,而是要使他看到的足以使他认识到自己已经丧失了它;因为要明白自己已经失去了,他必须有所见,有所不见;这正好是天生的状态。

无论他做出什么选择,我都不会让他安稳……

557.

因此,万事万物的确都在教人明白自己的处境,但是需要他正确地理解;因为万物并非都在彰显上帝,也并非都在隐蔽上帝。对于试探他的人,上帝会隐蔽自己;对于追求他的人,上帝会显露自己,这都是真的;因为人类都既不配上帝,又能认识上帝;配不上,是因为他们的堕落,有能力认识,是由于他们原初的本性。

558.

从我们的全部愚昧中,除了得出我们不配上帝的结论之外,难道还有别的结论吗?

559.

如果从未有过上帝的任何表露,那么这种永恒的剥夺就会是模棱两可的,既可能令人觉得并不存在任何神明,也可能是人们不配认识上帝;但是他却偶尔,但不是永远地出现,这就解除了这种歧义。如果他出现过一次,他就是永远存在的;因此我们只能得出这样的结论,既存在一个上帝,人类不配上帝。

560.

我们不理解亚当的光荣状态,也不明白他犯罪的性质,更不明白原罪会传递到我们身上。这些事情是在其性质与我们自身的性质全然不同的状态下发生的,它们超出我们眼下的理解能力。

对于我们想从中脱身来说,知道这一切是无用的;我们所必须知道的,就是我们是可悲的、堕落的、脱离了上帝但被耶稣基督赎救。而关于这些,我们在大地上有着令人叹服的证据。

因此,腐化与救赎这两种证据就是从不信教者那儿得来的,他们生活在对宗教的麻木不仁之中,也是从犹太人那儿得来的,他们与基督教是势不两立的敌人。

561.

有两种方法可以使人相信我们宗教的真理:一种是以理智的力量,另一种是通过说话者的权威。我们不使用后一种方法,而是使用前一种方法。我们并不说:“必须相信这一点,因为说这话的《圣经》是神圣的”;但我们说,出于某种道理,必须相信这一点,而这些道理的论据都是脆弱的,因为理智对一切都百依百顺。

562.

大地上没有一样东西不在显示人类的可悲或者上帝的仁慈;要么是人没有上帝时的无能,要么是有了上帝时的力量。

563.

受罚者的茫然之一就是看到自己因为自己的理性而遭受惩罚，他们曾经指望通过理性来谴责基督教。

564.

我们宗教的预言、奇迹本身以及证明的性质，并不足以使我们可以说它们绝对能说服人。但是它们又有这样一种性质，以至于我们不能说相信它们就是毫无道理的。这样便既有证据，又有隐晦；可以启迪一些人，又可以蒙蔽另一些人。然而证据是如此确凿，它超过或者至少相等于相反的证据；这样一来，决定不去追随的就不是理智，而只能是贪欲或者内心的恶意了。通过这种方式，有足够的证据可以谴责，却没有足够的证据可以说服；因此，对于追随它的人来说，看来是神恩而不是理智使他们追随的；对于躲避它的人来说，使他们躲避的是贪欲而不是理智。

565.

因此，你们应该在宗教自身的隐晦之中，在我们对宗教的菲薄了解之中，在我们对认识宗教所怀有的冷漠之中去认识宗教的真理。

566.

上帝有意蒙蔽一些人和启迪一些人，如果我们不以此为原则，那么我们就根本理解不了上帝的造物。

567.

两种相反的理由。我们必须由此开始,否则我们就不能理解任何东西,一切就都会是异端;我们甚至在每个真理的后面必须补充说,我们记得相反的真理。

568.

反驳:《圣经》中显然充斥着并非圣灵所授的东西。答辩:但它们一点也没有妨害信仰。反驳:但是教会已经断定,一切都出自圣灵。答辩:我答复两点,首先,教会从未做过这样的决定;其次,如果教会做过这样的决定,这是可以成立的。

福音书中引述的预言,你以为引述它们是让你相信吗?不是的,那是为了不让你相信。

569.

教典——在教会开始时,异端主要用来证明教典。

570.

在"论基础"这一章中,必须加入"论象征"一章的内容,后者涉及到象征的成因:为什么要预言耶稣基督的第一次降临;为什么要预言得如此隐晦。

571.

理由、何故、象征——他们要对付的是一个尘世的民族,并要使之成为精神遗嘱的受托人。

为了要信任弥赛亚,就必须要有事先的预言,而预言又必须由不容怀疑的、勤奋、忠实、具有异乎寻常和众所周知的热忱的人们来传布。

为了完成这一切，上帝选中了这个尘世的民族，托付他们来做预告，预言弥赛亚是救星，是这个民族所喜爱的种种尘世物品的分发者。因此，他们对这些先知怀有非凡的热情，让全世界看到了这些预告他们的弥赛亚就要到来的书，向所有的民族保证弥赛亚必定到来，并且会以他们公之于世的书中所预言的方式到来。因此，遭到弥赛亚可怜而又可鄙的来临欺骗之后，这个民族结果成了他最凶恶的敌人。从而使得世界上最不可能偏爱我们的那个民族，对其法律和先知严格、热诚到无以复加的那个民族，是他们完好无缺地保存了这些书籍。从而那些遗弃耶稣基督，并将耶稣基督绑上十字架的人，那些认为耶稣基督羞辱了他们的人，正是那些传播见证耶稣基督、说耶稣基督将被遗弃并受诽谤的那些书籍的人。因此，他们通过拒绝他来表明正是他本人；接受了他的犹太义人证实了他，遗弃他的不义者也证实了他，这两件事都是早有预言的。

正因此，预言才有一种隐蔽的意义，这个民族所敌视的精神意义被掩盖在这个民族所喜爱的世俗意义之下。如果把精神上的意义揭示出来，他们就不可能喜欢它，也无法传播它，他们就不会那么热情地保存他们的书籍和他们的仪式；如果他们喜欢这些精神上的诺言，并把他们完好无缺地保存到弥赛亚到来的时代，那么他们的证词也许就不会那么有力量了，因为他们曾经是他的朋友。

这就是为什么精神上的意义最好被隐蔽起来；但是，从另一方面而言，如果这样的意义一直深藏不露，完全看不到踪迹的话，那么它就不能用来充当弥赛亚到来的证据了。那究竟发生了什么呢？在许多段落里，它被尘世的意义掩盖了，而在有些段落里却又是明白无误地显示出来。此外，世界的时代和状态也被预言到了，明白得比太阳还要明亮。在某些地方，这种精神意义表达得那么清晰，要想不承认，肯定是瞎了眼，就像精神屈服于肉体时肉体导致精神盲目那样。

这就是上帝的行动方式。这种意义在无数的地方被另一种意义所掩盖，只在几个地方才被偶尔揭示出来，然而如此这般一番，又使得隐藏这层意义的地方变得模棱两可，并且适用于两种意义；而反过来，这层意义被揭示的地方都是不含混的，并且只适用于精神的意义。

因此，它就不可能把人引向谬误，只有一个如此尘世的民族才会误解。

因为当财富被大量允诺的时候，有什么东西会妨碍他们去理解真正的财富？只有他们的贪婪，只有把真正的财富狭隘地局限在世俗财富中的贪欲。而那些唯有在上帝身上获得财富的人，则把财富完全归于上帝。因为有两条原则决定了人们意志的不同，一是贪婪，一是仁爱。这不是说贪婪不能与对上帝的信仰共存，或者说有了世俗的财富，仁爱就不能存在了；而是说贪婪会利用上帝、享受现世，而仁爱则恰恰相反。

然而，万事万物的名称来自于终极目的。凡是妨碍我们达到终极目的的，就被称做敌人。因此，造物无论多么完善，当它们使义人背离上帝的时候，它们就是义人的敌人；而对那些贪心被上帝打乱的人来说，上帝也是敌人。

因此，敌人这个词的意义既然取决于终极目的，义人就以此来理解自己的激情，肉欲者则据此理解巴比伦人；因此只有不义者才觉得这些词隐晦不明。

574.

伟大——宗教是极其伟大的一种东西，如果它隐晦不明，不愿意费力去寻找它的人得不到它,那就是正当的。因而,假如我们只要寻找就能找到它的话,还有什么可以抱怨的呢?

575.

一切都变得对选民有利,哪怕是圣书中的隐晦之处;因为他们由于神的启迪而敬重隐晦之处。一切都变得对其余的人不利,哪怕是写得一清二楚的东西,都因为他们所不理解的隐晦而遭到辱骂。

576.

世人对教会的普遍行为:因为上帝意欲蒙蔽和启迪——事件既然已经证明了这些预言的神圣性,那么其余的部分就应该被人笃信了。我们由此看到了世界的次序是这样的:既然创世记与洪水的奇迹被人遗忘,上帝便派来摩西的法律和奇迹,还有预言某些具体事物的先知;并且为了准备一场持久的奇迹,他准备了预言以及预言的兑现;但是预言可能遭到怀疑,所以他就要使它们无可怀疑,等等。

577.

上帝使得这个民族的盲目为选民的利益服务。

578.

有足够的光明来启迪选民,也有足够的隐晦令他们变得谦卑。有足够的隐晦去蒙蔽被天主弃绝的人们,也有足够的光明来处罚他们,使他们变得无可宽恕。圣奥古斯丁、蒙田、赛邦。

在《旧约》中,耶稣基督的家系与其他许多没有用处的谱系掺杂在一起,以至于辨别不清了。假如摩西只把耶稣基督的祖辈记录下来,那有可能显得太直白。假如他不曾记录耶稣基督的家谱,又也许会不够明显。但是,谁若是仔细阅读,谁就能从他玛、路泽等人入手,清晰地看到耶稣基督的谱系。

规定这些殉道的人,都知道它们是无用的;宣称它们无用的人,则不停地付诸实践。

如果上帝仅仅允许一种宗教存在,那门宗教就太容易看出了;但是我们若仔细观察的话,就能明显地从这片混乱中看出真理。

定律:摩西是个聪明人。因此,如果他用自己的精神管理自己,他就不会说出任何显然直接与精神发生冲突的话。

因此,任何非常显然的弱点都是力量。例如:圣马太与圣路加的两个家谱。这两个家谱写得不默契,还有什么比这个更加明显了吗?

579.

上帝(以及使徒)预见到狂傲的种子会导致异端的问世,但不愿意给它们机会用正确的词句表达出来,于是就在《圣经》和教会的祈祷中放进了相反的语句,使它们将来结出果实。

上帝以同样的方式把仁爱放入道德之中,使它产生与贪欲相反的结果。

580.

天性具备一些完美性,以显示它是上帝的影子,也具有一些缺陷,表明它只不过是上帝的影子。

581.

上帝更想支配意志而不是精神。完全的清晰对精神有利,但会损害意志。打消狂傲者的气焰。

582.

我们把真理本身当成一尊偶像;因为真理离开了仁爱就不是上帝,而是上帝的影子和偶像,根本不应该爱偶像,也不应该崇拜它;更不应该爱或者崇拜它的反面,也就是谎言。

我可以爱彻底的黑暗;但是如果上帝把我约束在一种半明半暗的状态中,那么其中那一点黑暗会使我不悦;因为我在那里看不到彻底黑暗的那种价值,所以我不愉快。这是一个错误,一种迹象,说明我把黑暗奉为自己的偶像,脱离了上帝秩序。然而我们只可崇拜上帝的秩序。

583.

病弱者认识真理,但他们只在自身利益所涉及的范围内拥护真理;出了这个范围,他们便放弃真理。

584.

世界的存在是为了行使仁慈与审判,人类来到世上不像是出于上帝之手,反而像是上帝的敌人;出于神恩,上帝给予人类足够的光明可以幡然改悔,如果他们愿意寻求并追随他的话,但也可以惩罚他们,如果他们拒绝寻求或者追随他的话。

585.

上帝想要隐蔽自己——如果只有一门宗教,上帝就会从中彰显自身。如果只有我们的宗教里才有殉道者,上帝也会现身。

既然上帝这样隐蔽起来了,那么任何一门不说上帝已经隐蔽起来的宗教就不是真的;任何对此讲不明道理的宗教就是没有教益的。这一切,我们的宗教都做到了。

586.

如果没有隐晦,人类对自己的腐化就不会有所感悟;如果没有光明,人类就不会期待补救之道。因此,上帝半隐半显不仅是公正的,而且还是对我们有用的,因为人类只认识上帝而不知道自己的可悲,或者只知道自己的可悲而不认识上帝,两者都是同样危险的。

587.

这种宗教何等伟大,有它的奇迹、圣者、虔诚的信徒、无懈可击者、学者和伟大见证人、殉道者、确立的王(大卫)、纯血统的君主以赛亚;有它的知识,在显示自己的全部奇迹和智慧之后,竟然谴责抛弃了这一切,并宣称它既没有智慧也没有迹象,而只有十字架和愚蠢。

因为那些借这些迹象和智慧而值得你相信、并且向你证明了自己性格的人,他们对你声称,这一切根本不能改变我们,不能使我们认识和热爱上帝,除非借用既没有智慧又没有迹象的十字架的愚蠢力量;没有这种力量的那些迹象绝对不行。因此,从实际原因来看,我们的宗教是愚蠢的,而从为此做准备的智慧来看,它又是聪明的。

588.

我们的宗教既聪明又愚蠢。聪明,是因为它最有学问,最以奇迹、预言等等为基础。愚蠢,是因为使我们归属宗教的并不是这一切;这一切的确使不属于宗教的人受到谴责,但并不能使属于宗教的人形成信仰,是十字架使他们产生信仰。因此,带着智慧和迹象而来的圣保罗就说,他来既不是作为智慧也不是作为迹象;因为他来是为了使人皈依天主。但那些只为了说服他人而来的人,他们可以说是带着智慧与迹象来的。

第九章　永恒

589.

论基督教不是唯一的宗教——这个事实远不能成为基督教不是真正宗教的理由，恰恰相反，它使人明白，那才是真正的宗教。

590.

对宗教而言，真诚是必须的：真诚的异教徒、真诚的犹太人、真诚的基督徒。

591.

耶稣基督、异教徒、穆罕默德，对上帝的无知。

592.

其他宗教的虚妄——它们都没有证人。基督徒有证人。上帝不允许其他宗教制造这样的标志。

593.

中国的历史——只有那些证人被杀死了的历史，我才相信。

两者之中，哪一个才更为可信呢？是摩西还是中国？

这不是一个可以笼统看待的问题。我告诉你，其中有蒙蔽人的东西，也有启迪人的东西。

我只用这一句话就把你全部的推论驳倒了。你们说："可是中国隐晦不清"；但我回答说："中国隐晦不清，但是也有清晰的东西可寻；你们去寻找吧。"

因此你们所说的一切构成一种观点，丝毫不违反另一种观点。因此它有用，且不会造成伤害。所以必须仔细地看待这件事，把纸铺在桌子上。

594.

反对中国历史。墨西哥的历史学家，五颗太阳，其中最后的一颗只有八百年历史。

为一个民族所接受的一本书，与造就一个民族的一本书，两者之间存在差别。

595.

穆罕默德没有权威。他的道理必须非常强有力，因为只剩自身的力量了。

那么他说什么话呢？说我们必须相信他。

596.

全世界都在咏唱《诗篇》。

谁在见证穆罕默德？是他自己。耶稣基督希望自己的见证什么都不是。

见证的性质要求它们必须永远存在而且到处存在;而他,可怜的造物,却是孤单一人。

597.

反对穆罕默德——《古兰经》为穆罕默德所创,并不比《福音书》出自圣马太更为可信,因为《福音书》为历代作者所引用,哪怕它的敌人赛尔苏斯和蒲斐利也从未否认过它。

《古兰经》说圣马太是个好人。所以穆罕默德就是个假先知,因为他不是把好人称做坏人,就是不同意他们说耶稣基督的那些话。

598.

我要求人们评判穆罕默德,不是因为他说的话隐晦不清,人们甚至可以视之为具有神秘意义,而是根据清楚明白的东西,根据他的天堂和其他内容;他正是在这方面是荒唐可笑的。由于他清楚明白的东西是荒唐可笑的,所以把他的隐晦当做神秘就不公正了。

《圣经》就不同了。诚然,其中有些跟穆罕默德的隐晦一样奇怪的隐晦之处;但是其中也有令人赞叹的明确的地方以及已经明确兑现的预言。因此双方的情形不能等同。不能把只以隐晦不清而不以明白清晰而相似的东西混为一谈、相提并论,我们要尊重其中的隐晦不清。

599.

耶稣基督与穆罕默德之间的差别——穆罕默德没有被预言;耶稣基督被预言了。

穆罕默德杀戳;耶稣基督让自己的人被杀。

穆罕默德不准人们读书;使徒们命令人们读书。

最后,两者是如此地相反,如果说穆罕默德走了在世俗上成功的道路,耶稣基督则走向在人世间夭折的道路;而且我们不能得出结论说,既然穆罕默德成功了,那么耶稣基督也很可能成功;而必须说,由于穆罕默德成功了,耶稣基督就必须夭折。

600.

穆罕默德做过的事,人人都能做到;因为他没有创造什么奇迹,没有人预告他的到来;而耶稣基督做过的事,无人能做到。

601.

我们信仰的基础——今天异教没有基础。据说以前神谕曾经开口说话,异教一度有过基础。然而让我们确信此事的是些什么书呢?根据其作者的德行,它们就那么值得信任么?这些书是否得到精心的保存,以至于我们可以保证它们丝毫没有被篡改过?

穆罕默德的宗教以《古兰经》和穆罕默德为基础。然而这位先知据说是世界的最后期待,他的到来是否有过预言?他有什么别人不具备的标志,据此自称为先知呢?他亲口说过哪些奇迹是他创造的?即使按照他自己的传统,他教授过什么神秘吗?他教导过什么道德和什么福祉?

犹太人的宗教从《圣经》的传说和这个民族的传说上看,应该区别对待。它的道德与福祉从这个民族的传说上看是荒唐可笑的;然而从《圣经》传说上看是令人赞美的。一切宗教都是这样;因为基督教在《圣经》里与在决疑论者那里,也是截然不同的。它的基础令人赞美,那是世界上最古老的书籍,也是最真实的书籍；穆罕默德为了让他自己的书存在下去，禁止人阅读它；摩西为了让他自己的书存在下去，命令所有的人都阅读它。

我们的宗教是如此神圣，以至于另一种神圣的宗教只能成为它的基础而已。

602.

秩序——要从犹太人的全部状态中观察明确的和没有争辩的东西。

604.

唯一与常识与人性相反的科学，就是那种一直存在于人类之中的科学。

605.

唯一违反天性、违反常识、违反我们欢乐的宗教，就是那门一直存在着的宗教。

606.

除了我们的宗教之外，没有哪一门宗教说过人生来就是罪恶的，没有哪一派哲学家这样说过；因此，没有一门宗教说过真话。

没有哪种派别或者宗教一直在大地上存在，除了基督教。

607.

谁粗俗地判断犹太人的宗教，谁就会误解它。它在《圣经》以及在先知的传说里都是明显可见的，先知们说得足够清楚了，他们不是照字面来理解法律的。所以我们的宗教在福音书、使徒行传和传说里都是神圣的;但在恶待它的人那里就变成荒唐可笑了。

按照肉身的犹太人的说法,弥赛亚应该是一位人世间的伟大君主。按照肉身的基督徒的说法,耶稣基督是来免除我们对上帝的爱,并把无须我们忏悔便能成就一切的圣礼赐予我们。前者和后者都不是基督徒的宗教,也不是犹太人的宗教。

真正的犹太人和真正的基督徒始终在期待一个弥赛亚的到来,使他们热爱上帝,并且依靠这种爱来战胜他们的敌人。

608.

肉身的犹太人处在基督徒与异教徒之间。异教徒根本不认识上帝,他们只爱这个尘世。犹太人认识真正的上帝,也只爱这个尘世。基督徒认识真正的上帝,却根本不爱尘世。犹太人与异教徒爱同样的财富。犹太人与基督徒认识同样的上帝。

犹太人有两种:一种只有异教徒的感情,另一种具有基督徒的感情。

609.

每种宗教里都有两类人:在异教徒之中,有禽兽崇拜者,还有自然宗教中对唯一神的崇拜者;犹太人之中有肉身的,也有精神的,他们是旧约中的基督徒;基督徒之中也有粗俗的人,他们是新约中的犹太人。肉身的犹太人等待一个肉身的弥赛亚;粗俗的基督徒认为弥赛亚免除了他们对上帝的爱;真正的犹太教徒和真正的基督教徒都崇敬一个使他们爱上帝的弥赛亚。

613.

永恒——相信人是从光荣的、与上帝相通的状态堕落到一种凄凉、忏悔和远离上帝的状态，然而今生之后我们将被一位理应来到的弥赛亚所拯救复兴，那种由此信仰所构成的宗教，始终存在于大地之上。一切都已过去了，但这门宗教却继续存在，一切都为它而存在。

世界之初，人类曾经沉湎于各种各样的癫狂，但是也有一些圣人，比如以诺、拉麦和其他一些人，他们在耐心等待自从世界混沌初开时就被许诺到来的基督。挪亚看到了人类极度的恶意；他应该亲自拯救世界，因为他希望弥赛亚来临，而他本人也是弥赛亚的象征。亚伯拉罕被偶像崇拜者团团围住，上帝让他知道弥赛亚的秘密，他就远远地致敬。到了以撒和雅各的时代，人类的丑行布满了整个大地，而这些圣人却生活在信仰之中；雅各临死祝福他的儿女，兴奋得结结巴巴地喊道："啊，我的上帝，我在期待着你所允诺的救主。"埃及人受到偶像崇拜和巫术的传染，上帝的选民效仿他们的先例而迷途；可是摩西和其他的先知相信他们看不见的上帝，并且崇拜他，盼望着神为他们准备的永恒礼物。

希腊人以及随后的拉丁人也使假神统治天下；诗人们编写了上百种不同的神学，哲学家们分裂为上千种不同的派别；然而犹太人的心里永远装着选民，他们预言这位弥赛亚的来临，只有他们才知道这位弥赛亚。

直到世界末日，他终于来临了；从此以后，人们目睹了那么多教派和异端的出现，那么多国家被颠覆，万事万物那么多变化；然而这个教会，这个崇拜那位永受崇拜者的教会，绵延至今从未中断。而令人感到诧异、独一无二和绝对神奇的，则是这个始终存在的宗教一贯遭到攻击。它千百次濒临彻底毁灭的边缘；每每陷于这种状态，都是上帝凭借其力量，以非凡的举动将它扶起来。令人惊讶之处就在于此，它没有屈从于暴君的意志而维持了自身存在。因为一个国家生存下来是不足为奇的,只要人们使它的法律对必要性作出让步,但是……

614.

如果不常使法律屈从于必要性的话,国家势必会灭亡。然而宗教从不容忍这种事,也没有这样做过。因此就需要这些协调,或者说这些奇迹了。人们委曲求全,并不奇怪,严格地说,那并非保全自己;因为他们最终都灭亡了:没有哪个国家能够延续千年。而这个宗教却始终长存而且不折不挠,这才是神圣。

615.

别人再怎么说都是徒劳。必须承认基督宗教有着某种令人惊讶的东西。“那是因为你生在其中。”有些人会这么说,此言差矣。正是因为这个缘故,我硬撑着不接受它,生怕被这种偏见所收买;但是我虽然生在其中,可还是觉得它就是如此。

616.

永恒——弥赛亚始终受到信仰。亚当的传说在挪亚和摩西时代还是新鲜事。此后的先知始终通过预言别的事情,来预告他的到来。那些事情不时地出现在人们眼前,显示了他们使命的真实,从而也显示出他们有关弥赛亚的预言是真实的。耶稣基督创造过奇迹,使徒们也是如此,皈化了所有的异教徒;所有的预言因此都兑现了,弥赛亚的预言也就得到了永远的证明。

617.

永恒——让我们这样来想一想:自从开天辟地以来,对弥赛亚的期待与崇拜就一直存在,没有中断过;有些人说上帝曾向他们启示,会有一个救世主降生,来拯救他的子民;然后亚伯拉罕来了,说他也得到启示,弥赛亚将从他生的一个儿子那里诞生;雅各则宣布在他的十二个孩子之中,弥赛亚将从犹大派出;随后摩西和先知们来宣布了弥赛亚来临的时间和方式;他们说,他们所拥有的法律只不过是在等待着弥赛亚的法律,他们的法律将延续到那个时候,但弥赛亚的法律将万古长存;因此他们的法律,或者说他们的法律所承诺的弥赛亚法律,将在大地上永存;而且事实上它始终延续着;最后,耶稣基督来临了,时间和方式与预言完全一致。这些令人惊奇。

618.

这是确凿的事实。当所有的哲学家们分裂成不同派别的时候,世界上最古老的种族却在世界的一个角落里宣称整个世界都处在谬误之中,宣称上帝向他们昭示了真理,说真理将永远存在于大地上。果然如此,其他派别一概都结束了,而这门宗教依然存在,四千年来始终存在着。

他们宣称:他们坚持祖先的观点,认为人类失去了与上帝沟通的权利,完全远离了上帝,但是上帝曾经允诺救赎他们;这种教理将永存于大地;他们的法律有着双重的意义;在一千六百年之间他们有过一些人,他们相信这些人就是先知,先知们预言了救主来临的时间和方式;四百年之后他们散布在各地,因为耶稣基督必须在各处得到宣告;耶稣基督按照预言的方式和时间来到了;从此之后犹太人沦落天涯,备受咒诅,但是依然存在着。

619.

我看到基督教建立在前一个宗教的基础之上,以下是我发现的事实。

我在这里不谈摩西、耶稣基督以及使徒们的奇迹，因为它们初看似乎不令人信服，也因为我在此只想强调这门基督教的全部基础，它们是确凿无疑的，无论什么人都无法对此提出疑义。我们在世界上许多地方看到一个特殊的民族，他们与世界上其他所有的民族都是分开来的，这个民族就叫犹太民族，这是确凿无疑的。

因此，我看到世界上许多地方和任何时代都有着许多宗教，但是它们既没有我喜欢的道德，也没有可以使我驻足的证明；因此，我可能同样拒绝穆罕默德的宗教、中国的宗教、古代罗马人的宗教、埃及人的宗教，理由只有一个，就是一种宗教比起另一种来既不拥有更多的真理标志，也没有任何必然令人折服的东西，所以理性不可能偏向于其中任何一方。

然而，就在这样考虑不同时代的风尚和信仰如此无常、如此奇怪的多样性时，我发现在世界的一角有一个与大地上一切其他民族分开的特殊民族，他们是所有民族中最古老的一个，其历史比我们所有的最久远的历史还要早几个世纪。我于是发现了这个伟大而人数众多的民族，他们源自唯一的人，崇拜唯一的上帝，以据他们说是出自上帝之手的法律为准绳。他们坚持认为自己是世界上唯一受到上帝启示的人；所有的人都腐化了，失去了上帝的宠爱；他们都沉溺于自己的感官和精神，任其摆布；由此发生了奇怪的迷惘，以及他们中间所出现的宗教和习俗上的不断变异，而没有坚持自己的行为；但上帝是不会永远让其他民族陷于这种黑暗之中的；将有一个救世主来拯救所有的人；他们活在世上，就是为了向人们宣告他的来临；他们是特意被造就的，充当这个伟大事件的先驱和传令官，召唤所有民族跟他们结合，一起等待这位救世主的到来。

与这个民族相遇令我惊讶，在我看来是值得注意的。我研究了他们宣称来自上帝的那部法律,发现它值得赞美。它是最早的一部法律,以至于早在希腊人使用法律这个词之前差不多一千年,他们就已经采纳并且毫不间断地遵守它了。我同样觉得奇怪的是,世界上最早的一部法律竟然也是最完美的法律,以至于最伟大的立法者们纷纷借鉴使用,这从后来为罗马人所采用的雅典十二铜表法就可以看出来,这也是很容易就能证明的,假如约瑟夫以及别的一些人没有充分研究过这个题目的话。

620.

犹太民族的各种长处——在此研究中,犹太民族首先以从中显示的大量值得赞美而又独一无二的东西吸引了我的注意。

我首先看到它完全是一个由兄弟构成的民族。任何其他民族都是由无数个家庭拼接而成的,这个民族虽然兴旺得惊人,却完全源自唯一的人,因此,人人秉承同样的血统,彼此皆为手足,所以(他们)构成了由一个家庭组成的强大国家。这是独一无二的。

这个家庭或者说这个民族,是人类所知的最古老的民族;我觉得这就使它获得特别的敬仰,尤其就我们当前的探讨而言,因为假如上帝历来与人类沟通的话,那么就必须向他们求助才能了解绵延的教义。

这个民族不仅靠其古老的历史引人注目,而且还因为其历时悠久而独树一帜,从他们的起源一直延续至今。因为希腊、意大利、拉西第蒙、雅典、罗马等民族以及很久以后才出现的一些民族很早以前就灭亡了,而这个民族却始终存在;尽管许多强大的国王曾经数百次试图消灭他们——正如他们的历史学家们所见证的,而且在如此漫长的年代里,这一点根据事物的自然法则也是很容易猜想到的——然而他们始终保全下来(这种保全事先有过预告);他们的历史从最初的时代绵延到现今,其悠久历史包含了我们的全部历史(他们的历史远远早于我们)。

统治这个民族的法律是世界上最古老的法律、最完美的法律,并且也是唯一在一个国家里从不间断地被恪守的法律。约瑟夫在《驳阿皮安书》中极为精彩地阐述了这一点,犹太人费罗在不同地方也证实过,他们指出,犹太人的法律是那么地古老,就连最古老的民族也还是在上千年之后才知道法律这个词的;所以,写过那么多国家历史的荷马从未用过这个词。只要读一遍就能轻松地看出它的完美,从那里面可以看到它如此智慧、公平、透彻地审视一切,以至于希腊和罗马最早的立法者们受到启迪之后,就借鉴制定了他们的基本法律;他们说的十二铜表法以及约瑟夫提出的其他证明就反映了这一点。

但与此同时,就宗教崇拜的角度而言,这部法律又是最为严厉和严格的;为了约束这个民族恪守自己的义务,迫使他们遵守千百条特殊而又痛苦的戒律;然而,令人惊讶的是,它竟然在无数的世纪里被犹太人这样一个叛逆和缺乏耐心的民族始终一贯地保存下来,其他所有的国家都不时地更改自己的法律,尽管那些法律已经够宽容了。

这部法律是一切法律之发端,包含这部法律的书,本身也是世界上最古老的书,因为六、七百年之后,才有荷马、赫西俄德以及其他人的书。

621.

创世纪和洪水已经过去了,上帝用不着再毁灭世界,也不必重新创造世界,也不需要显示自身伟大的迹象,他就开始在大地上确立一个民族,这个特意造就的民族必须一直持续下去,直到弥赛亚以他的精神造就的那个民族到来为止。

622.

创世的历史开始慢慢远去了，上帝便委托同时代唯一的历史学家，并且指派整个民族作为这部书的守护者，目的是使这部历史成为世界上最真实的历史，让所有的人都能从中了解极有必要知晓的一个事实，而这个事实只有从中才能知晓。

626.

祖先长寿，并没有造成历史的消失，反而有利于历史的保存。人们之所以有时候不太了解祖先的历史，是因为他们和自己的祖先几乎没有一起生活过，不等他们长到懂事的年龄，祖先们往往已经过世了。可是，当人们寿命大大延长时，孩子们就能长时间和父亲在一起生活了。他们长时间和父亲交谈。除了他们祖先的历史，他们又能谈些什么呢？因为一切历史都归结于此，而且他们又不研究知识或者艺术，而现在日常谈话的大部分都涉及知识和艺术。因此我们看到，各个民族在那个时代都格外精心地保存他们的族谱。

628.

古老的犹太人——书与书之间有着多大的差别啊！希腊人写过《伊利亚特》，埃及人和中国人写过他们自己的历史，我并不觉得奇怪。只要看一下那是怎样起源的就够了。这些传奇史学家与书写的事情不处在同一个时代。荷马写了一部传奇故事，他是这么写的，别人也是这么接受的，因为没有人怀疑特洛伊和阿伽门农属子虚乌有，就像金苹果一样。他也没有打算写成一部历史，只是作为一种消遣罢了；他是那个时代唯一的作家，这部作品的美使故事流传开来，人人都读它，谈论它；那本书非读不可，每个人都耳熟能详。四百年以后，这些事情的见证人都不在人世了，没有人能凭自己的知识知道那究竟是一部神话还是历史：人们只是从祖先那里知道它，于是就可能信以为真了。

非当代的历史书是靠不住的，诸如西倍尔、赫耳墨斯及其他许多为世人信任的书籍都是假的，而且随着时间的推移发现是假的。而同时代作家写的书则不是如此。

某个人撰写并抛给民众的一部书，与一部本身造就一个民族的书，两者的差别是极大的。我们不能怀疑这部书跟这个民族同样古老。

631.

犹太人的真诚——他们怀着爱意与忠诚保存这本书，摩西在书中声称他们一辈子都对上帝忘恩负义，他还知道自己死后他们会愈发如此；他呼吁上天和大地作证反对他们，说他教给他们的已经够多了。

他宣布说，上帝对他们非常恼火，最终把他们驱散，让他们流落人间；既然他们崇拜的神灵根本不是他们的上帝，因而激怒了上帝，上帝也就把并非其子民的民族称做子民，以此刺激他们，并且希望他的话全都永久地保存下来，他的书能放入约柜，永远作为反对他们的见证。

《以赛亚书》也说过同样的话，见第30章。

638.

耶稣基督的证明——如果七十年后肯定会被解救，这样的囚禁就算不上囚禁了。然而现在他们成了解救无望的囚徒。

上帝允诺过他们，说尽管他把他们散落在天涯海角，可是如果他们忠于他的法律，他还会再次将他们聚拢。他们非常忠于他的法律,始终受它的压迫。

639.

尼布甲尼撒害怕人民相信犹大被剥夺了权杖,于是将他们带走;他事先告诉他们说,他们在那里短暂停留,以后会返回原地。他们始终得到先知们的安慰,他们的国王也在延续。然而第二次毁灭没有复原的承诺,没有先知,没有列王,没有安慰,没有希望;因为王权永远被剥夺了。

640.

看到这个犹太民族生存了这么多年,看到他们的处境始终很悲惨,那真是一件令人惊讶、值得格外关注的事情。作为耶稣基督的必要证明,他们必须生存下来以便见证他,他们必须受苦,因为他们把耶稣钉死在十字架上。尽管受苦与继续生存是对立的,但是他们不顾自己的可悲而始终生存着。

641.

他们显然是为弥赛亚充当见证而特意造就的一个民族。他们保存这些书,既热爱这些书,又不懂这些书。这一切都有过预告:上帝的审判托付给了他们,但是作为一部密封的书。

第十章　象征

642.

新约和旧约的共同证明——为了一举证明这两部书，只要看一下一部书中的预言在另一部书里是否实现就行了。为了检验预言，必须理解预言。因为，假如我们认为它们只有一重意义，那么弥赛亚肯定不会来临；假如它们有双重意义，那么他肯定借耶稣基督之身来临了。因此，全部的问题就在于知道它们是否具有双重意义。

耶稣基督和使徒们赋予了《圣经》双重意义，请看以下证据：

一、《圣经》本身的证明。

二、拉比们的证明：摩西·迈蒙尼德说它具有两方面，而先知们只预言了耶稣基督。

三、卡巴拉的证明。

四、拉比们对于《圣经》所作的神秘解说作为证明。

五、拉比们的原则为证：他们认为有双重意义；弥赛亚有两次降临，一次是光荣的，一次是羞辱的，根据他们的功过而定；先知们仅仅预言弥赛亚的到来——法律并不是永恒的，弥赛亚降临后就得改变——那时候人们就不再记得红海了；犹太人和信奉多神论的异教徒将混为一片。

六、耶稣基督和使徒给我们的钥匙为证。

643.

上帝为了显示自己能塑造一个具有无形圣洁的圣洁民族，使之充满永恒的光荣，于是创造了种种可见的事物。既然自然界是神恩的写照，他就按照神恩的仁厚造就了丰富的大自然；以便让我们判断，既然他把有形的东西做得这么好，他就能造就无形之物。

因而，他把这个民族从洪水中拯救出来；使他们成为亚伯拉罕的后代，他从敌人的围困中把他们救赎出来，使之得到安息。

上帝把他们拯救出洪水并使整个民族从亚伯拉罕诞生，并不只为了把他们带到一片膏腴的土地上来。

连神恩本身也只不过是光荣的象征，因为它不是终极目的。它被法律所象征，而本身又象征着（光荣）：但它是光荣的象征，是后者的原则或原因。

常人的日常生活和圣者的日常生活是相似的。他们都在寻求自己的满足，不同的只在于他们为满足所设置的目标；他们把妨碍自己目标的人称为敌人，等等。因此，上帝通过展示他对可见事物所具有的权力，来显示出自己具有赐予无形福祉的权力。

644.

象征——上帝希望为自己组成一个圣洁的民族，他会把这个民族和其他所有的民族分开，从这个民族敌人的手中把他们解救出来，安置在一个安宁的地方；上帝许诺做这件事，并且通过他的先知们预告了他来临的时间和方式。在此期间，为了时刻坚定他的选民的希望，他让他们看到希望的影子，从来没有让他们失去对于神要拯救他们的力量和愿望的信念。因为在创造人的时候,亚当就是见证人,也是救主将从女人那儿出生的这个允诺的受托人,当人们与创世纪相隔非常近的时候,他们不可能遗忘自己被创造和堕落的情景。见过亚当的人们不在人世以后,上帝就派遣挪亚,用奇迹拯救了他,却淹没了整个大地,这个奇迹足以显示上帝具有拯救世界的能力,他一定要这样做,以及使他许诺的救主从女人的种子里脱胎的意愿。这个奇迹足以坚定人们的希望。

当挪亚还活着的时候,人们对大洪水记忆犹新,上帝向亚伯拉罕许诺,而且当闪还活着的时候,上帝派来了摩西,等等……

645.

象征——上帝希望剥夺子民们享受转瞬即逝的福祉,并显示这并非出于无能,于是造就了犹太民族。

646.

犹太教堂不会消失,因为它是象征;但因为它仅仅是象征,所以就会陷入奴役状态。象征一直存在到真理的到来,目的是要让教会始终被人看见,无论是在允诺它的描绘里,还是在实际效果上。

647.

法律是象征性的。

648.

两种错误:一切都从字面上理解;一切都从精神上理解。

649.

反对那些过度解释象征性的作者。

650.

有些象征是明白的，可以证明的，但是有一些则显得牵强，只有那些已经信服的人才相信。前一种象征与启示录派相似，但是差别在于，启示录派没有任何确凿无疑的象征，因此当他们说他们的象征和我们的某些象征有着同样确凿的根据时，乃是最不公平之举了；因为他们没有任何象征能像我们的某些象征那样可以得到证明。因此，两者不能等量齐观。不应该把这些东西等同起来、混淆起来，因为它们在一端似乎相似，而在另一端却是如此不同；正是神圣事物中的清晰明了，才值得我们去尊敬其中的晦涩艰深。

就好像某些人相互之间说某种幽晦的语言，不懂它的人只能看到一种莫名其妙的意义。

654.

午饭与晚饭的区别。

在上帝那儿，语言与意图是没有区别的，因为他是真实的；语言与效果也是没有区别的，因为他是全能的；手段与效果也没有区别，因为他是睿智的。

这条准则是普遍的：上帝能做到一切，有些事除外，这些事他若能做到，他就不是万能的了，例如死亡、被欺骗与说谎，等等。

657.

象征——犹太民族和埃及民族显然被摩西遇到的两个人预言过了:埃及人打犹太人,摩西杀埃及人复仇,而犹太人忘恩负义。

658.

《福音书》中,有病的躯体象征病态的灵魂;但是因为一个躯体不足以病到很好地表现病态灵魂的程度,因此就需要多个躯体。于是就有了聋子、哑巴、瞎子、瘫子、死去的拉撒路、中魔的人。这一切全都包含在有病的灵魂里。

660.

贪欲已经成为我们习以为常的东西了,已经成为我们的第二天性。因此,我们身上有两种天性:一种是善的,一种是恶的。上帝在哪里?在你不在的地方,上帝的王国就在你的身上。拉比。

661.

在所有的神秘之中,只有忏悔是明确地向犹太人昭示过的,是先驱者圣约翰宣布的,然后还有其他的神秘,为的是指明,这种秩序应当得到遵守,无论是每个人,还是整个世界。

662.

现世的犹太人既不懂得他们预言中预告的弥赛亚的伟大,也不懂得他的屈卑。他们不理解他被预言的伟大,比如当他说弥赛亚将是大卫的主人,尽管他是大卫的儿子;还说他早于亚伯拉罕而又见过亚伯拉罕的时候。他们不相信他是那样的伟大，乃至可以永恒；而且也误解了他的屈卑和死亡。“是弥赛亚就永远存在”，他们说，“而这个人却说他会死。”因此，他们既不相信他是不会死的，也不相信他是永恒的：他们只在他身上寻找现世的伟大。

663.

象征性的——没有什么比贪婪更像仁爱，也没有什么像它们那样如此相反。因此，拥有满足其贪欲的财富之后，犹太人就很像基督徒，又与之非常相反。通过这种方式，他们有了自己必备的两种品质，即与弥赛亚非常相似，以便象征他，同时又与之非常相左，以免成为令人疑心的见证人。

664.

象征性的——上帝利用犹太人的贪欲，使之为耶稣基督效力。耶稣基督掌握着治愈贪欲的药方。

665.

仁爱不是一条象征性的戒律。耶稣基督前来取消象征是为了确立真理，说什么他来此只是为了确立仁爱的象征，而取消先前业已存在的现实，那就太可怕了。

“假如光明是黑暗，那么黑暗该是什么呢？”

668.

我们彼此疏远，只是因为疏远了仁爱。

我们的祈祷和我们的德行在上帝的面前是可憎的，假如它们不是耶稣基督的祈祷和德行。而我们的罪恶永远不会成为上帝慈悲而只能是上帝正义的对象,假如它们不是耶稣基督的罪恶。他接受了我们的罪恶,允许我们(与他)结合,因为德行是他固有的,而罪恶与他无缘;但是德行与我们无缘,我们的罪恶却是我们固有的。

让我们改变一下我们迄今所采用的准则来判断善恶吧。我们曾经以自己的意志为准则,现在采用上帝的意志为准则吧:凡是他想要的,对我们都是好的而且是公正的,凡是他不想要的,都是坏的和不公正的。

上帝不要的东西均被禁止。罪恶被上帝所做的普遍宣言所禁止,他不要罪恶。其他未曾一概禁止因此被人说成允许做的事,却并不总是被允许的。因为当上帝让其中某一件疏远我们的时候,当通过这件事——它是上帝意志的一种体现——显示出上帝不希望我们拥有一件事物的时候,这时候就不许我们碰它,就像禁止一种罪恶那样,因为上帝的意志就是我们两件事都不能有。这两件事之间只有一个区别,那就是上帝肯定永远不想要罪恶;而不能肯定上帝是否永远不想要另一件。但是只要上帝不想要它,我们就必须把它视为罪恶;上帝意志——它是全部的善良与全部的正义——的缺席使之成为不义和邪恶。

669.

改变象征,因为我们脆弱。

670.

象征——犹太人固守如下的尘世思想:上帝爱他们的祖先亚伯拉罕,爱他的血肉以及由此产生的一切;上帝因此让他们繁衍生息,把他们与其他一切民族区分开来,不容许他们与之混淆;当他们在埃及饱受煎熬的时候,上帝就以厚待他们的那些全部的伟大标志把他们解救出来；上帝在旷野之中用“吗哪”喂养他们；上帝把他们领到一块非常肥沃的土地上；赐给他们以国王和一座建造宏伟的神殿，好在这儿奉献祭祀，通过动物的流血牺牲使他们得以净化；最后，上帝要给他们派来弥赛亚，使他们成为世界的主人，上帝还预言了弥赛亚到来的时间。

世界沉浸在这些尘世的谬误之中，耶稣基督在被预言的那个时刻到来了，但是并没有带着人们所期待的辉煌；因此他们没有想到那就是他。耶稣死后，圣保罗前来告诉人们说，这一切事情的来临都是象征性的，上帝的王国不在于肉体而在于精神；人类的敌人不是巴比伦人，而是情感；上帝不喜欢手造的神殿，而喜欢一颗纯洁而谦卑的心；肉体的割礼是无益的，重要的是内心的割礼；摩西并没有把天上的面包赐给他们，等等。

但是上帝不愿意把这些事情告诉这个不配这些事情的民族，可是又想予以预告，以求人们相信这些事；于是他就清楚地预告了它们到来的时刻，有时候明白地表示了它们，但大量采用了象征，目的是让那些喜爱象征性事物的人可以关注它们，让那些喜爱象征物的人可以看见它们。

凡是不通向仁爱的，皆为象征。

《圣经》的唯一目的就是仁爱。

凡是不趋向于这个唯一目的的，便是这个目的的象征物。因为，既然只有一个目的，所以凡是不从本义上趋向它的，便是象征物。

上帝就这样地变化仁爱这个唯一的教诫，来满足我们追求变化的好奇心，用这种变化把我们永远地引向我们唯一的必要。因为唯有一件事是必要的，可我们却喜爱变化；于是上帝就用这些变化来满足两者，而这些变化把人引向唯一必要的事物。

犹太人那么喜爱象征性的事物，那么殷切地期待它们，以至于当现实按照预言的时刻和方式到来的时候,他们竟然没有认清现实。

拉比们把妻子的乳房以及尘世财富中一切不表示他们具有的唯一目标的东西都当成是象征。基督徒甚至把圣餐礼当成他们追求的那种真福的象征。

671.

肩负征服列国和列王使命的犹太人沦为了罪恶的奴隶;而以充当仆人和臣民为天职的基督徒却成为了自由的儿女。

672.

为形式主义者而写——圣彼得与使徒们商议废除割礼时,因为涉及违反上帝法律之举,他们就没有顾及先知,只考虑未行割礼的人是否接受了圣灵。

他们更有把握地认为:上帝赞许那些被他注满圣灵的人,而不是必须恪守法律。因为他们知道法律的归宿不外乎是圣灵;既然人们可以不行割礼就获得它,因此割礼就不是必要的。

673.

犹太人的宗教是模仿弥赛亚的真理而塑造的;弥赛亚的真理则是通过犹太人的宗教而被认知的,犹太教是它的象征物。

在犹太人那里,真理只是被象征化而已;在天上,它是敞开的。

在教会那里,它是遮盖的,通过象征关系被人所知。

象征根据真理而造就,真理则通过象征而被人认知。

674.

“做任何事,都要根据在山上给你显示的样式。”圣保罗因此就说犹太人描绘了天上的事物。

675.

……然而,这种为了蒙蔽一些人而启迪另一些人所制作的圣约书,在其蒙蔽的那些人的身上标志出另一些人应当认识的真理。他们从上帝那儿所接受的种种可见的福祉是那么巨大、那么神圣,以至于看起来他的确能够赐给他们各种无形之物和一个弥赛亚。

因为大自然就是神恩的写照,看得见的奇迹就是看不见的东西的写照。弥赛亚说救赎将如同红海中的通道。

于是上帝就以逃亡埃及、逃出大海,就以列王的溃败,就以吗哪,以亚伯拉罕的全部谱系来显示他能够拯救,能够从天上降下粮食,等等;以至于敌对民众就是他们所不认识的那位弥赛亚的象征和表现,等等。

于是他最终告诉我们,所有这些事物只不过是象征,并告诉我们什么才是“真正的自由”、“真正的以色列人”、“真正的割礼”、“真正来自上天的粮食”,等等。

在这些允诺里,每个人都会找到自己内心深处所具有的东西,无论尘世的福祉还是精神的福祉,上帝或者创造物;然而其中有着这样的一个区别:那些在此寻求创造物的人将在这儿找到它们,不过会遇到一些矛盾,遇到不许爱它们的禁令,遇到只能崇拜上帝、只能爱上帝的诫命——这其实是一回事——最后还有弥赛亚不是为了他们而来临的;反之,那些在此寻求上帝的人则将找到上帝,没有任何矛盾,恪守只能爱他的戒律,一位弥赛亚在预告过的时刻到来,将他们要求的福祉赐给他们。

因此,犹太人就有了他们目睹其实现的奇迹与预言;他们的法律学说也是只崇拜和只爱上帝;它也是永恒的。这样,它具备了真正宗教的全部标志,因此它就是真正的宗教。然而必须把犹太人的教理与犹太人法律的教理区别开来。犹太人的教理不是真的,尽管它有着奇迹、预言和永恒性,因为它不具有另外一点,即只崇拜和只爱上帝。

676.

这些书上为犹太人所搭的那层纱布,也是为邪恶的基督徒所搭的,是为一切并不痛恨自己的人而搭的。但是当人们真正痛恨自己的时候,这些人就很容易理解它们,也很容易认识耶稣基督!

677.

象征包含着虚幻和实在,欢乐和痛苦。暗码有双重意义:一重是明显的,另一重则说意义被隐蔽了。

678.

象征——一副图画包含虚幻和实在,欢乐和痛苦。现实则排除虚幻和痛苦。

要想知道法律和殉道究竟是真实的还是象征的,就必需看一看先知们在谈到这些事情时,是否把他们的目光和思想停留在这些事情上,他们从中只看到这种古代的圣约,还是他们从中还看见某些别的东西,而圣约只不过是它们的描绘;因为在一幅画中,我们看到的是经过象征的事物。为此,我们只要考察他们怎样评价它们就行了。

当他们说它将是永恒的，他们指的是圣约呢，还是殉道等等呢？关于圣约，他们说它是会改变的。殉道也是如此。

暗码有两重意义。当我们不经意遇到一个重要的字，看到一种明显的意义，可是据说它的意义是被遮盖和隐讳的，它极端隐蔽，以至于我们对这个字视而不见、听而不解；除了它是一个具有双重意义的暗码之外，我们应该如何感想呢，尤其当我们发现其字面意义明显相悖的时候？先知们曾明白地说过，以色列将永远受到上帝钟爱，法律将是永恒的；而他们又说过人们不太会理解他们的意思，意思是被遮盖的。

因此，对于那些为我们揭开暗码，教会我们认识隐蔽的意义的人，我们应该多么尊敬他们啊！尤其当他们对此采用的原则是十分自然、十分明白的时候。这就是耶稣基督以及使徒们所做的事情。他们揭去封印，他撕下布纱，展示出精神。他们就此教导我们：人类之敌人乃是自己的感情；救赎主将是精神的，他的统治也将是精神的；他会降临两次，一次是悲惨的，以便让高傲的人们变得卑屈，另一次是光辉的，以便升华屈卑的人们；耶稣基督将既是神又是人。

679.

象征——耶稣基督启迪他们的精神，以便理解《圣经》。

以下就是两大启示：一、一切事物都以象征的方式出现在他们身边；二、一个受尽屈辱，直至上十字架的上帝：基督必须受难才能进入他的光荣，“他用自己的死亡战胜死亡”。两度降临。

680.

象征——这个秘密一旦被揭开，人们就不可能看不见它。让我们以这种眼光阅读《旧约》吧，让我们来看看殉道是不是真的，亚伯拉罕的亲缘关系是不是上帝爱宠的真正原因，上帝允诺的土地是不是真正的安身之所？都不是的；因此它们是象征。让我们同样来看看一切规定的仪式、一切不以仁爱为目的的戒律，我们会看到它们也是象征。

因此，所有这些祭祀和仪式都是象征或者愚昧。可是有些明显的东西又是如此崇高，不能视为愚昧。

应该知道先知们把观点仅限于旧约，还是从中看到了别的东西。

684.

矛盾——我们只有协调自身所有的相悖因素，才能有美好的容貌；跟循一系列相调协的品质而不协调相悖的东西是不够的。要理解一个作家的意义，就必须协调一切相悖的章节。

因此，要理解《圣经》，就必须获得一种协调所有相悖章节的意义。获得一种适应一些相调协的章节的意义还不够；还要获得连相悖的章节都能协调的意义。

每个作家都具有一种协调任何相悖章节的意义，不然他就根本没有什么意义。我们不能说圣书和先知们是没有什么意义的；他们肯定是很有意义的。因此，必须寻找出一种协调所有这些冲突的意义来。

因此，真正的意义不是犹太人的意义；一切矛盾在耶稣基督那里都得到协调。犹太人不可能把何西阿所预言的王权和君权的中断与雅各的预言协调起来。

第十一章　预言

693.

看到人类的盲目和可悲，目睹整个宇宙的沉默，没有光明的人类，孑然一身，就像迷失在宇宙的这个旮旯里，不知道谁把自己放在这里，也不知道他是来做什么的，死后又会变成什么，一丁点知识都无法了解，我陷入恐惧中，就像一个人在沉睡中被带到一座可怕的荒岛上，醒来时不知道自己身在何处，也没有脱身的办法那样。因此，我惊讶人们在如此悲惨的境况里竟然没有落入绝望。我见到周围差不多同样的人，我问他们是否比我知道得更多，他们告诉我说不是；说完这话，这些可怜的迷途者环顾自己的四周，看到了某些令人开心的东西，就沉醉其中、依恋不舍。而我却无法使自己留恋其中；我认为除了我所看到的之外，很有可能还有另外的东西，于是就寻找这位上帝是否没有留下他自己的某些标记。

我看到一些彼此对立的宗教，因此除了一种之外，其余都是假的。每一种都想靠自己的权威让人相信，并且威胁不相信的人。单凭这点，我就不相信这种宗教。每个人都能这么说，每个人都可以自称是先知。然而我看到在基督教中的预言兑现了，这是其他宗教无法做到的事。

694.

……而这一切的完美体现便是预言，以至于人们不能说是偶然造就了它。

无论是谁，假如只能再活一个星期，都不会认为关键在于相信这一切不是一场偶然……

然而，如果感情根本操纵不了我们，那么一个星期和一百年是一回事。

699.

犹太会堂先于教堂；犹太人先于基督徒。先知们预言了基督徒；圣约翰预言了耶稣基督。

702.

犹太民族对于他们法律的热诚，尤其从不再有先知以后。

703.

当先知们在维护法律的时候，人民对此漠不关心；但自从不再有先知之后，热诚接踵而来。

704.

魔鬼在耶稣基督到来以前扰乱过犹太人的热诚，因为它可能会成为他们的救赎，但不是在耶稣基督到来之后。

犹太民族受到异教徒嘲弄；基督教民族受到迫害。

705.

证明——预言及其实现;耶稣基督之前的一切,以及继耶稣基督之后的一切。

706.

对耶稣基督的最有力的证明就是先知们的预言。也正是在预言方面,上帝提供得最多;因为兑现预言的那个事件是贯穿教会始终的一场奇迹。所以上帝在一千六百年间创造了先知们;在以后的四百年间又把所有的这些预言,连同所有肩负传播使命的犹太人,散布到全世界的所有地方。为耶稣基督的降生所做的准备就是如此,他的福音必须得到全世界的信仰;所以就必须不仅要有预言,使之为众人所信仰,而且还要使这些预言流传于世,为的是使它为全世界所信仰。

707.

但是光有预言流传还不够,还应该将它们传遍所有的地方,并且在一切时代得到保存。为了使人们不至于把这种默契错当成因偶然所致,有必要对它做出预言。

除了上帝保全了他们,对弥赛亚来说,犹太人还是观察者,甚至成为他荣耀的工具,实在是一件更加荣光的事。

708.

预言——被犹太民族的状态、异教民族的状态、神殿的状态、年代的数目所预告的时代。

709.

用那么多方式来预言同一件事物，是需要胆量的：四个偶像崇拜的或异教徒的王朝、犹大王国的结束以及七十个星期，必须在同一个时间到来，而这一切都要在第二个神殿被毁灭之前发生。

710.

预言——倘若有个人独自写了一部预言耶稣基督的书，预告耶稣基督到来的时间和方式，而耶稣基督的到来与这些预言相符合，那就力量无限了。

可是这儿远不止于此，一连串的人，在整整四千年的岁月中，一个接着一个地、一成不变地预言这同一件事情。是整个民族都在宣扬它，他们四千年来始终存在着，为的是亲身见证他们所拥有的信念，人们强加给他们的那些威胁与迫害无法使他们放弃信念；这才格外了不起。

711.

个别事件的预告——他们在埃及是异乡人，没有任何私有财物，无论在那个国家，还是在别的地方。既没有任何显示此后如此长期存在的王朝的迹象，也没有丝毫他们称之为辛奈德林的七十法官的最高会议——这是摩西所创建的，并一直延续到耶稣基督的时代——的外表：所有这些事都尽其所能地远离他们当前的状态。雅各临死祝福他的十二个孩子时，向他们宣布，他们将拥有一大片土地；特别向犹大的一家预告说，有一天将要统治他们的列王将出自他的家族，他的弟兄们都将是他的臣民。就连众族期望的那位弥赛亚也将从他那儿降生，而且丝毫不会剥夺犹大的王权，以及他的后裔的统治和立法权，直到期待中的弥赛亚降临他家为止。

就是这同一个雅各，像主人似地处置着这片未来的土地，给约瑟夫的土地比给别人多一块，他说道："和你的兄弟们相比，我多你给一份。"约瑟夫带来两个孩子，一个是以法莲，另一个是玛拿西，长子玛拿西在雅各右边，幼子以法莲在雅各的左边：他手臂交叉，把右手放在以法莲的头上，把左手放在玛拿西的头上，以这种方式为他们祝福。听到约瑟夫说他偏爱幼子，雅各以一种令人赞叹的坚定回答他说："这我知道，我的孩子，这我知道；可是以法莲会以与玛拿西迥异的方式壮大。"此后果然应验，千真万确，仅这一支派的人数几乎就跟构成整个王国的整整两个支派一样繁庶，于是人们通常就只用以法莲这个名字称呼他们。

就是这同一个约瑟夫，临终时就嘱咐他的孩子，当他们进入那片土地的时候，要随身携带他的骨骸；他们两百年以后才到达那里。

摩西在这一切发生很久之前就把它们都记下了；在每个支派进入那片土地之前，就亲自把土地分给了他们，仿佛他就是土地的主人。他最后宣布，上帝要从他们的国家和他们的种族中创造出一个先知，他本人就是先知的象征，并且对他们如实预告了他们在他死后进入这片土地上将要遇到的一切，上帝赐给他们胜利，他们对上帝忘恩负义，他们因此受到惩罚以及他们的其他历险。他给他们派裁判官，将由他们来裁决；他给他们规定了在那儿必须遵守的一整套体制，他们将在那儿建立的避难城市，以及……

712.

预言中混杂着具体的事情和弥赛亚的事情，从而使弥赛亚的预言不会缺乏证明，具体的预言也不会没有结果。

723.

预言——但以理的七十个星期，它开始的期限和结束的期限都是含混的，前者因为预言使用的词汇所致，后者因为编年史家们莫衷一是。但是所有这些分歧不会超过两百年。

724.

预言——在第四王朝，在第二座神殿毁灭之前，在犹太人的统治在但以理的第七十个星期被废除之前，在第二座神殿延续期间，异教徒将受到劝化，被引向认识犹太人所崇奉的上帝；爱上帝的人都将摆脱自己的敌人，充满对上帝的爱和畏惧。

在第四王朝，在第二座神殿毁灭之前，大批异教徒果然崇奉上帝，过着天使般的生活；少女们把自己的贞洁和生命献给上帝；人们放弃了一切的欢乐。柏拉图只能说服少数经过特别挑选和得到指点的人接受的东西，一种秘密的力量借助几句话就把不计其数的无知者说服了。

富人们抛弃了自己的财富，孩子们离开父母舒适安逸的家，去了严酷的荒漠，等等。（见犹太人费罗的著作。）为什么这样呢？那是因为很久以前就有过预告。两千年间，没有一个异教徒崇奉犹太人的上帝；当预告的时间来临时，大批异教徒崇拜这个唯一的上帝。神殿被毁了，连国王们都拜倒在十字架跟前。这是为什么呢？是因为上帝的精神遍布大地。

就连拉比们都认为，从摩西直到耶稣基督，没有一个异教徒信奉上帝。大量的异教徒在耶稣基督之后都信了摩西的书,遵守其精神和实质,只是把其中无用的部分抛弃了。

730.

……这时候,偶像崇拜将被推翻;这位弥赛亚将砸烂所有的偶像,带领人们崇奉真正的上帝。

偶像的神殿将被推倒,万邦之中,世间各地,他都会得到纯洁的献祭,而不是动物的祭祀。

他将成为犹太人与外邦人的王。这位就是犹太人与外邦人的王,就是这位遭到这两种人迫害,被他们共谋致死的王,他统治双方,在成为摩西崇拜中心的耶路撒冷摧毁了对摩西的崇拜,在那儿缔造了自己的第一个教堂,也在成为偶像崇拜中心的罗马摧毁了偶像崇拜,并在那儿建立起自己主要的教堂。

731.

预言——耶稣基督将坐在右边,上帝将为他降服敌人。

因此,他不会亲自去降服他们。

732.

此后,人们不会再教导自己的邻人说,"这就是主,因为上帝会让自身被每个人都感受到。"

"你的子孙将要预言。""我会把我的精神和我的畏惧放进你的心里。"

所有这些都是同一回事。所谓预言,就是谈论上帝,就是不借助外表的证据而是根据内心的直接感受来谈上帝。

733.

他将给人们指出那条完美的道路。

无论在他之前,还是在他之后,从未有人教导过任何与此相近的神圣事物。

734.

……耶稣基督起初渺小,之后会壮大。《但以理》中的小石头。

要是我根本没有听说过弥赛亚,但是看到这些关于世界进程的美妙预告一一实现之后,我会明白它是神圣的。要是我知道这些书同样预告了弥赛亚,那么我就会肯定他一定会到来;当我看到它们把他的时辰放在第二座神殿倾覆之前,我就会说他已经来了。

735.

预言——犹太人将抛弃耶稣基督,他们将为此被上帝抛弃。精选的葡萄只结出酸葡萄。选中的民族将是不忠诚的、忘恩负义的、不信神的,populum non credetem et contradicentem(这个不信仰和反叛的民族)。上帝将以盲目打击他们,他们在正午时分将如盲人般摸索;一位先驱将在耶稣基督之前到来。

第十二章　耶稣基督的证明

737.

……就从那儿起，我拒绝其他一切宗教。我由此找到了对一切责难的答复。一个如此纯洁的上帝，只在那些心灵已经纯化了的人们面前显示自身，这是正当的。因此，这种宗教让我觉得是可爱的，并且我发现一种如此神圣的道德已经使它变得相当可信；但是我从中还有更多的发现。

我觉得切实可信的是：有一个民族自从人类记事以来就存在了，比其他任何民族都更古老；人们不断地得到宣示说，他们全都腐化了，但是将有一个救主来临。并不是一个人在说此事，而是无数的人、整个民族在四千年间都在预言，并且是故意而为的。他们的书籍散落流传了四百年之久。

我越是仔细研究这些，在里面发现的真理也就越多：先前发生的、继之而来的；这种被预告的犹太会堂，那些追随它的悲苦的人们，这些人都是（耶稣的）敌人，所以对我们而言就是这些预言真实性的最好见证人，他们的悲苦和他们的盲目都在预言里得到过预告。

我发现这种衔接、这种宗教，就它的权威、持久、永恒、道德、行为、教理、效果而言,是绝对神圣的。犹太人的黑暗是可怕的而且被预告过:Eris palpans in meridie(你将在正午摸索行进)。Dabitur liber scienti litteras,et dicet:Non possum legere(把书交给认识字的人,他说:“我念不了”)。王笏还在第一个异族篡夺者的手中。耶稣基督来临的声息。

因此,我向我的救主伸出双臂,四千年来一直有他的预告,他来到大地上为我受难,为我赴死,来临的时间和情形与预言的完全一致;有了他的恩典,我带着与他永远结合的期待平静地等待着死亡;然而我也欢乐地生活着,无论处在他乐意赐给我的那些福祉之中,还是处于他为了我好而带给我的,并以身作则教我忍受的那些苦难。

738.

预言既然给出了弥赛亚降临时会出现的各种迹象,这一切迹象就必须同时出现。因此到但以理的七十周完结时,第四王国就必然到来,这时王笏必须离开犹大,而这一切毫无困难地发生了;这时候弥赛亚就要到来,耶稣基督就在这时到来,称为弥赛亚。这一切的发生仍然没有任何困难。这充分显示了预言的真实。

739.

先知作了预告,但本身没有被预告。圣者后来被预告过,但没有作预告。耶稣基督既被预告过,也作了预告。

740.

受到新旧两约注视的耶稣基督,旧约视之为自己的期待,新约视之为自己的楷模,两者都把他看做自己的中心。

741.

世上两部最古老的书,一是摩西的书,一是约伯的书,一个是犹太人,一个是异教徒,两人都把耶稣基督视为他们共同的中心和他们的对象:摩西讲述上帝对亚伯拉罕、雅各等的承诺和他的预言;约伯则是:Quis mihi det ut(谁会给我)等等。Scio enim quod redemptor meus vivit(我知道我的救主活着)等等。

742.

圣女的贞洁,《福音书》只谈到耶稣基督诞生为止。

一切都联系到耶稣基督。

743.

对耶稣基督的证明。

为什么《路得记》得以保存?

为什么会有他玛的故事?

744.

"祈祷吧,免得受诱惑。"被诱惑是危险的;那些人被诱惑,是因为他们不祈祷。

圣彼得要求容许他击打马勒古,没等听到回答就出击了,耶稣基督后来才回答他。

加利利这个词,好像是那群犹太人在彼拉多面前控告耶稣基督时偶然说出来的,彼拉多顺水推舟,把耶稣基督交给了希律王;于是就完成了他应该受犹太人与异教徒审判的神秘。外表上的偶然成为实现神秘的原因。

745.

那些信仰有困难的人,找到了一个理由,就是犹太人没有信仰。他们说:“假如它果真那么明白,为什么犹太人不信仰呢?”他们几乎愿意犹太人是有信仰的,以免因自己拒绝的先例而被抓住把柄。但是他们的拒绝恰好成为我们信念的基础。假如他们是在我们一边的,我们也许就不会欣然信仰了。我们的借口就会更充分。让犹太人变成被预告的事物的狂热爱好者和实现这些预言的大敌,这真是令人惊讶。

746.

犹太人习惯于伟大辉煌的奇迹,因此把红海壮举和迦南地看做他们的弥赛亚的伟大事迹的缩影,他们期待着更惊天动地的奇迹,摩西的奇迹不过是一些样本而已。

747.

肉欲的犹太人和异教徒有悲苦,基督徒也有悲苦。异教徒没有救主,因为他们甚至没有期望过有救主。犹太人没有救主,因为他们徒劳地希望着救主。只有基督徒才有救主(参见永恒性)。

748.

在弥赛亚的时代,这个民族产生了分化。精神追求者选择了弥赛亚;粗俗的人则继续充当他的见证人。

749.

“假如这些都清清楚楚地向犹太人作了预告,他们怎么会不相信呢？或者说，他们抵制这样一件明明白白的事，又怎么会没被毁灭呢？”

我回答说：首先，这是被预告过的，他们不相信一件如此明白的事，而他们又没有被毁灭。这是属于弥赛亚的莫大光荣了；因为只是有先知还不够，他们还必须得到无可置疑的保存。然而，等等。

750.

假如犹太人都被耶稣基督感化，我们就只剩下可疑的见证人了。假如他们被毁灭，我们就连一个见证人都没有了。

751.

关于耶稣基督，先知们说了些什么呢？说他明显就是上帝么？不，但他是一个真正隐蔽起来的上帝；他将不为人所识；没有人会想到他就是上帝；他是一块绊脚石，一些人会在那里绊倒，等等。因此，人们就别再责备我们不够明确吧，因为我们承认这一点。

“可是还有隐晦不明之处，”人们说，“倘若没有这些，人们就不会在耶稣基督那里绊倒了”，而这正是先知们显然的用意之一：Excaeca（让人们盲目）……

752.

摩西首先教导三位一体、原罪、弥赛亚。

大卫，伟大的见证人：王者、善良、宽恕、灵魂高尚、睿智、强健；他做了预言，他的奇迹发生了；这是没有穷尽的。

他只要说他是弥赛亚就行了，假如他有虚荣心的话：因为关于他的预言要比耶稣基督的预言清晰明白得多了。

对圣约翰也是如此。

756.

一个人明白预告将要发生,宣布自己的意图是既要蒙蔽又要启迪人,在将要发生的明白的事物中掺进隐晦不明的东西,对于这个人,我们除了崇敬还有什么呢?

757.

第一次降临的时辰是被预告过的,第二次来临的时辰则没有;因为第一次来临必须隐蔽,而第二次来临则应该灿烂辉煌,彰明昭著得连他的敌人也得承认它。然而,他只能隐蔽地到来,为了让那些研读《圣经》的人知道,所以……

758.

上帝让他以这种方式做预告,为的是让善人认识弥赛亚,不让恶人认识弥赛亚。假如弥赛亚来临的方式作了明白的预告,那么对恶人也不会有什么幽晦可言了。假如那个时辰预告得很隐晦,那么善人也会弄不明白;因为(他们善良的内心)使他们理解不了,比如说,封闭的 mem 是指六百年。但是时辰已经明白预告过了,而来临的方式以象征作了预告。

通过这种办法,恶人把允诺的福分当成物质的,不顾已经明确预告的时辰而陷入歧途,善人不会迷失。因为对允诺的福分的理解取决于心灵,内心把自己喜爱的称为“善”;然而对于允诺的时辰的理解则不取决于心灵。因此对时辰的明确预告和对福分的隐晦预告,欺骗的只是恶人。

759.

要么是犹太人,要么是基督徒,两者之间必有一个是恶人。

760.

犹太人拒绝他(耶稣),但不是所有犹太人都是如此:圣者们接纳了他,但肉欲者没有。这一点远远不足以反对他的光荣,反而成为圆满他荣耀的最后一笔。他们提出的理由,并且是在他们的全部著作中,在《塔木德》和犹太教士们的著作中所能找到的唯一理由,不外是因为耶稣基督没有用武力征服各国。他们能说的只有这些吗?他们说,耶稣基督被害了;他倒下了;他没有以他的武力征服异教徒;他没有把他们的战利品赐给我们;他没有赐予什么财富。他们只有这些话好说吗?正是在这一点上,我觉得他值得爱。我不想要他们想象中的他。很显然,唯有邪恶才会阻止他们接受他;通过这种拒绝,他们成为无可挑剔的见证者,此外,通过这种拒绝,他们成全了预言。

由于这个民族没有接受他,才发生了以下这种奇迹:预言是人们唯一能造就的、持久的奇迹,但是它们可能遭到反对。

761.

犹太人害他,是为了不把他当做弥赛亚来接受,结果反而把弥赛亚的最后标志给了他。

由于继续否认他,他们使自己成为了无可挑剔的见证人:他们害他而且继续否认他,就这样完成了预言。

762.

犹太人,他的敌人,当时还能做什么呢?假如他们接纳他,那就以自己的接纳证明了他,因为期待弥赛亚的受托人会接纳他;假如他们否定他,他们就以自己的否定而证明他。

763.

犹太人在检验他是不是上帝的时候,已经表明他是人。

764.

教会要证明耶稣基督是人——以反驳否定这一点的人们——和证明他是上帝一样,都是非常困难的;因为这两种可能性一样大。

765.

矛盾的根源——一个被羞辱的上帝,直至死在十字架上;一个以自己的死战胜死亡的弥赛亚。耶稣基督的两重天性,两次来临,人性的两种状态。

766.

象征——救主、父亲、祭献者、牺牲者、粮食、国王、智者、立法者、苦痛、贫穷,必须创造一个他应当引导和养育的民族,并把他们带往他们的大地……

耶稣基督。祭礼。他必须单独创造一个伟大的民族,一个上帝选中的、神圣的、被指定的民族;引导他们,养育他们,把他们带到安宁和神圣的地方,使他们顺服上帝,成为上帝的神殿,与上帝和解,免于上帝的愤怒,使他们摆脱罪孽的奴役,这种罪孽明显地主宰着人类;给这个民族制定法律,把这些法律铭刻在他们的心上,为了他们而将自己奉献给上帝,为了他们而牺牲自己,成为一个没有污垢的献祭品,并且他本人就是祭献者:他必须奉献自己、自己的身体、自己的血液，还要向上帝祭献面包和酒……

之前发生的和后续的一切。所有犹太人都继续活着，颠沛流离。

767.

在大地的一切事物中，他（基督徒）分享的只有忧伤，没有欢乐。他爱周围的人，但是他的仁爱不局限于这些范围之内，而是撒向自己的敌人，然后是上帝的敌人。

768.

耶稣基督由约瑟夫所象征：他得到父亲的深爱，被父亲派来看望他的弟兄们，等等；无辜的他被自己的兄弟以二十个银币出卖，因此成为他们的主人、他们的救主，也是异邦人的救主和世界的救主；倘若没有那个毁灭他的阴谋，没有他们对他的出卖与非难，就不可能有这些事。

在狱中，无辜的约瑟夫夹在两个罪人中间；耶稣基督被钉在十字架上，在两个小偷之间。约瑟夫根据同样的迹象，向其中一个预告得救，向另一个预告死亡。耶稣基督根据同样的罪名拯救选民而谴责被弃者。约瑟夫只作预告；耶稣基督则采取行动。约瑟夫要求将要获救的人记住自己，当他进入他的光荣中的时候；而为耶稣基督所拯救的人则要求他记得自己，当他出现在他的王国中的时候。

769.

异教徒的皈依非弥赛亚的恩典莫属。犹太人与他们对抗了那么长时间，没有成功；所罗门和先知们就此说过的话都不起作用。连柏拉图和苏格拉底那样的圣贤也未能劝人接受他。

770.

无数的人来过之后,耶稣基督终于来说:“我来了,时辰到了。先知们说过的事,以后都会发生,我告诉你们,我的使徒会做到这些。犹太人将被抛弃,耶路撒冷很快就要毁灭;异教徒将认识上帝。你们杀死葡萄园的继承人之后,我的使徒会做到这些。”

之后使徒们就对犹太人说:“你们会受诅咒”(赛尔苏斯对此不屑一顾);并对异教徒说:“你们将认识上帝。”于是这些事就发生了。

771.

耶稣基督来了,要让看得清楚的人失明,让盲人恢复视力;治愈病人,让健康的人死去;呼吁悔恨,开脱罪人,而把义人留在自己的罪孽中;充实贫民,让富人空虚。

772.

圣洁性——所有的民族先前皆沦于不信和贪念之中,整个世界都因仁爱而激动起来。君王们舍弃他们的尊严,少女们殉道受苦。这股力量来自何方?因为弥赛亚已经来临了;那就是他来临的影响和种种迹象。

781.

救赎的整体性象征,如同太阳照亮一切那样,只是指明一种整体性而已;但是排斥的象征物,就像排斥异教徒而特选犹太人一样,则标志排斥。

“耶稣基督是所有人的救赎者。”是的，因为他奉献了，如同一个人赎回了所有愿意投向他的人。那些中途死亡的人，那就是他们的不幸了；但是就他来说，他为他们提供了救赎。在救赎者和阻止死亡者是两个人的情况下，这个例子是对的，但它对耶稣基督本人不适合，因为他两者都是。不对，因为作为救赎者，耶稣基督也许不是所有人的主人；因此，由于主就在他身上，他就是所有人的救赎者。

当有人说耶稣基督没有为一切人而死，你们就在滥用人们的弱点了，他们把这种例外直接用于其自身；这样只会促成绝望，而不能使他们摆脱绝望而转向希望。因为人们就这样通过这些外部习俗使自己习惯于内在的美德。

782.

战胜死亡。

“一个人如果丧失了自己的灵魂，即使获得整个世界，又有什么用呢？”

“谁想守卫自己的灵魂，必然会丧失它。”

“我不是来废掉法律的，而是要成全它。”

“羔羊们带不走世间的罪孽，但我是那只除去罪孽的羔羊。”

“摩西没有赐给你们来自天上的粮食。摩西没有救你们脱离囚禁状态，也没有使你们变得真正自由。”

783.

……于是耶稣基督来告诉人们说，他们的敌人不是别的人，而是他们自己，他们的情欲使他们与上帝分离，他来就是为了消除这种情欲，把神恩赐给他们，从而把他们都归于一个神圣的教会；他是来把异教徒和犹太人带入这个教会的，是来摧毁前者的偶像和后者的迷信的。但是所有的人都反对这么做,不仅仅是欲念自然而然地会反抗,尤其因为大地上的君王们一齐起来要毁灭这门新生的宗教,正如所预言过的那样。

世上的大人物都联合起来:学者、贤达和君王。有人在写作,有人在谴责,还有的在杀戮。然而,虽然有这么多人的反对,这些淳朴的、手无寸铁的人们却抵抗了所有这些力量,甚至还制服了这些君王、这些学者、这些贤达,并且从整个大地上清除了偶像崇拜。这一切是由预告过这一切的那种力量促成的。

784.

耶稣基督不要魔鬼的见证,也不要那些没有圣召的人的见证;而只要上帝与施洗者约翰作的见证。

785.

我认为耶稣基督在所有人的身上,也在我们自己的身上;把耶稣基督视做其父身上的父亲,其兄弟们身上的兄弟,穷人们身上的穷人,富人们身上的富人,牧师身上的博士和牧师,君主身上的君主,等等。因为他是上帝,因他的荣耀而一切都伟大,又因其凡人的生命而无比可悲下贱。他因此就获得了这种不幸的境况,可以在所有人身上显现,也成为所有境况的楷模。

786.

耶稣基督处在默默无闻的状态(世人们所谓的默默无闻),历史学家们只记叙国家大事,几乎没有注意到他。

787.

关于约瑟夫、塔西佗以及别的史学家都没有论及耶稣基督。

这一切远远不能诋毁,反而起到弘扬的作用。因为,耶稣基督存在过,他的宗教引起过广泛的议论,那些人对他不是不知道,这些都是事实;由此可见,他们全然是故意封杀他;否则就是他们谈到过他,但不是被人删除就是被人篡改了。

788.

"我给自己留下七千人。"我爱这些不为世人所知,甚至也不为先知所知的崇拜者。

789.

耶稣基督置身在人群中间一直不为人所知,同样,他的真理也处在寻常的见解之中,外表上没有差别。因此,圣餐就在普通的面包中间。

790.

耶稣基督不愿意不经审判就被处死,因为与死于不义的暴乱相比,被审判处死更让人耻辱。

791.

彼拉多假审判只起到加重耶稣基督受难的作用;因为他的假审判使耶稣基督遭受鞭挞,之后又把他杀害。一开始就把他处死可能会好一些。假义人就是这样:他们迎合世人,好事坏事都做,表明他们不完全属于耶稣基督,因为他们以耶稣基督为耻。最后他们在巨大的诱惑下乘机将他杀害。

792.

哪个人有过更大的光辉呢?整个犹太民族在他来临之前就

预告了他。异邦民族在他到来之后就崇拜他。异邦人和犹太人这两种人都把他看做他们的中心。

可是又有谁更少地享受过这种光辉吗？三十三年间，他三十年不曾显现。在后三年中，他被人当做骗子；牧师们和权贵们排斥他；他的朋友和亲人们都鄙视他。最后死于被他的一个门徒所出卖，被另一个门徒所否认，被所有的门徒所背弃。

那么，他在这种光辉中占有多少份额呢？从未有人得到过如此的光辉，也从未有人蒙受过更多的耻辱。所有的光辉只是为我们服务的，让我们能够认识他；他却丝毫没有给自己留下。

793.

从肉体到精神的无穷距离，象征着从精神到仁爱有着更加无穷遥远的无穷距离，因为仁爱是超自然的。

一切伟大的辉煌，在探索精神的人看来，并没有什么光辉。

精神的人的伟大是国王、富人、权贵以及一切世俗的大人物们所看不见的。

智慧的人的伟大——若不来自上帝，便毫无价值——是肉欲的人和精神的人所看不见的。这是三种不同种类的秩序。

伟大的天才有自己的领域、自己的辉煌、自己的伟大、自己的胜利、自己的光辉，根本不需要与他们没有关系的世俗的伟大。他们不是被眼睛而是被精神所看到的，这就足够了。

圣人们有自己的领域、自己的辉煌、自己的胜利、自己的光辉，根本不需要与他们没有任何关系的世俗的或精神的伟大，因为这些东西既不能为他们增添什么，也不能减少什么。他们被上帝和天使看见，而不是被世俗或好奇的精神所见：对他们来说，上帝就足够了。

阿基米德虽然不光彩夺目，但是将同样地受人尊敬。他没有为了引人注目而立过战功,但是他为全人类的精神贡献了自己的发明。啊！在人类精神面前,他是多么光辉夺目啊！

耶稣基督没有财富,也没有任何显然的知识成就,但他自有其圣洁性的秩序。他没有什么发明,没有统治过天下;但是他谦卑、忍耐、圣洁、顺从上帝、令魔鬼恐惧、没有丝毫罪过。啊！对于看见智慧的心灵的眼睛来说,他的来临是何等的壮丽,何等宏伟神奇啊！

阿基米德没有必要在他几何学的书里摆出君王的样子,尽管他就是君王。

我们的主耶稣基督没有必要以国王的身份来降临在他圣洁的王国里显耀光芒;但是他确实带着自己秩序的光辉降临了！

指责耶稣基督的卑贱,就好像这种卑贱与他前来昭示的伟大属于同一种秩序,这样做是十分可笑的。但愿人们把这种伟大,放到他的一生、他的受难、他的默默无闻、他的死亡、他对门徒的选择、门徒对他的背弃、他秘密的复活以及其他一切事情中去进行思考,人们就会明白他是如此地伟大,自己没有理由去指责一种子虚乌有的卑贱。

但是有些人只能崇拜世俗的伟大,就好像不存在精神的伟大;还有人只崇拜精神的伟大,就好像智慧中不存在更加无限崇高的伟大。

一切物体、太空、星辰、大地和地上的王国都比不上最渺小的精神;因为精神认识所有这一切以及它自己,而物体却一无所知。

所有的物体加在一起,所有的精神加在一起,加上它们所有的产物,都比不上最微小的仁爱之心。那属于一种更加无限崇高的秩序。

既使把所有的物体都加在一起,我们也提炼不出一个小小的思想;这是不可能做到的,属于另一种秩序。从所有的物体和精神之中,我们激发不出一个真正仁爱的行动;这是不可能做到的,它属于另一种秩序,超自然的秩序。

794.

为什么耶稣基督不以一种可见的方式来临呢?而要从先前的预言里得出他的证明呢?为什么他要用象征来预告自己呢?

795.

如果耶稣基督的来临只是为了圣化,那么全部《圣经》和一切事物就都会向此靠拢,说服不信教的人也就轻而易举了。如果耶稣基督的来临只是为了让人盲目,那么他的所有行为就会变得模糊不清,我们也不会有任何办法去说服不信教的人。可是,他既然像以赛亚所说的,是 in sanctificationem 和 in scandalum (为了圣化和绊脚)到来的,所以我们就无法说服不信教的人,他们也说服不了我们;然而正是通过这一点,我们说服了他们,因为我们说在他的全部行为中,没有什么证据支持这种或者那种说法。

796.

耶稣基督没有说他不是拿撒勒人,好把恶人留在盲目之中,也没有说他不是约瑟夫的儿子。

797.

耶稣基督的证明——耶稣基督说大事说得那么自然,就像先前没有想过似的;但是又说得那么清晰,显然是经过深思熟虑的。这样的清晰,与这样的自然结合在一起,是令人赞美的。

798.

福音书的文风在许多方面都是值得赞美的，尤其是对耶稣基督的刽子手和敌人从不加以任何谩骂。因为无论是反对犹大、彼拉多还是反对任何一个犹太人的历史学家们，一句都没有骂过。

倘若福音书的历史学家们的这种节制，以及这种如此美好的特点中的无数其他特征都是假装的，而且假装完全是为了吸引人们注意，那么他们免不了会弄一些朋友来吹捧他们，哪怕他们自己还不敢注目。然而，由于他们就是这样行事的，没有假装，而且出自完全无私的意愿，所以他们没有指给任何人看；而且我相信，这些事情有好几件直到现在还没有被人注意到，由此可见他们做事时的冷静。

800.

谁向福音书作者们透露了一个无比勇敢的灵魂的种种品质，以至于在耶稣基督身上把它刻画得那么完美？他们为什么把伤痛中的他描写得那么软弱？难道他们不懂得描绘视死如归吗？他们是懂的，因为同一个圣路加描写的圣司提反之死，要比耶稣基督之死勇敢得多。

因此，在死亡的必要性来临之前，他们会使他感到害怕，然后变得格外坚强。

不过，他们把他写得如此恐慌时，那正是他折磨自己的时候；而当人们折磨他时，他是十分坚强的。

801.

耶稣基督的证明——说使徒们骗人，这种假设是十分荒谬的。我们尾随观察吧,让我们想象一下,这十二个人在耶稣基督死后聚在一起,密谋说他复活了。他们借此攻击所有的当权者。人心很奇怪,常常流于轻浮,易变,喜欢听别人允诺,贪图财物。他们中只要有一个被这么些诱惑,甚至被囚禁、折磨和死亡软化了,哪怕是那么一丁点,他们就完了。让我们顺着这条思路想下去吧。

802.

使徒们要么受了骗,要么就是骗子;两者兼有是难以成立的,因为把一个人看成复活者是不可能的。

耶稣基督当初跟他们在一起的时候,可以支持他们;然而在此之后,假如他没有向他们显现,谁在启发他们行动呢?

第十三章　奇迹

803.

开始——奇迹评判教理，教理评判奇迹。

奇迹有假有真。必须有一个标志来识别它们；否则它们就没有用处了。然而它们不是无用的，而恰恰是基础。因此，给予我们的准则应该不会摧毁真正的奇迹对真理所做出的证明，而奇迹的主要目的就在于真理。

摩西给出了两条准则：即被预言之事不会出现；他们不会引向偶像崇拜；耶稣基督只给出了一条。

如果是教理规定了奇迹，那么奇迹对于教理就是无用的。如果奇迹规定了……

804.

奇迹——奇迹是一种效果，它超越了人们为此使用的手段所具备的自然力量；非奇迹是一种不超越人们为此使用的手段所具备的自然力量的效果。因此，那些靠祈求魔鬼来治病的人没有做出奇迹，因为这没有超越魔鬼的自然力量。但是……

805.

两种基础,一种是内在的,一种是外表的;神恩、奇迹,两者都是超自然的。

806.

奇迹和真理都是必要的,因为必须使整个人信服,在肉体和灵魂上都信服。

807.

要么人类谈到真正的上帝,要么真正的上帝对人讲话,总是如此。

811.

如果没有奇迹,不信仰耶稣基督就不会构成人们的罪过了。

812.

圣奥古斯丁说:没有奇迹,我可能不会是基督徒。

813.

奇迹——我多么恨那些使人怀疑奇迹的人!蒙田在两处很得体地谈到了奇迹。我们在一处看到他是多么慎重,可是在另一处他却相信奇迹,嘲笑不信者。

不管怎么样,假如他们(指耶稣派)是有道理的话,教会就没有证明了。

814.

蒙田反对奇迹。

蒙田赞成奇迹。

815.

反对奇迹而合乎情理地信仰,这是做不到的。

816.

没有信仰的人乃是最易轻信的人。他们信仰维斯帕先的奇迹,却没有信仰摩西的奇迹。

817.

人们相信那么多声称自己见过奇迹的骗子,却不相信任何一个声称自己掌握令人不朽或恢复青春的秘诀的人,这是为什么呢?考虑到为何人们把如此多的信任寄予那么多声称掌握着救世之道的骗子,甚至常常把自己的生命都交到他们手里,我觉得真正的原因就是的确存在一些真正的救世之道;假如没有真的救治之道,那就不可能出现那么多假的,人们也不会那么相信它了。假如从来就没有针对任何疾病的药方,假如所有的病痛都是无法治愈的,那么人们就不会想象他们可以拿出办法来;而且更不可能有那么多别的人相信那些自吹有办法的人了,就像某个人自诩能阻止死亡,没人会相信他一样,因为这样的事情没有任何先例。但是由于许多救世之道被认为是真实的,连最伟大的人们都认为如此,人们的信仰就向这边倾斜了;既然此事被认为是可能的,人们就由此得出结论说它是存在的。因为人们一般是这样推论的:"一件事物是可能的,因此它是存在的"; 既然某些具体的作用是真实的，这件事物就不能普遍地加以否定，由于人们看不出这些具体作用中哪些是真实的，于是就全部加以相信。同样，月亮那么多的虚假作用之所以有人相信，就是因为其中有些作用是真的，比如潮汐。

预言、奇迹、梦兆、巫术等等，也都是这样。假如所有这些东西里面从来没有过真东西，人们就一件都不会相信；因此，与其下结论说，假奇迹那么多，根本就没有什么真奇迹；我们则应该反过来说，既然有假奇迹，肯定就有真奇迹，而且正因为存在真奇迹，所以才出现假奇迹。对宗教也要以同样的方式进行推论；因为人类不可能想象出那么多的假宗教，假如不曾有过一个真正的宗教的话。有人对此反驳说，野蛮人也是有宗教的；不过我们对此可以这么回答，那是因为他们对此有所耳闻，就像洪水、割礼、圣安德罗的十字架等所显示的那样。

818.

为什么会有那么多的假奇迹、假启示、巫术等等，我思考之后觉得，真正的原因就在于其中有一些是真的；因为如果没有一些奇迹是真的，就不可能会出现那么多的假奇迹；如果没有真的启示，也不可能会有那么多的假启示；如果其中没有一个真正的宗教，也不会有那么多的假宗教。因为所有这些如果从未有过的话，人们就不人可能想象到它，而且更不可能有那么多其他的人去信仰它。但是既然存在一些非常伟大的真事物，而且得到了伟人们的相信，这种印象就是几乎人人都变得能够相信虚假事物的原因。因此，与其下结论说，假奇迹那么多，因此根本就没有什么真奇迹；我们则应该反过来说，既然有假奇迹，就有真奇迹，而且正因为存在真奇迹，所以才出现假奇迹，同样，之所以出现假宗教，就是因为存在一个真正的宗教。有人对此反驳说，野蛮人也是有宗教的;但那是因为他们听说了真正的宗教,就像洪水、割礼、圣安德罗的十字架等所显示的那样。由于人类的理智因真理而向这一边倾斜,它也因此变得能够感受其全部的虚假性……

821.

考验信仰与欺骗,两者之间的差别很大。上帝考验信仰,但是他不欺骗。考验信仰就是提供机会,不把必要性强加于人,让人们有机会做某件事情,假如他们不爱上帝的话。欺骗则必然令人得出并追随一种谬误。

823.

如果没有假奇迹,那就有确信了。如果没有辨别它们的准则,奇迹就是无用的,也就没有理由相信了。

对人来说,人的确信是不存在的,只存在理智。

824.

要么是上帝把假奇迹搅乱了,要么是上帝预告过它们;无论以其中的哪种方式,他都置身于对我们来说是超自然的东西之上,并且把我们提升到那里。

825.

奇迹不是用来皈依的,而是用来谴责的。

829.

耶稣基督说,《圣经》是给他作见证的,但是他没有指出是在哪些方面。

耶稣基督在世时，甚至连预言也不能证明他，因此，在他赴死之前，人们没有信仰他就不应该是罪过，假如奇迹在没有教理的情况下仍然不够的话。然而，那些在他活着时没有信仰他的人都是罪人，正像他本人毫不留情地所说的那样。因此他们必定有过某种他们拒不接受的证明。但是，他们没有我们所拥有的证明，而只有奇迹；因此当教理并不相左的时候，奇迹就足够了；人们应该相信它。

830.

预言曾经是模糊的：它们现在不再是了。

832.

奇迹不再是必要的了，因为人们已经拥有了它。但是当人们不再倾听传统的时候，当人们只抬出教皇的时候，当人们欺骗他的时候，当真理的真正根源——也就是传统——遭到排斥的时候，并且提醒教皇这位传统的受托者的时候，真理就不能够再自由出现了；此时，既然人们不再谈真理，真理就应该出来向人们讲话了。这就是阿里乌斯时代所发生的事。发生在戴克里先和阿里乌斯时代的奇迹。

833.

奇迹——人民自己得出这个结论；但是假如必须把结论的理由告诉你们……

成为准则的例外是一件麻烦的事。准则甚至必须是严格的，与例外相反。可是，既然准则一定会有例外，那么就必须严格地但是公正地评判它。

836.

不拥护耶稣基督并说出来，与不拥护耶稣基督而又装出拥护的样子，两者之间的差别是很大的。前者能够完成奇迹，后者则不能；因为前者反对真理是很明显的，后者则不是；因此奇迹就更加清楚了。

837.

我们必须只爱一个上帝，这件事太显然了，用不着奇迹来加以证明。

838.

耶稣基督行了奇迹，随后是使徒们以及第一批圣徒，也行了众多的奇迹；因为预言还没有实现，而且是由他们来实现的，所以除了奇迹就没有任何东西可以见证。已经有预告，弥赛亚将使各国皈依。如果没有各国的皈依，这个预言怎么能实现呢？而各国如果看不到可以证明弥赛亚的这个预言的最后效果，又怎么会皈依弥赛亚呢？因此，在他死去、复活与皈化各国之前，预言尚未全部兑现；因此，在整个这段时间里，都需要奇迹来作证。现在已经不需要它们来反对犹太人和亵渎宗教的人了，因为已经实现的预言构成了持久的奇迹。

839.

"你们纵然不相信我，至少应该相信奇迹。"他把奇迹当做最有力的证据。

这话已经向犹太人说过，也同样向基督徒说过，告诉他们不要总是相信先知；但是法利赛人和犹太史官非常看重他的奇迹，力图证明这些奇迹是假的,或者是魔鬼造成的:假如他们承认奇迹是上帝所为,那自己就必须信服了。

如今,我们已经不必费力做这种区分了。其实做起来很容易:那些既不否认上帝,也不否认耶稣基督的人,他们不行任何不可靠的奇迹。

但是我们根本不必要做这种分辨。瞧,这里有一个圣物。瞧,这里是世界救主的荆冠上的一根荆棘,世上君主的权威对它起不了作用,它借助为我们而流的血所固有的力量,实现了奇迹。现在,上帝亲自选择这个房子,以便显示它的力量。

迫使我们进行艰难分辨的,并不是用一种未知和可疑的力量造就这些奇迹的人们,而是上帝本身,而是他唯一的儿子受难的这种用具,他到过许多地方,都选择了这种用具,让人们从四面八方来到这里,在他们的颓丧倦怠中接受这些奇迹的慰藉。

840.

教会有三种敌人:即犹太人,他们从来就不是教会成员;异教徒,他们退出了教会;坏基督徒,他们从内部分裂教会。

这三种不同的敌人通常以不同的方式攻击教会。但是在这儿,他们以同一种方式来攻击它。由于他们都没有奇迹,而教会总是有不利于他们的奇迹,所以他们都起了回避奇迹之心,都在利用这个借口,即不能根据奇迹来判断教理,而只能根据教理来判断奇迹。那些倾听耶稣基督的人有两派:一派因为他的奇迹而追随他的学说;另一派则说……加尔文时代就有两派…… 现在又有耶稣会士,等等。

841.

奇迹甄别各种可疑的事物:在犹太人与异教徒,犹太人与基督徒，天主教与异教，受诽谤者与诽谤者之间，甄别两种不同的十字架。

但是对于异教来说，奇迹是无用的；因为得到业已获得人们信仰的奇迹所认可的教会告诉我们说，异教没有真正的信仰。毫无疑问他们没有信仰，因为教会最初的奇迹就排斥了对他们奇迹的信仰。于是就有了奇迹反对奇迹，而最初和更伟大的奇迹在教会一边。

这些修女们惊讶地听说她们走上了沉沦之路，忏悔师把她们引向日内瓦的加尔文派，忏悔师向她们示意耶稣基督并不在圣餐之中，也不在天父的右边；她们知道这一切都是假的，因此就以这样的状态献身于上帝：Vide si via iniquitatis in me est（请看罪孽之道是否在我身上）。这儿此后发生了什么呢？有人说这个地方是魔鬼的殿堂，上帝把它变成了自己的神殿。有人说必须从这儿夺走孩子，上帝却在这儿治愈他们。有人说这儿是地狱的弹药库，上帝却把它变成神恩的圣殿。最后，人们还用上天全部的愤怒和全部的报应来威胁她们，上帝则让她们饱尝自己的恩宠。由此断言她们走上了沉沦之路，一定是脑子发疯了。

毫无疑问，我们有着和圣阿达拿修斯同样的标志。

843.

这里不是什么真理的故乡，真理在人群中徘徊，没有人认识它。上帝用一层纱布遮住它，听不到它声音的人就不认识它。亵渎神明的大门敞开了，甚至诋毁那些至少十分显著的真理。一旦公布福音书的真理，相反的东西也会被公布出来，把问题弄得云遮雾障，使得人们无从分辨。他们问道："你有什么东西，使人信你而不信别人呢？你做出什么标志呢？你有的只不过是语句，我们也有。假如你有奇迹，那就好了。"教理应该得到奇迹的支持，这是一条真理；但人们却滥用这条真理来亵渎教理。假如奇迹出现了，人们就说奇迹没有教理是不够的；而这是另一条真理，他们滥用它来亵渎奇迹。

耶稣基督治愈了天生的盲人，在安息日行了许多奇迹。他因此使得那些声称必须根据教理来判断奇迹的法利赛人盲目了。

“我们是摩西的门徒；只是这个人，我们不知道他从哪儿来。”

“你们竟然不知道他从哪儿来？这真是奇怪”，然而他却行了这样的奇迹。

耶稣基督说的话，既不反对上帝，也不反对摩西。

反基督的人和假先知们在新旧两约里被预告过，他们将公然反对上帝和耶稣基督。

谁要是不反对，谁就是隐秘的敌人，上帝不会允许他公开行奇迹。在一场双方都自称向着上帝、向着耶稣基督、向着教会的公开论战中，奇迹从来不与假基督徒为伍，而另一方则从来不会没有奇迹。

“他被魔鬼附身了”。《约》第 10 章，第 21 节。有人则说：“魔鬼岂能拨亮瞎子的眼睛？”

耶稣基督与使徒们从圣书得出的证明不起论证的作用；因为他们只说摩西说过一个先知会到来，他们没有就此证明那个人就是他；问题的关键就在于此了。因此，这些章节不过用来表明人们没有违背《圣经》，也看不出任何不一致的地方，但也不是说意见一致。因此，只要排除不一致和奇迹，就行了。

上帝与人类之间有一种相互的义务，才好行事与给予。Quid debui？（有什么该做的呢？）上帝在《以赛亚》中说：“谴责我吧。”

上帝应该履行他的诺言,等等。

人类应当接受上帝给他们送来的宗教,这是对上帝的义务。上帝不应该把人类引向错误,这是他对人的义务。可是,假如奇迹的制造者宣布了一种教理,而这种教理在一般常识看来不是明显谬误的,而假如一个更大的奇迹制造者没有提醒人们不要相信他们,人类就会被带入谬误之中。

因此,假如教会中间发生了分裂,假如阿里乌斯派——他们自称像天主教一样以《圣书》为基础——做出了奇迹,而天主教徒却没有做,那么人们就有可能被引入歧途。

因为,一个向我们宣布上帝秘密的人并不因为他个人的权威而值得我们信任,这正是不信神的人怀疑他的原因;于是,一个人就通过起死回生、预告未来、挪动大海、治愈病人,来显示他与上帝相通,结果不虔敬者几乎都低头膜拜了。法老和法利赛人拒不信教,则是一种超自然顽固的结果。

因此当我们看到奇迹与不受怀疑的教理两者都处在同一边时,就不会出现什么困难。但是当我们看到奇迹与一个受人怀疑的教理在同一边出现的时候,我们就必须看哪一个最清晰。耶稣基督是受人怀疑的。

耶稣成了瞎子。上帝的力量压倒了他的敌人的力量。

犹太驱魔者遭到了魔鬼的鞭挞,魔鬼说:“我认识耶稣和保罗,可你们呢,你们是什么人?”

奇迹是为了教理而存在,而非教理是为了奇迹而存在。

假如奇迹是真的,我们就能劝人相信所有的教理了吗?不能,因为这是不可能发生的。

准则:我们必须根据奇迹来判断教理,必须根据教理来判断奇迹。这都是真的,而且这样互相不矛盾。

因为我们必须分清不同的时代。

知道了这些普遍的准则,你们心里多么高兴啊,心想从此可以抛却混乱,使一切纷争都变得毫无用处了吧！我的神父啊,我们要阻止你们这样做:真理只有一条,并且是坚定不移的。

从上帝的责任来看,一个人不可能隐盖自己的邪恶学说,只显示一种好的学说,自称服从上帝和教会,做出奇迹从而悄悄地散播一种狡猾的伪教理,这是做不成的。

洞察人心的上帝更不会做出有利于这种人的奇迹。

844.

宗教的三个标志:永恒、善良的生活、奇迹。他们(耶稣派)用概率摧毁永恒,以他们的道德摧毁善良的生活,在摧毁奇迹的真理或其结论时摧毁奇迹。

假如我们相信他们,教会就不需要永恒性、圣洁和奇迹了。异端否定它们,或者否定从中得出的结论;他们也是一样。但是只有毫无虔诚之心才会否定这些,或者说,只有丧失理智才会否定从中得出的结论。

从来还没有人为自称所见过的奇迹而殉道的,因为对于土耳其人根据传说所信仰的那些奇迹,人类也许会愚蠢到殉道的程度,但不会为了自己见过的奇迹献身。

845.

异端一贯攻击这三种他们所不具备的标志。

846.

第一条反驳:从天上来的使者。

我们不能根据奇迹来判断真理,而必须根据真理来判断奇迹。因此奇迹是无用的。

可是它们有用处，而且不能违反真理。因此，林让德神父说过："上帝不会容许奇迹可能引致错误……"

同一个教会之内发生争执的时候，奇迹就会做出裁定。

第二条反驳：但是，反基督的人会做出标志。

法老的魔法师没有诱人犯错误。因此关于反基督者，我们就不能对耶稣基督说"你误导了我"。因为反基督者是冲着耶稣基督行奇迹的，因此他们就不能误导。要么上帝不容许发生假奇迹，要么他显出更大的奇迹。

耶稣基督从世界开始就始终存在。这比反基督者的一切奇迹都更强大。

如果在同一个教会里，奇迹来自信仰不坚定的一方，人们可能会被误导。教会的分裂是看得见的，奇迹也是可见的。然而教会的分裂标志着错误，甚于奇迹标志真理；因此奇迹不会导致谬误。

但是除了教派之外，错误不如奇迹那么显而易见，因此奇迹有可能导致谬误。

Ubi est Deus tuus？（你的上帝在哪里呢？）奇迹显示了他，奇迹是一道闪电。

848.

假若上帝的慈悲是如此之巨大，哪怕在他隐身匿迹的时候，还在拯救教导我们；那么当他显现自身的时候，还有什么光明我们不能期待于他呢？

850.

五条主张遭到谴责，没有什么奇迹；因为真理没有遭受攻击。然而索邦……教皇的圣谕……

全心全意爱上帝的人不可能不认识教会,因为教会太显著了。不爱上帝的人不可能信服教会。

奇迹的力量如此之大,以至于上帝有必要警告人们说,不能想到奇迹就是无视上帝,虽然上帝的存在是十分清楚的;否则的话,它会扰乱人心。

因此,《申》第十三章中的那些内容,远远谈不上反对奇迹的权威,反而异乎寻常地突显了它的力量。反基督者也是一样:“只要有可能,甚至可以诱惑选民。”

851.

天生盲人的历史。

圣保罗说什么呢?他时刻在讲述预言么?不是,而是在说自己的奇迹。耶稣基督说什么呢?他是在讲述预言么?没有,他的死没能实现它们:但是他说 Si non fecissem(我若没有行过神迹)。请相信奇迹吧。

我们这个完全超自然的宗教有两种超自然的基础:一种是可见的基础,一种是不可见的。带着神恩的奇迹,没有神恩的奇迹。

犹太会堂曾被人当做教会的象征而得到爱戴,又因为它只不过是教会的象征而遭人仇恨;它与上帝同在,行将坍塌之际又被恢复起来,因此就是象征。

奇迹通过上帝对于人身的感召力,证明了上帝对人心的感召力。

教会从未承认过异教徒中间的任何奇迹。

奇迹是宗教的支柱:它们辨别了犹太人,它们辨别了基督徒、圣者、清白无辜者和真正的信仰者。

宗派分裂论者中间发生的奇迹并不那么可怕;因为教派分裂比奇迹更加显然,明显标明了他们的错误。但是当没有发生分裂的时候,当错误有了争论的时候,奇迹就能被鉴别出来。

那些迫使我们谈奇迹的不幸者啊!

亚伯拉罕,基甸:以奇迹确立信仰。

《友弟德》。上帝终于在极度压迫之际说话了。

假如仁爱降温,使得教会差不多没有真正的信徒了,奇迹会唤起他们。这是神恩最后的效果之一。

但愿给耶稣会士造就一个奇迹!

当奇迹使得那些见证奇迹出现的人的期望落空,当他们的信仰状态与奇迹这一手段之间比例失调的时候,奇迹就会促使他们变化。但是对你们就不一样了。可以找出同样多的理由说,假如圣餐使死者复活,那就应该使自己变成加尔文派,而不是继续做天主教徒。但是当奇迹满足了期望,当那些希望上帝恩赐良方的人们看到自己不用救治就痊愈了的时候……

不虔敬者——魔鬼方面出现标志,而同时上帝方面没出现一种更强的标志,或者甚至没有预告过这种标志将要出现,这是从来未曾有过的事。

854.

因而,耶稣会士的顽固超过了犹太人的顽固;因为犹太人拒绝相信耶稣基督是无辜的,仅仅是因为他们怀疑他的奇迹是否来自上帝。耶稣会士不能怀疑波罗雅尔的奇迹来自上帝,却仍然不停地怀疑那座修道院的无辜。

855.

我设想人们是相信奇迹的。

你们(耶稣会士)之所以败坏宗教,不是为了支持自己的朋友,就是为了反对自己的敌人。你们随心所欲地安排行动。

856.

论奇迹——就像上帝没有使哪个家庭格外幸福,但愿他也找不出哪个格外感恩的家庭。

第十四章　论争片段

857.

明晰、隐晦——如果真理没有可见的标志，就会太隐晦。真理始终都被保存在一个教会和一群可见的人里，这就是一个惊人的标志。那个教会如果只有一种意见，那就过于明晰；始终在那儿的就是真的，因为真的总是在那儿，而假东西无一能够长存。

858.

确切地说，教会的历史应该被称为真理的历史。

859.

坐上一艘暴风中飘摇的船是一件乐事，如果我们肯定这条船不会沉没；教会经历的种种迫害就是这种性质。

860.

有了那么多虔诚的标志之后，他们（罗亚尔修道院的修士们）仍然遭到迫害，迫害是最好的虔诚标志之一。

861.

当教会只有上帝独自扶持时,那才是它的美妙状态。

862.

教会总是受到各种相反错误的攻击,但是也许从来没有像现在这样同时受到攻击。假如错误众多使它备受折磨,它也从这种攻击中得到一个好处,那就是他们会彼此诋毁。

它抱怨着双方(耶稣会和加尔文派),但更多地还是抱怨加尔文派,因为里面有宗教分裂。

可以肯定地说,对立的教派中有许多教派是受骗的,必须使他们醒悟。

信仰包含着一些看似互相矛盾的真理。有时该笑,有时该哭,等等。Responde. Ne respondeas.(回答他。不回答他。)等等。

究其根源,就是两种性质统一在耶稣基督身上,还有两个世界(创造新的天空和新的大地;新的生命,新的死亡;所有的事物都有两重性,但名称却保持不变);最后义人也包含两类人(因为他们就是两个世界,是耶稣基督的一个组成部分和影子。因此,所有的名字都适用于他们:带罪的义人、活死人、死活人,遭遗弃的选民,等等)。

因此大量真理　　信仰的和德行的真理——似乎互相抵触,又都在一种令人惊奇的秩序中共存。一切异端的根源在于排斥了这些真理之中的某一些;而异端们对我们的一切反驳,都源于缺乏对我们的某些真理的了解。一般来说,由于不能设想两种对立真理存在关联,觉得承认一种就意味着排斥另一种,他们便坚持一种,排斥另一种,并认为我们是与之相反的。如今,排斥是使他们成为异端的原因;而不知道我们持有另一种真理就引起了他们的反对。

第一个例子:耶稣基督是神也是人。阿里乌斯派认为这是互不相容的两件事,不能融合在一起,就说他是人;在这一点上,他们是天主教徒。但是他们否认他是神;在这一点上,他们是异教徒。他们声称我们否定了他的人性;在这一点上,他们是无知。

第二个例子:关于圣餐礼。我们相信面包的实质改变了,变成了天主身体的实质,耶稣基督真的就在其中。这是真理之一。另一个真理是,这种圣餐礼也是十字架和荣耀的一种象征,是对于这两者的一种纪念。这就是天主教的信仰,它包含了这两种看似相反的真理。

今天的异端无法设想圣餐礼同时包含耶稣基督的出现和耶稣基督的象征,它既是殉道,又是对殉道的纪念,因此,他们相信这两种真理中,人们不能承认一种而不排斥另一种。

他们只坚持这一点,即认为这种圣餐礼是象征性的;就这一点而言,他们不是异端。他们以为我们排斥这个真理,于是便根据教父们谈及圣餐礼的章节,大肆反驳我们。最后,他们否认耶稣基督在场;就这一点而言,他们是异端。

第三个例子:赦罪。

因此,阻止异端的最简洁的办法就是传授全部的真理,驳斥异端最可靠的办法就是将它们全部公开。异端还能有什么话好说呢?

要想知道某种意见是不是神父的……

863.

全体异教徒会十分危险地误入歧途,尤其当每个人各自追随一种真理的时候,他们的错误不在于走了一条错误的道路,而在于没有追随另一种真理。

864.

眼下,真理是那样地被遮挡,谎言又是如此根深蒂固,除非我们热爱真理,否则就无法认识真理。

865.

假如有一个时候,我们必须承认两种相反的真理,那就是当我们忽略其中之一就会受到指责的时候。因此耶稣会士和冉森派要掩盖它们是不对的;但是冉森派错得更厉害,因为耶稣会士更好地承认了两种真理。

866.

两种人把事物彼此等同起来,比如节日与工作日,基督徒与牧师,他们之间的一切罪过,等等。一种人因此得出结论说,对牧师不好的事,对基督徒也是不好的;另一种人则说,对基督教徒不是不好的事,也允许牧师去做。

869.

假如圣奥古斯丁出现在今天,并且跟他的辩护者们一样没有权威,他就什么都干不了。好在上帝引导教会有方,早就把他派来,而且赋予其权威。

870.

上帝不愿意撇开教会进行宽恕:既然教会遭受攻击时有份,他就希望宽恕时也有教会的份。他把教会和这种权力结合起来,就像国王对待法院那样。但是如果教会在没有上帝的情况下进行赦免，或者拒绝赦免，那它就不再是教会了。就像在法院那样，哪怕国王已经赦免了一个人，仍然需要得到法院的认可；但是如果国王没有赦免，法院擅自批准，或者拒绝认可国王的指令，那就不再是国王的法院，而是一个反叛团体了。

871.

教会，教皇。单一性，众多性。

假如把教会看做是单一性的，教皇作为教会的首领，就如同整体。假如把教会看做是多样性的，那么教皇只不过是其中的一部分。神父们时而以一种方式，时而又以另一种方式来看待教会，所以关于教皇也就有不同的说法。但是在确立其中一种真理的时候，他们没有排斥另一种。不以单一为归宿的多样就是混乱；不以多样为基础的单一就是暴政。除了法国，几乎没有任何国家允许人们说主教会议高于教皇。

872.

教皇是首领。还有谁是家喻户晓的呢？另外，还有谁能够深入一切团体而得到所有人的认可呢？因为他掌握着那条到处生根的主枝。把这些蜕化为暴政是多么容易的事啊！所以耶稣基督对他们立下这条规矩：Vos autem non sic（但是你们中间不可如此）。

873.

教皇仇恨并害怕有学问的人，这些人不情愿服从他。

874.

绝不能根据神父们的某些话来评判教皇是什么样的人——

就像希腊人在一次主教会议上说的《重要准则》，而要根据教会和神父们的行为以及教规来评判。

单一与众多：排斥其中的任何一方都是错误的，就像教皇派排斥众多，或者胡格诺派排斥单一那样。

875.

教皇的睿智来自上帝和传统，他因此蒙受耻辱吗？使他离开这种神圣结合，难道不令他蒙羞吗？

876.

在教会的日常管理中，上帝并不行奇迹。假如某人集永远正确于一身，那可真是一件奇怪的奇迹了；但是永远正确存在于众多之中才显得那么自然，上帝的行为就隐蔽在自然之下，如同在他的其他作品中一样。

877.

国王可以支配自己的权力，但是教皇却不能支配自己的权力。

878.

Summum jus，summa injuria（最大的正义就是最大的不义）。

服从多数是最好的办法，因为它是看得见的，而且有力量使人服从。然而它是最不高明的意见。

假如能够做到的话，人们会把强力交到正义的手里：但是由于强力是一种可触可感的东西，不肯任人摆布，而正义则是一种人们可以任意摆布的精神上的东西，于是人们便把正义交到强力的手中；因此人们就把被迫服从的事情称为正义了。

由此便产生了刀剑的权利，因为刀剑赋予一种真正的权利。不然的话，我们会看到一边是暴力，一边是正义了。（《给外省人的信》第十二封的末尾部分）。于是就有了投石党的非正义，他们以他们所谓的正义来反对强力。教会的情况就不一样了，因为那儿有真正的正义，没有任何暴力。

879.

不正义——司法审判不是为了法官而是为了诉讼人的利益。把这一点告诉人民是危险的；但是人民太信仰你，那不会伤害他们，而且会对你有用。因此，应该公布这一点。Pasce oves meas, non tuas.（喂养我的羊，而非你的。）你欠我牧草。

880.

人们喜欢可靠的东西。人们喜欢教皇在信仰方面一贯正确，神学大师们在道德方面也是如此，以求自己的坚定。

881.

教会说教、上帝启示，两者都是必然的。但是教会的行动只是在为神恩或者惩罚作准备。它所做的事对于惩罚是够了，但是不足以启示。

882.

耶稣会士骗一次教皇，他们就使整个基督教违背一次誓言。

教皇由于其事务繁多以及他对耶稣会士的信任，是非常容易被欺骗的；而耶稣会士造谣诽谤，特别擅长欺骗。

883.

不幸者,那些迫使我不得不谈宗教之基础的人。

884.

罪人未经忏悔就净化了,义人没有仁爱就成圣了,所有的基督徒失去了耶稣基督的恩宠,上帝对人的意志无能为力,一种没有神迹的宿命,一种不确定的救赎。

885.

谁想做祭司就被立为祭司,如同在耶罗波安时代那样。

有人当着我们的面,把今日教会的纪律说得如此完美,以至于想要加以改变就成罪过了,这真叫人害怕。从前它肯定是好的,而人们觉得改变它根本不是什么罪过;可现在它成了这种样子,我们居然不希望改变它了?过去的确允许改变那种非经慎重考虑不能立祭司,以至几乎无人配作祭司的惯例;可是对于那种造成众多不称职祭司的惯例,以后连抱怨都不允许了。

886.

异端——所有的异教徒都说过以色列的坏话,先知也如此;但以色列人却丝毫没有权利对他说:“你说话像异教徒一样”,他的最大力量就在于异教徒说话像他一样。

887.

冉森派以改革道德与异端相似;但是你们却在邪恶方面类似异端。

888.

君主、先知、教皇甚至教士,如果你不知道这一切必然到来,你就是在忽视这些预言;然而教会必须存在下去。由于上帝的恩典,我们还没有到达那种地步。让这些教士倒霉吧!但愿上帝宽恕我们,使我们不至于如此。

圣彼得,第二章:过去的假先知,未来先知的模样。

889.

……因此,假如一方面,确实有些懈怠的修士和腐化堕落的决疑论者们——他们并不是这个阶层的成员——卷入这种腐败之中;但另一方面,教会的真正牧师,他们是神明教谕的真正守护者,他们肯定在始终不渝地保存教会,挫败人们设法毁灭它的种种努力。

因此,信徒们没有任何借口去追随决疑论者的陌生之手送给他们的这些懈怠行为,而不去听从他们自己的牧师慈父般传递给他们的健全的教理。不信教者和异端分子没有任何理由把这些弊端视做上帝对他自己的教会缺乏护佑的标志,既然教会本身就存在于教阶主体之中,所以我们远远不能根据目前的事态就得出结论说,上帝已经抛弃教会,任其腐败了,而是应该结论说,人们从来没有比今天看得更清楚:上帝在明显地阻止教会的腐败。

因为,如果这其中的某些人受到一种特殊的感召,宣称从现世隐退,穿上僧侣的衣钵,以便在比普通基督教徒更完美的一种状态中生活,但又陷入为普通基督徒不齿的癫狂放纵,在我们中间就如同假先知在犹太人中间那样;那是一种个别的、个人的不幸,确实令人惋惜,但我们不能由此得出任何指责上帝对他的教会不予关怀的结论;既然所有这些事情都是非常明确地预告过的,并且早就宣告过,这些诱惑要从这类人身上冒出来,因此了解情况之后,我们就会从中看到上帝意旨的标志,而不是他把我们遗忘了。

891.

必须告诉那些利用耶稣会的教理的异端们,那并不是教会的教理……不是教会的教理;而且我们的分歧并不使我们脱离神坛。

892.

假如我们因为有分歧而谴责,那么你们是对的。没有分歧的统一,对别人是没有用处的,而没有统一的分歧会毁了我们。前者危害外部,后者则危害内部。

893.

我们指出真理,可以使人相信它;而我们指出牧师神父的不公正,却纠正不了它。我们指出谬误,可以使内心安宁;我们指出不公正,并不能保住钱袋。

894.

热爱教会的人看到道德沦丧而叹息;但是至少法律还继续存在。然而这些人却在败坏法律。典范被破坏了。

895.

当人们心安理得地干坏事时,干得最淋漓尽致,最兴高采烈。

896.

教会定出革出教门、异端之类的字样都是枉然;反而被人用来反对教会。

897.

仆人不知道主子在做什么,因为主子只把行动而没有把目标告诉他;正是这个原因,他才俯首听命,而且经常违背目标。但是耶稣基督把目标告诉我们了,而你们在摧毁这个目标。

898.

他们不能获得永恒,于是就追求四海皆准;为此,他们败坏整个教会,以便使自己成为圣人。

900.

谁想给出《圣经》的意义,而不是从《圣经》中汲取意义,谁就是《圣经》的敌人。(奥古斯丁,《论基督教学说》)

902.

费扬派说:"这一点理应不那么确定;因为争论意味着不确定(圣阿达拿修斯,圣克烈索斯图姆;道德,不信者)。"

耶稣会士没有使得真理不确定,但是他们却使自己蔑视宗教的言行十分确定了。

矛盾永远都被留着,以便使恶人盲目;因为对真理或仁爱的任何冒犯都是邪恶的。这就是真正的原则。

903.

世上所有的宗教和教派都以天赋的理性作为向导。只有基督徒受到约束要从自身以外获得自己的准则,并熟悉耶稣基督留给古人,以求传给信徒们的那些戒律。这些善良的教父们对这种约束感到厌倦。他们希望跟别的民族一样,能够自由地听从自己的想象。就像以往先知们对犹太人所说的那样,我们对他们大声疾呼也无济于事:"回到教堂里去吧;了解一下前人留给它的法律,沿着这些路径走吧。"他们跟犹太人一样回答道:"我们不走那儿;我们要听从我们内心的思想";他们还对我们说:"我们会和别的民族一样。"

904.

他们把例外变成规则。

古人在忏悔之前就给予免罪吗?这只能当做例外来做。可是你们把这种例外变成了一种没有例外的规则,甚至到了不再希望这条规则有特例的地步了。

905.

论没有悔恨迹象的忏悔和免罪——上帝只看人的内心,而教会只凭外表来评判。上帝只要看到内心的忏悔,立刻就会宽恕;教会则要看到忏悔的结果。上帝要造就一个内部纯洁的教会,这个教会要通过其内在的、绝对精神的圣洁,挫败高傲的智者和法利赛人内心的不虔敬;教会将聚集一批人,他们行为举止将是那么纯洁,使得异教徒们自惭形秽。假如他们中有伪善者,而且伪装得如此巧妙,以至教会看不出他们的恶毒,教会就会容忍他们;因为尽管他们不被上帝所接受,他们欺骗不了上帝,但他们还是可以为人们所接受,因为他们能骗人。所以,教会没有因他们那些貌似神圣的举动而蒙羞。然而你们希望教会既不根据内心作判断,因为那是专属于上帝的权利,也不根据外表进行判断,因为上帝止于内心;因此你们剥夺了教会对人的任何选择,你们只给教会留下了最胆大妄为的人,那些最令教会蒙羞的人,连犹太人的礼拜堂和各派哲学家都会把他们当做卑鄙小人赶走,看成大逆不道而痛恨他们。

906.

世人认为最安逸的生活处境,在上帝看来则是最艰难的;反过来,世人认为没有什么比宗教生活更艰难了;在上帝看来没有什么比过宗教生活更容易了。世人看来,什么都不如身居高位、家缠万贯那么安逸;在上帝看来,过那种日子,不沉溺、不上瘾,比什么都难。

907.

决疑论者让腐朽的理智来做决定,让腐朽的意志来选择决定,目的是使人性中一切腐朽的东西都加入他的行为。

908.

但是,或然说是否可能使人安心呢?

安心与良心泰然之间的区别。除了真理,没有什么能给人自信;除了真诚地追求真理,没有什么能使人安心。

909.

决疑论者的整个团体都无法让错误的良心得到确信,由此可见,选择良好的向导尤为重要。

他们因而是双重有罪的:一是走了他们不应该走的道路,二是听信了不该听信的教父。

910.

除了迁就世俗使你发现事物是或然的,还能是什么?你们会骗我们相信这就是真理,如果现在不时兴决斗的话,你们认为人们看到这件事本身,他们可能会互相搏斗,是不是?

911.

必须杀人来防止恶人出现吗?那就造成两个恶人,而不是一个:Vince in bono malum(你要以善胜恶)(圣奥古斯丁)。

912.

普遍的——道德与语言是既特殊而又普遍的科学。

913.

或然性——人人都能够利用,没有人能够取消。

914.

他们放纵贪欲而束缚顾虑,其实应当反其道而行之。

915.

蒙塔尔特 ——放纵不羁的见解那么讨人喜欢,他们(耶稣会)的那些见解令人不悦,倒是奇怪了。那是因为它们逾越了一切界限。此外,有许多人看到真理,却达不到真理。但是很少有人不知道宗教的纯洁是与我们的种种腐败是相反的。说给埃斯柯巴派的道德提供一种永恒的补偿,那是荒唐的。

916.

或然性——他们有一些真正的原则，但是他们滥用了这些原则。滥用真理应该受到跟引入谎言同样的惩罚。

就好像有两个地狱，一个针对不仁爱的罪人，另一个针对反正义的罪人。

917.

或然性——假如或然性是确实的，那么圣者们当时追求真理的热诚就毫无用处了。那些永远遵循最确实的东西的圣者们的恐惧。（圣德丽撒永远听从她的忏悔师。）

918.

拿走或然性，我们再也无法让世人开心；加入或然性，我们就再也无法让世人不开心。

919.

这就是人们犯罪和耶稣会士犯罪的后果：大人物总是希望别人奉承；耶稣会士一直希望得到大人物的宠爱。他们理所当然地委身于撒谎的精神，前者是为了欺骗，后者是为了受骗。他们都贪婪、野心勃勃、追求享乐：Coacervabunt sibi magistros（求助一大批师傅）。有其师必有其徒，他们寻找阿谀奉承者，结果如愿以偿。

920.

如果他们不放弃或然论，那么他们善的格言就和恶的格言一样不神圣了，因为它们都基于人性的权威；因此，即使它们更加公正，那也就只能是更加合理，但不会更加神圣一些。它们来自那根野枝杈，因此保留着野枝杈的特性。

如果我的话不能使你们明白事理，它对民众会有帮助。

如果这些人沉默不语，那么石头将会说话。

沉默是最大的迫害，圣者从来都不缄口不言。召唤的确是必须的，但我们是否受到召唤，绝不能依据宗教会议的裁定来评判，而是看是否有必要发表言论。罗马已经讲过了，我们认为它在谴责真理，而且白纸黑字地写了下来；持有相反意见的书籍遭到查禁。我们越是受到不公正的查禁，他们越是专横地窒息言论，我们就越要大声疾呼，直到出现一位倾听双方声音，参照古训主持正义的教皇为止。这样，善良的教皇会发现教会仍然在大声呼号。

宗教裁判所与耶稣会是真理的两大灾难。

你们为什么不指控他们是阿里乌斯教？因为他们说过耶稣基督是上帝；也许他们不是从本质上理解这句话，而是听人说的：Dii estis（你们就是上帝）。

如果我的《信札》在罗马受到谴责，那么我在里面所谴责的东西会在天上受到谴责。

Ad tuum，Domine Jesu，tribunal appello.（主耶稣啊，我吁求你审判。）

你们本身是可以被腐蚀的。

看到自己受到谴责，我唯恐是我写错了，但是那么多虔诚著作的先例使我相信，情况恰如其反。现在已经容不得好好写作了，宗教裁判所变得多么腐朽、多么愚昧啊！

“服从上帝要好于服从人。”

我什么都不怕，我不抱任何希望。主教们则不然。波罗雅尔心存恐惧，可是解散他们却是一种下策，因为他们不会再恐惧,从而更加令人恐惧。我甚至不怕你们的查禁,那是不值钱的玩意儿,假如它们不以传统的查禁为基础的话。你们要查禁一切吗?什么?连我的敬意都要查禁?不。那么你们就说明原因,不然就什么都别干,如果你们不把恶指出来,不说明恶在何处。而这正是他们很难做到的事。

或然性——他们可笑地解释了可靠性;因为在证实他们所有的道路都是可靠的之后,他们就不再把没有到不了天堂之风险的上天之道称为可靠,反而把没有偏离那条道路之风险的上天之道称为可靠。

921.

……圣者们仔细推敲,目的是让自己觉得是罪人,谴责自己最美好的行为。而这些人推敲细节却是为了宽恕最邪恶的行为。

一种外表上同样漂亮的建筑,但是基础却不稳固,是异教的智者们建造的;而恶魔就是用这种基础迥异而表面相似来欺骗人。

人们从未有过像我这么好的理由;也从未有人给过像你们那么好的把柄……

他们越是指出我身上的弱点,就越是赞同我的理由。

你们说我是异端。这是可以允许的吗?即使你们不怕人们不主持正义,难道你们也不怕上帝还我公道吗?你们会感到真理的力量,你们会向它让步的……

如此的盲目中有着某种超自然的东西。

虚伪的虔诚,双重的罪过。

我独自一人对抗三万人吗?不是。你们袒护吧,你这个法庭,你这个骗子,我代表真理;这就是我的全部力量,如果我丧失了它，我就完蛋了。控诉我、迫害我的人有的是。但是我有真理，我们将看到谁会胜利。

我没有资格保卫宗教，但是你们也没有资格保护错误。但愿上帝以他的仁慈，不考虑到我身上的恶而看到你身上的善，把神恩赐给我们大家吧，使真理不至于断送在我的手里，而谎言也不……

译后记

稍有科学常识的读者都知道，帕斯卡尔（Blaise Pascal，1623—1662）是法国十七世纪著名科学家，少年天才，在物理、数学领域颇有建树，他的名字成为大气压强单位，计算机pascal语言是对这位世界上首台计算器发明者的纪念，法国国家科研中心的自然科学数据库取名pascal。然而，眼前这本以"为基督教辩护"为宗旨的《思想录》居然也出自他的笔下，科学与神学、理性与直觉、物质与精神奇迹般地相遇，实在有些出人意外、令人费解。因此在介绍作品之前，有必要交待一下作者生平和写作背景。

一

这位"可怕的天才"（法国浪漫主义作家夏多布里昂语）于1623年出生在法国中部小城克莱蒙费朗，家境殷实，可惜三岁母亲就去世了，姐弟三人由父亲抚养。帕斯卡尔的父亲知识渊博，爱好科学，不让孩子们上当时日趋迂腐的学校，而是亲自过问他们的学业。1631年，为了让孩子们受到更好的教育，父亲决定移居巴黎。

在众人眼里，帕斯卡尔是个神童。十一岁那年，他注意到餐盘因餐刀敲击发出声响,用手一按,声音会立刻消失,于是就写了一篇小论文,探讨振动体一经触摸马上停止发声的原因。父亲对这件事印象很深,生怕儿子智力发育过早,不利于全面发展,就不再教他几何,而要他先学好古代语言,接触现实生活,培养观察能力,然后再丰富知识。不料小帕斯卡尔独自钻研,居然证明了三角形内角之和等于两个直角,即《几何原本》第一卷的第32条定理。十六岁那年,在《圆锥截线论》中又提出了著名的帕斯卡尔定理:圆或椭圆的任意内接六边形的三组对应边的交点是在一条直线上,引起了欧洲数学界的赞赏。同年,帕斯卡尔父亲与红衣主教意见不和,被贬到法国北部的鲁昂税务局工作,为了减轻父亲的工作强度,帕斯卡尔发明了数字计算器,利用手摇操纵的齿轮系统,完成六位数的加减法,成为轰动科学界的一件大事。

1946年,发生了帕斯卡尔的"第一次皈依"。当时,帕斯卡尔全家已经笃信天主教,非常虔诚。为了劝阻别人决斗,帕斯卡尔父亲深夜坐马车赶往现场,不慎落马受伤。两位冉森派教徒为他父亲治疗了三个月腿伤,并且热心介绍天主教中的冉森派学说,帕斯卡尔全家逐渐接受冉森派的观点。从此,对帕斯卡尔来说,人生的目的不再是追求科学真理,而在于谋求自我完善,成为完人、圣人。这次"皈依"之后,帕斯卡尔开始狂热地苦修,穿上缝着猪鬃的衬衣折磨自己,如同耶稣替人受难。帕斯卡尔自幼体弱多病,差点落得下身麻痹,可见其宗教信仰是多么执著坚定。

宗教信仰并没有妨碍帕斯卡尔继续科学实验和探索,因为他把神学和科学截然分开,认为两者并不矛盾,它们属于不同的范畴,衡量的标准不同,不能像笛卡尔那样以理性主义的方法,去证明上帝的存在。帕斯卡尔的观点对后世产生了重要影响,成为一种共识,法国人此后不再将科学与神学相提并论,不再以科学的标准来要求神学,从而杜绝了许多无谓的论争。

1647年,帕斯卡尔发表《真空新实验》,不同凡响,因为他证明了真空的存在,在此之前,人们一直认为"大自然厌恶真空",即真空在自然界里面不存在。他在这篇论文中阐述了理性的"进步观"。帕斯卡尔相信科学会进步,在科学领域,古代权威无济于事,亚里斯多德时代的研究成果、方法,只在当时是正确的,今天已经过时,不是绝对真理,我们不能因袭前人,应该有所发现,要在前人基础上继续进步,超越前人。但是对于人的道德,帕斯卡尔持悲观态度,不相信人的道德进步,由此萌发了撰写《为基督教辩护》的念头,说服人们信仰上帝和宗教。

1647年到1654年期间,帕斯卡尔经历了一段所谓的"世俗生活"。由于患病以及狂热的苦修,使得帕斯卡尔体力不支,不得不有所节制,特别是1651年父亲去世后,他到巴黎生活了一段时间。在此期间,作为科学名人,帕斯卡尔出入社交场所,成为贵妇人沙龙的座上宾。有人甚至揣测他打算结婚,事实上帕斯卡尔终身未娶。在此期间,他与德·罗安奈公爵结为好友,帕斯卡尔的遗作《思想录》日后就是在他的主持下。帕斯卡尔同时也认识了"放荡不羁"的达米安·米东和德·梅宙骑士。这段经历丰富了他对人生和社会的了解,特别是他发现,如欲说服一个人,光诉诸理性是不够的,取悦对方、打动对方、以情动人往往更为关键,因为人们的行为并不总是受理性支配。"取悦艺术"与"说理艺术"相辅相成,才能说服人,打动人,这是帕斯卡尔这一时期的重要心得。

与此同时,帕斯卡尔并没有停止科学研究。1648年,通过研究水银柱在不同海拔高度的变化,发现了大气压力。1654年《论液体平衡》阐述了流体静力学最基本的原理。他受到意大利数学家加伐丽丽计算三角形面积的方法启发,提出了极限和无穷小的概念,为微积分学开辟了道路,为了计算赌博胜算的几率,帕斯卡尔奠定了概率论的基础。他不断改进计算器,并且给同样醉心科学的瑞典女王克里斯蒂娜送了一台。

1651年到1654年间,帕斯卡尔的身体每况愈下,不得不放弃社交生活,再说也有些厌倦了。在妹妹的劝说下,帕斯卡尔开始与皇港修道院的修士们交往。1654年11月23日,他和父亲一样,遇到一场车祸,奇迹般地幸免于难。当天夜晚,他不禁陷入沉思,体验到一种"神秘的心醉神迷状态",顿时彻悟,心里一片光明,似乎与上帝相通,强烈地感到上帝的存在。为了留住这个非凡的时刻,他急忙提笔写下了向上帝祈祷的《追思》,将这张羊皮纸缝入衣襟,直到死后才被仆人发现。帕斯卡尔坚信自己应该为基督教、为上帝而献身。

从1654年起,他成为了坚定的教徒,应冉森派修士们的请求,参加了神学大辩论,匿名写了《致外省人信札》,解释当时的神学争论,宣扬冉森派观点,抨击强势的耶稣会。1656年3月24日,一位少年修女、帕斯卡尔的外甥女忽然患了眼疾,据说她母亲吻了存放在修道院的耶稣基督荆棘冠上的棘之后,眼病显著好转,一时被传为圣迹显灵,连王后、红衣主教都叹服。原先被视为异端而遭禁的冉森派再次赢得支持,帕斯卡尔确信自己的信仰没有错,坚信上帝站在冉森派一边,撰写《为基督教辩护》的想法逐渐成熟:他无法证明上帝的存在,但是可以解释为什么理应相信上帝的存在,可以通过说理的办法,使人们接受上帝、接受宗教。1657年开始,帕斯卡尔的精力几乎全部倾注在这部《辩护》书上。完成此书大概需要十年时间,可惜由于疾病缠身(从24岁起就患有骨结核病),加上紧张的脑力活动,帕斯卡尔五年之后就去世了,年仅三十九岁,临终前他喃喃自语:"愿上帝永不抛弃我!”

二

自从二十岁那年萌发《为基督教辩护》的念头之后,帕斯卡尔开始大量阅读,收集素材。素材主要来自以下几个方面。首先是他十分熟悉的作为犹太教和基督教基础的《圣经》,其中包括犹太民族的远古历史、与耶和华的约定、摩西法典、宣告救世主降临的先知,以及介绍耶稣生平事迹的四福音书。其次是圣奥古斯丁的《忏悔录》、《上帝之城》。再有蒙田的《随笔集》,尤其是第二卷中表达了蒙田宗教信仰的《雷蒙·塞邦赞》。最后是天主教或者新教的一些卫道者们的著作。还有古代哲学家的学说,尤其是深刻影响到当时人文主义学者们的古希腊斯多葛派哲学家艾比克泰德。

帕斯卡尔有着超群的记忆力,但是长期的病痛折磨使他体力和精力日益衰退,养成了随手摘抄、记录感想和思想片段的习惯。他去世后留下千余条笔记,长短不一,有些捆扎在一起,有些字迹潦草,满纸添加删改,难以辨认,也没有真正的次序。帕斯卡尔家人起先不愿意出版这些凌乱的手稿,经过皇港修道院修士的一再劝说,手稿才于1670年首次以《帕斯卡尔先生死后遗下的论宗教和其他主题的思想》为名结集出版,后来简称《思想录》。

作为十七世纪法国文学大家的帕斯卡尔的手稿无疑是极为宝贵的,具有极高的文学研究价值,但是帕斯卡尔英年早逝,使得《为基督教辩护》成为未竟之作,甚至连未竟之作都谈不上,因为他还没有动笔,连提纲都没有。唯一可资借鉴的是帕斯卡尔整理的二十七扎笔记,约合四百条,每扎都有标题,还剩下六百条他无暇或者无力整理，分为三十四扎，没有标题。此后三个多世纪，诸多版本问世，试图再现《思想录》的原貌，但是众说纷纭，莫衷一是。但是《为基督教辩护》的写作意图还是众所周知、无人质疑的，那就是针对安于现状、乐衷世俗生活、缺乏精神追求的"自由人士"，劝他们皈依宗教。

十七世纪初，宗教改革导致各种思潮涌现，对正统的教会提出极大挑战，造成信仰危机。与此同时，长期的国内战争和宗教战争造成政治混乱，导致道德迷失，很多人放浪形骸，追求逸乐。所谓的"自由人士"主要有两部分人组成，一部分是饱学之士，为人低调，表面上信奉教规，暗中或热衷享乐，或质疑宗教。另一部分则是当时的上流人士、贵妇人、文人才子们。他们为人高调，言行过激，公开冒犯上帝，鄙视基督教的神迹，对虔诚的教徒嗤之以鼻；他们主张宽容，一切照理性和自然办事，认为满足人的本性和欲望是理所当然的。

面对这种情景，教会当然不会坐以待毙。它在巴黎法院的支持下，严厉打击亵渎神灵的言行，力图遏制自由人士——无神论者——的质疑和挑战。教会也深知心悦才能诚服的道理，知道必须诉诸人们的心灵，使人由衷地热爱宗教，才能扭转局面，真正恢复基督教的正统地位。因此可以说帕斯卡尔的《为基督教辩护》是一部应运而生的作品，目的鲜明，那就是赞美基督教，证明基督教的真理和伟大，劝人皈依基督教。

赞美宗教、歌颂基督的书籍早已有之，而且在当时也不在少数，帕斯卡尔并非首创，连《为基督教辩护》的主旨、素材都谈不上新颖，与同类著作大同小异。那么《思想录》的特点在哪儿呢？首先是帕斯卡尔认为不能把信仰强加于人，要让每个人自己去寻找、感悟、体验，这样才能感受上帝的存在，由衷地信仰上帝。其次，帕斯卡尔认为不能依靠科学推理或玄学思辨证明上帝的存在，这样会导致抽象的、干巴巴的概念，使得上帝无异于威严的君王，而是通过耶稣的神迹，通过耶稣受尽凌辱、为拯救人类而献身的事例来揭示上帝的存在，昭示隐蔽的上帝对芸芸众生的厚爱。最后，《思想录》还得益于帕斯卡尔对于理性与情感相互作用的深刻理解。他发现，若要使人接受某种观点，途径不外乎两种。一是通过理性，即用摆事实、讲道理的方式来说服他人。二是博得对方的好感，对方如果讨厌你，你再雄辩也是白搭，因此本能地吸引对方、取悦对方，尤为关键。从某种角度上说，几何性精神和敏感性精神的灵活运用构成了《思想录》的基础和显著特点。

三

虽然帕斯卡尔未能给《思想录》最终定形，手稿的顺序也比较紊乱，但是据文献记载，帕斯卡尔曾经对皇港修道院的修士们介绍过该书的要旨、论点和自己的意图，得到一致首肯，认为该书将是继奥古斯丁《忏悔录》之后最雄辩、最有效的护教之作。原因之一就是帕斯卡尔不落俗套、独辟蹊径。事实上，护教之作通常先描绘宇宙的壮丽景色，赞美天地之和谐，证明一切出自上帝之手，都是天意使然，然后再从天上回到人间，居高临下地谈论人的处境。帕斯卡尔则相反，他从人的角度出发，审视人类的境遇和命运，漫谈自己的心路历程，在平等的对话中取得对方的信任，动之以情，晓之以理，以“人没有上帝时的可悲，人有了上帝时的幸福”(60)为主线，一步步地把人领上皈依之途，引向上帝。

《思想录》从描绘人类的处境入手，帕斯卡尔没有沿用《圣经》中的提法，而是作客观分析。人类的处境很复杂，既悲惨又伟大。帕斯卡尔所代表的冉森派一贯悲观地看待人生，但帕斯卡尔始终认为人类是伟大的，其伟大不在于道德高尚，也不在于聪明智慧，而在于人类具有思维能力："思想造就了人的伟大"(346)。人类思想能够达到高深的科学和哲学水平，因为"通过空间，宇宙囊括并吞没了我……；通过思想，我囊括了宇宙"(348)。因此，"我们的全部尊严就在于思想"(347)。帕斯卡尔以芦苇来比喻人的伟大和悲惨："人只不过是一根芦苇，是自然界里最脆弱的东西；但他是一根会思想的芦苇。想压倒他，用不着整个宇宙都拿起武器；一团雾气、一滴水就足以致他死命了。然而，当宇宙压倒他的时候，人仍然比致他于死地的东西更高贵；因为他知道自己会死，知道宇宙对他所具备的优势，而宇宙对此却一无所知"(347)，思想使人类高于一切动物和物质。

人类因自知处境可悲而显得伟大，那么他的伟大必定是可悲的。我们越往深处想，就越忧心忡忡。人类渴望真理，但是人类与宇宙的比例失调。人类不过是无限大和无限小之间——永恒与未来、宏观与微观——的一个微不足道的点，"不能感受任何极端：声音过响，震耳欲聋；光亮过强，令人目眩；距离过远或过近都有碍视线"(72)。我们无法理解世界，把握不住世界，处在无处安身，惶惶不可终日的地步。尽管十七世纪的欧洲不再推崇文艺复兴时期人类主宰世界、人是万物之尺度的观念，但是帕斯卡尔强调人类的渺小与虚无，与世界不成比例，是一种大胆的举动，同时也是为赞美基督教埋下伏笔。

人与宇宙的关系令人不安，人与人的关系是否比较乐观呢？答案是否定的。帕斯卡尔发现自爱是人类一切行为的根本动机。自爱就是自私，它使人"只爱自己并且只考虑自己"(100)，结果导致人与人"互相仇恨"(451)。自爱导致人类追求虚荣，"想方设法掩盖自己的缺点，不让别人也不让自己看见……也不能忍受别人看到这些缺点”(100)。贪图虚荣的目的是为了博得他人的尊敬,为此,人们不惜编造谎言,往自己脸上贴金,以求得逞。如果谎言不能奏效,便不惜动用暴力乃至法律手段迫使别人尊敬自己,历代君王就是如此行事的,人间的暴政和不公正因此层出不穷。

处在这种环境中,一个人必然“感到自己的虚无、自己被人抛弃、自己的不足、自己对别人的依赖、自己的无能、自己的空虚。他的灵魂深处马上会生出无聊、阴沉、悲哀、忧伤、恼怒、绝望”(131)。帕斯卡尔笔下的“无聊”从拉丁语派生而来,表示对生存状态的厌恶、仇恨,因为人生被残酷、神秘的命运所控制。

如何摆脱这种无聊?只有两种办法,那就是靠想象力和消遣。想象力曾经遭到无数道德家的批判。帕斯卡尔不以为然,他认为想象力给人带来欢乐,因此不能认为想象力一无是处。但是我们证明不了想象力的可靠性,因此它更为危险和有害:“它是人身上最具有欺骗性的一部分,是谬误与虚假的根源”(82)。

另一种办法是消遣。在帕斯卡尔看来,消遣是指一切有意或无意地使我们忘却严酷现实的活动。娱乐、体育、打猎、舞蹈、交谈、游戏是消遣;外交、战争、工作也能成为消遣。他以自己为例,“也有人在自己的房间里挥汗如雨,为了向学者们证明自己解决了一道别人迄今未能解决的代数题”(139)。任何使人忘我的活动都属于消遣范畴。帕斯卡尔认为,“人的一切不幸都来源于唯一的一件事,那就是不懂得安安静静地呆在屋里”(139),也就是说,当我们无所事事,思考人类处境,必然会感到无聊、焦虑,我们不敢正视人生。消遣是一种使我们暂时忘忧的、自欺欺人的方法,连大人物也是如此:“一个缺少消遣的国王是一个充满悲哀的人”(142)。消遣是人生的需要,也是致人死地的虚荣:“唯一能够减轻我们苦难的东西就是消遣,然而它也是我们的最大苦难……使我们不知不觉地到达死亡”(171)。

人心始终追求幸福,向往至善,但是到处碰壁,“我们企盼真理,但在自己身上只找到不肯定性。我们追求幸福,而我们找到的只是可悲与死亡”(437)。消遣带来的短暂乐趣弥补不了人们内心的空洞,“无限的深渊只能被一种无限和不变的物体填充,也就是说只有上帝本身才能填充”(425),由此可见,只有上帝能满足人类的夙愿,只能向宗教求救。

但是上帝在哪儿?上帝存在吗?为什么上帝始终藏而不露?帕斯卡尔回答说,人类之所以见不到上帝,不仅因为上帝是超验的,而且因为“上帝想要隐蔽自己”(585)。“假如上帝有意打消那些死硬分子的顽固的话,他只要清晰地向他们展示自身,使得他们无法怀疑上帝真实存在,就能做到这一点了;就像世界末日将会显现的那样,电闪雷鸣,天翻地覆,死者将会复活,眼睛最瞎的人也会看见上帝”(430)。上帝希望尊重人的自由,不愿意强加于人,更想考验人,“对于试探他的人,上帝会隐蔽自己,对于追求他的人,上帝会显露自己,这都是真的;因为人类都既不配上帝,又能认识上帝;配不上,是因为他们的堕落,有能力认识,是由于他们原初的本性”(557),换言之,只有寻找上帝的人,上帝才向他显现自己。“感受上帝靠人心,而不是靠理性……上帝可以由心灵而非理性来感受”(278)。可是,自从亚当、夏娃所犯下原罪起,自私和贪欲就腐化了人的天性,欲念占据我们的内心,从而不分良莠,混淆善恶,失去了信仰,远离上帝。上帝故意藏而不露,让人类陷于绝望之中,因为“如果没有隐晦,人类对自己的腐化就不会有所感悟”(586),同时又给人希望,因为“如果没有光明,人类就不会期待补救之道”(586)。至于上帝是否存在,答案已经在《圣经》和《福音书》之中了,前者通过创世纪、原罪和耶稣赎罪解释人的悲惨和伟大,《福音书》对人类命运作了正确的解释,我们不得不承认上帝是可能存在的,《福音书》是可信的。

同样,根据《旧约》和《新约》提供的证据,上帝之子、世人的救世主耶稣基督就是上帝的使者和化身,“自从天性腐化以来,上帝就让人处在盲目之中;只有依靠耶稣基督才能脱离盲目;没有耶稣基督,与上帝的一切联系就会中断”(242),“我们不仅只能通过耶稣基督才能认识上帝,而且我们也只有通过耶稣基督认识我们自己。我们只有通过耶稣基督去认识生和死。离开了耶稣基督,我们不知道何为我们的生,何为我们的死,何为上帝,何为我们自己”(548)。

有人对这种超验的信仰提出反驳说,“如果我们违犯理性的原则,我们的宗教将是荒谬可笑的”(273)。帕斯卡尔针锋相对地应答道,“人心自有理性不知道的理由”(277)。科学已经不断表明“并非所有不可理解的东西都不再存在”(430),因此,宗教领域中的圣迹、预言等超自然现象,不应该被轻易地视为虚妄或者谎言,我们也许不能证明它们的存在,但是可以假设这些现象是可能存在的。“理性的最后一步,就是承认有无限多的事物超出理性范围;假如理性不能承认这一点,它只能是脆弱的”(267)。

尽管如此,有人仍然不相信上帝的存在,怎么办?既然理性解决不了这个问题,帕斯卡尔就提议“打赌”,结果无非是上帝存在或者不存在。帕斯卡尔通过缜密推理,建议我们赌上帝存在,因为不管结果如何,我们只赢不输。如果我打赌上帝存在,放弃自私的幸福,过虔诚的生活,期待来世得救。这时可能出现两种情况:一是上帝存在,我就能获得永恒的真福;二是上帝不存在,那也没关系,因为我放弃的只是尘世间短暂的、低级的乐趣,死后不会有任何遗憾。相反,假如我打赌上帝不存在,只输不赢,因为我生活放荡不羁，死后也会有两种结果：一是上帝存在，我将被打入地狱；二是上帝不存在，我再也找不到生前的享乐，这种痛苦将无休无止、得不偿失。此外，输赢的比例是失调的，尘世生活中的乐趣是有限的，而永恒的真福或者谴责则是无限的，人间的生死枯荣与天国的永恒无法比拟。因此，即使获胜的几率极其微弱，依然值得一赌，必须做出选择。

但是打赌只能表明信仰上帝不是愚蠢的而是最合理的举动，并不能使人树立信仰。因此，帕斯卡尔必须阐明基督教不仅是可爱的，而且要拿出“宗教的证据——道德、教理、奇迹、预言、象征”(290)来“说明它是真的”(187)，帕斯卡尔为此旁征博引。

信仰上帝固然重要，但是这还不够，应该正确地选择宗教。帕斯卡尔用了很长篇幅驳斥伊斯兰教和新教的观点，赞美基督教，声称基督教对人类面临的根本矛盾作了圆满的解释：它用原罪解释人的软弱，用人的原始状态——也就是人是圣体的一部分——和耶稣救赎说明人的伟大。

帕斯卡尔得出结论说，我们应当按照基督教义生活，像信徒那样行事，等待神恩启示我们的心灵，给我们带来信仰，从而使我们升华至“具备神性本身”(435)。作为冉森派教徒，帕斯卡尔把希望寄托在神恩之上，因为归根结底，只有当上帝选中我们，把神恩赐予我们，我们才能得救，而人人不可能都成为上帝的选民。从这个角度上说，帕斯卡尔是个悲观的宿命论者。

四

《思想录》于1670年问世，一度得到热烈的反响，几个月内连续刊印三版。1678年，第四版问世，1687年的第五版增加了贝利耶夫人——帕斯卡尔的姐姐——撰写的《帕斯卡尔生平》，使得人们进一步了解了作者，此后《思想录》多次重版，直到1715年。这说明路易十四时代的人们对神学论战、冉森派思想的兴趣，面对社会冲突、宗教动荡，人们彷徨苦恼、孤立无援，希望在宗教信仰中寻找精神支柱，摆脱绝望。

但是三个多世纪以来，《思想录》并非一路顺风。帕斯卡尔采用的论据之新颖，观点之独特，尤其是背离正统的护教思路，使得原先赞成帕斯卡尔想法的皇港隐修院的朋友们都颇感为难。尽管他们促成《思想录》的出版，但是在选择手稿时有所保留，不选或者故意删改激烈的言辞或者大胆的论述。与此同时，《思想录》遭到教会内部各派的反对，冉森派的死对头耶稣会自然不必说，因为两者神学观针锋相对；连一些立场比较温和的人士都认为帕斯卡尔太悲观、太严厉，纷纷与他唱反调，赞美大自然的美丽慈祥，人类的得天独厚。

进入十八世纪，时代变了，君权神授的专制时代受到启蒙思想的冲击，人走下神的祭坛，追求属于自己的幸福，帕斯卡尔克己护道的主张因而备受指责。伏尔泰不能容忍他"雄辩地向人类发出咒骂"，奋起"为人类辩护，反对这位卓绝的愤世者"，专门在《哲学通信》中挑了帕斯卡尔五十七条思想进行驳斥，指出人们能够获得幸福，因为国内战争停止、生活有所改善、科学不断进步、客观规律被逐渐认识，人们理应享受现在，乐观地想到将来。不过帕斯卡尔关于私有财产（295）、贵族特权（322）、非正义（326）等的思考，在卢梭著作中得到体现，甚至被认为是法国大革命的直接精神来源之一。

1802年，同样以赞美基督教而如日中天的夏多布里昂，在《基督教真谛》中展示了帕斯卡尔的非凡人生，誉之为"可怕的天才"，帕斯卡尔的形象从此彻底改观，他的才华、苦痛、忧患、热情激起一代浪漫派作家的强烈共鸣，《思想录》俨然成为浪漫主义的杰作。司汤达就与帕斯卡尔息息相通,“我读到帕斯卡尔的时候,就像在读自己写的书”。追求奢华、玩世不恭的波德莱尔对帕斯卡尔的“禁欲苦行”肃然起敬。左拉从帕斯卡尔“崇高而痛苦的形象”中汲取了脚踏实地的力量。

二十世纪初,帕斯卡尔与笛卡尔一样,进入了法国哲学大师之列,但是对他的评价依然众口不一,诗人保罗·瓦雷里怀疑帕斯卡尔嫉妒笛卡尔的声誉,因而虚张声势,病态地描写人类的处境,悲天悯人、哗众取宠;亨利·伯格森则认为他是虔诚的神秘论者,凭着心灵感受上帝,与上帝沟通。血腥的第一次世界大战、人类理性的崩溃、道德的沦丧,验证了帕斯卡尔的论断,许多士兵怀揣《思想录》上前线,成为他们孤独、沮丧、疲惫之际的精神支柱,以至于到了二十年代以后,帕斯卡尔的声望开始超过笛卡尔,一度到了言必称帕斯卡尔的地步,其中当然不乏附庸风雅之士,但是帕斯卡尔的影响的确与日俱增。《思想录》中人的存在、客观世界对人的制约、人的自由意志的思想,使之成为存在主义的先驱,因为他比存在主义更早提到了人类焦虑、面对死亡的虚无感、孤立无援世界中的自由和选择等问题。萨特的小说《恶心》、戏剧《禁闭》是在沿用和诠释帕斯卡尔“无聊”和“打赌”的概念。马尔罗1933年以中国革命为题材的小说的标题《人的状况》也是受《思想录》启发的结果:“让我们想象一群戴着锁链,都被判了死刑的人,他们中每天都有一些人被当众处决,活下来的人从同伴的境况里看到了自身的境况,他们悲痛绝望地面面相觑,等待着轮到自己。这就是人类境况的写照。”以揭露悲剧人生和荒诞世界而著称的阿尔贝·加缪写道,“帕斯卡尔,最为伟大,无论昨天还是今天”,寥寥数语,不仅表现他对帕斯卡尔的钦佩,也反映了一代人的共识。心理分析学派、西方马克思主义都对帕斯卡尔产生过兴趣,推崇他的心理分析和辩证法。

《思想录》从一部时代烙印鲜明、以劝人皈依为初衷的护教之作，变成一部超越基督教传统的哲学巨著，它博大精深、充满睿智，已经不是完全意义上的宗教书籍，如今也许不再具有当年打动无神论者的震撼力，但是它探讨的问题依然有着强烈的现实意义，它对人类处境的描绘，对人性的深刻洞察，能够启示一切思考人生真谛的人们，而在人生的某个时刻，我们每个人也许都会像帕斯卡尔那样反思人生的意义、探索生命的价值。

五

人类历史上，宗教书籍、道德说教的作品不计其数，像《思想录》那样引人入胜的并不多；人们可能不同意帕斯卡尔的观点和主张，但是《思想录》不会令人无动于衷。引人入胜、打动人心，正是帕斯卡尔劝人皈依的先决条件之一，为此他“仔细研究过人心，了解其中的全部奥秘”(16)。

他认为“雄辩是一种讲述事情的艺术，要做到：一、听讲的人能够轻轻松松、高高兴兴地听这些事；二、他们感到自己产生了兴趣，因而自爱心引得他们更情愿思考听到的事情”(16)，而且“人们一般更容易被自己发现的道理说服，而不太容易被别人脑袋中想出来的道理说服”(10)；为此，他采用“完全由日常生活谈话而产生的思想”(18)来接近读者：“虚荣是如此根植于人心，以至于兵士、马弁、厨师、窃贼都喜欢自吹自擂”(150)，“看到一位漂亮的姑娘，浑身挂满珠翠和首饰，他会觉得好笑”(33)。用词朴实、贴近生活，而且富有表现力：“这一小块结石生在那儿，他(国王)就死了……”(176)，我们愿意“快活地戳瞎我们的眼睛……”(82)，“必须打赌；这么做不出于自愿，但你已经上了船”(233)。抽象的词语容易感觉枯燥，就采用拟人手法，使之栩栩如生:“我们的悲惨在打击我们、扼住我们的喉咙”(411),“整个宇宙都拿起武器”(347),“习惯……迫使那个使精神不假思索就跟它走的自动机就范”(252)。帕斯卡尔还是十七世纪最擅用比喻的作家,譬如人“一根会思想的芦苇”(347),这样的比喻简单明了又引人深思。

帕斯卡尔认为保持真诚才能获得人心。“我们必须尽可能地使自己保持本真自然;是小的就不要夸大,是大的就不要缩小”(17),也就是说作家应当把握自己的思想和语言,“一点不多,也一点不少”(17)。因此,帕斯卡尔力戒夸张的词藻。无谓的对仗在他眼里“就像为了对称而制作假窗户”(27),他宁可适当地重复某个词语,也不会为追求美观而滥用措辞。因此,他认为“真正的雄辩看不起雄辩”(4),也就是不必受传统演讲雄辩术的束缚,主张自然表达、言为心声。“当我们阅读一篇文笔自然的文章时,我们会感到惊讶与欢欣,因为我们原本期待发现一位作家,而我们现在却看到了一个人”(29)。

为了引人入胜,作家必须在艺术手法上标新立异,别出心裁。“我们打网球的时候,双方都打同一个球,但总有一个人的落点打得更好些”(22)。由于“滔滔不绝的雄辩使人厌烦……什么事情持续久了,就会使人生厌”(355),“富于变化”就成为《思想录》的显著特点。有些章节:人的比例失调(72),想象力(82),自爱(100),灵魂不朽(194),堪称完美的定稿;有些则像“急就章”、书信的草稿,展现了帕斯卡尔作为书信作家的才华;有三言两语的对话,也有促膝长谈(打赌,233),还有戏剧般生动地描写(消遣,139,140)。帕斯卡尔尤其擅长警句、格言,也许有时过于简练而表达不够周全,但是它们掷地有声、铿锵有力,令人神思飞跃,读者犹如来到高朋满座的贵族文学沙龙,“矛盾是真理的不良标识……”(384),“人既不是天使,也不是禽兽;但不幸的是,欲当天使者反而成为禽兽”(385),“人的伟大之所以伟大,就在于他知道自己是可悲的。一颗树不知道自己是可悲的”(397),“人必定要疯狂,以至于不疯狂就等于另一种形式的疯狂”(414)……每句话都给人无数联想,令人思索良久。

帕斯卡尔在《思想录》中动用了全部能力,去推理、分析、描绘、想象、采用对比反衬、以退求进、欲擒故纵等策略,但是洞悉人心的帕斯卡尔深知,“人心自有理性不知道的理由”(277),唯有诉诸情感,打动人心,才能攻克堡垒,使对方心悦诚服地皈依。因此,《思想录》成为一部感性之作。有面对死亡的悲怆,“我们全部的欢乐都只是虚幻,我们的苦难是无限的,最后还有每时每刻都在威胁我们的死亡,它肯定会在短短几年内就把我们投入不是永远毁灭就是永远不幸的那种可怕的必然之中”(194);有朋友般的推心置腹,“我要告诉你,你此生将是赢家;你在这条道路上每跨出一步,都会看到获利是多么地确定,而你的赌注是那么不足道,你终将发现自己是为一件确定和无限的东西而赌的,而你并没有为它付出过任何东西”(233);更有对基督的崇敬,“耶稣基督没有财富……没有什么发明,没有统治过天下;但是他谦卑、忍耐、圣洁,顺从上帝,令魔鬼恐惧,没有丝毫罪过。啊!对于看见智慧的心灵的眼睛来说,他的来临是何等的壮丽,何等宏伟神奇啊!”(793),以及救世主的郑重承诺,“医生救不了你,因为你终将会死去。但我治愈你,使你的肉体永生”(553)。多强的感染力!多么有效的攻心策略!

帕斯卡尔一生天才:数学家、物理学家、神学家、虔诚的信徒,还是法国为数不多的不以文学为主业的大作家,古典主义理论奠基人、法语发展史上的里程碑……他的一生无疑是对何谓“思考的芦苇”的最好诠释。

六

结束导读之前，还想对译本做几点交待。

一是鉴于《思想录》涉及宗教内容比较多，也考虑到普通读者的兴趣，译林出版社嘱我不必全译，由译者决定取舍。因此，《思想录》中通篇为拉丁文或摘录《圣经》、《福音书》等的篇章，本书都省略不译。省略部分可以从篇章编号看出来：凡是编码不连贯之处，均表示有省略。希望了解《思想录》全貌的读者，可以查阅何兆武先生的全译本（汉译世界学术名著丛书，商务印书馆，1985年）。

二是作为普及读本，我没有对《思想录》加注。希望深入钻研的读者，也请查阅何兆武先生的全译本。何先生参考了各种版本，做了详尽的注释。

三是完稿之后的一点遗憾。我和何兆武先生一样，都采用布伦士维格版（Brunschvicg）的《思想录》，虽然那是公认的权威版本，但是它的主题编排法，也许与帕斯卡尔初衷有出入。法国此后出现了拉夫马版（Lafuma，1956）和塞利耶版（Sellier，1976）的《思想录》，这两个版本比较客观，前半部分，即前二十七扎手稿，都沿用帕斯卡尔本人拟定的提纲，后半部分分别采用现存的两份誊写稿，顺序有所不同。当时要是静下心来研究一下版本，也许我们的读者就能看到《思想录》的别样风采了，更何况帕斯卡尔早就提醒过："文字的不同排列形成不同的意义，意义的不同排列产生不同的效果"（23）。

钱培鑫

2010年8月于上海永乐坊